Wirtschaft 2
Niedersachsen

Differenzierende Ausgabe

herausgegeben von
Dietmar Krafft
Heinrich Meyer

erarbeitet von
Renate Harter-Meyer
Dietmar Krafft
Heinrich Meyer
Denis Mujkanovic
Melanie Spiller

in Zusammenarbeit mit
der Verlagsredaktion

Cornelsen

Die in diesem Buch angegebenen Internet-Adressen und -Dateien wurden vor Drucklegung geprüft (Stand: Februar 2014). Der Verlag übernimmt keine Gewähr für die Aktualität und den Inhalt dieser Adressen und Dateien und solcher, die mit ihnen verlinkt sind.

Redaktion: Jürgen Grabowski; Martin Glania, Brieselang
Bildassistenz: Christina Sandig
Layout: Corinna Babylon, Berlin
Technische Umsetzung: CMS – Cross Media Solutions GmbH, Würzburg
Collagen, Grafik, Illustrationen: Anette Schamuhn, Berlin
Fotos: Peter Wirtz, Dormagen
Umschlaggestaltung: Klein & Halm Grafikdesign, Berlin
Titelfoto: lev dolgachov/shutterstock

www.cornelsen.de

1. Auflage, 3. Druck 2020

Alle Drucke dieser Auflage können im Unterricht nebeneinander verwendet werden.

Druck und Bindung: Livonia Print, Riga

ISBN 978-3-06-065012-5

PEFC
PEFC/12-31-006

PEFC zertifiziert
Dieses Produkt stammt aus nachhaltig bewirtschafteten Wäldern und kontrollierten Quellen.
www.pefc.de

Inhalt

Lernfeld: Berufswahlorientierung

Lernfeld: Die Aufgaben des Staates im Wirtschaftsprozess

Lernfeld: Ökonomisches Handeln regional, national und international

Differenziertes, individualisiertes und kooperatives Lernen

1 Wie ihr mit dem Schülerbuch lernen könnt

Nachhaltiges Lernen – warum?

Die Bände 1 und 2 des Schülerbuches führen euch vertieft vor allem in ökonomische (= wirtschaftliche) Sachverhalte und Zusammenhänge, besonders mit Arbeit und Beruf, ein.

Dabei ist uns wichtig, eure Erfahrungen und Interessen zu berücksichtigen und die Aneignung von Fachwissen und Methoden zu ermöglichen. Ihr entwickelt Fähigkeiten, mit denen ihr euch aktiv gestaltend und sozial handelnd im Wirtschaftsleben einbringen könnt.

Eine Grundidee dabei ist, dass ihr lernt, selbstständig die Welt zu gestalten, aber so, dass ihr dabei verantwortungsvolle, zukunftsfähige Entscheidungen trefft.

Methoden lernen – wozu?

Euer lebenslanges Lernen ist geprägt von der Kommunikation, Problembearbeitung und -lösung im Team. Dies macht es notwendig, dass ihr Methoden nutzen könnt, wie Lern-, Arbeits- und Präsentationstechniken. Dazu gehört auch, euch in die Planung des Unterrichts einzubringen, über Lernprozesse nachzudenken und Bewertungen für alle klar werden zu lassen. Diese Überlegungen sind auch für die **Innere Differenzierung** im Unterricht bedeutsam. Die Bände des Schülerbuches enthalten zahlreiche als Lernmaterial aufbereitete **Methodenseiten** (s. Auflistung vorn, innerer Deckel).

Differenziertes Lernen – wie?

In der Klasse gibt es große Lern- und Leistungsunterschiede.

Ihr besitzt unterschiedliche Lernvoraussetzungen, individuelle Begabungen, Fähigkeiten und Neigungen sowie Lernverhaltensweisen. Deshalb sind differenzierende (= für einzelne Schüler angepasste) Lernangebote und Lernanforderungen erforderlich, um euch persönlich zu fördern. Wir bieten euch Lernangebote, die unterschiedlich offen, einfach oder komplex sind, bieten Lernhilfen an oder fordern, dass ihr euch selbstständig Informationen zur Lösung erschließt. Die Aufgaben ermöglichen teilweise verschiedene Lösungsansätze und geben Raum für eure Kreativität.

Besonders leistungsschwächere Schüler brauchen Übung und Unterstützung. Dazu sind besonders Partner- und Gruppenarbeit und andere **Methoden kooperativen Lernens** (s. Auflistung vorn, innerer Deckel) wichtig, die leistungsstärkere und weniger leistungsstarke Schüler zusammenführen und speziell fördern und fordern (s. weiter unten).

Leistungsstarke Schüler können auch Zusatzangebote nutzen. Eine Vertiefung ist durch das **weiterführende** Material am Ende der Kapitel sowie die Nutzung weiterführender Angebote mit dem **WEBCODE** möglich.

2 Kooperatives Lernen – zum gemeinsamen und individuellen Gestalten

Mithilfe des Schülerbuches könnt ihr eine **Struktur im Unterricht** wählen, die es ermöglicht, gemeinsam mit den Mitschülern Lerngegenstände zu erarbeiten. Alle Lernenden können am Unterricht teilhaben und ihn mit ihren Möglichkeiten mitgestalten. Mithilfe des kooperativen Lernens und der im Buch darauf abgestimmten fachlichen und methodischen Inhalte könnt ihr euch auf **verschiedenen Lernwegen** einen Zugang verschaffen – durch Lesen, Hören, Sprechen, Schreiben, Bilddarstellungen und Spiel. Hierbei können Unsicherheiten einzelner beseitigt werden, ohne dass das für diese zu unangenehmen Situationen vor der Klasse führt.

Für alle ist wichtig und verpflichtend, sich mit dem Inhalt zu beschäftigen, damit sie den Mitschülern wichtige Informationen vermitteln können. Jeder Schüler kann mit seinen Möglichkeiten die Lerninhalte erschließen und hat gleichzeitig Gelegenheit, sich mit Mitschülern darüber auszutauschen.

Die **Gruppenzusammensetzung** kann beispielsweise ausgelost oder nach dem Besitz oder dem Fehlen von Kompetenzen vorgenommen werden, wenn z. B. die Unterstützung der Stärkeren für die Schwächeren im Mittelpunkt steht (s. **Methode Gruppenarbeit**).

Die **Aufgaben** sind so angelegt, das eigene Leistung gefordert und anschließend mit einem Partner oder in der Gruppe gearbeitet wird. Die Aufgaben sind auf den Anforderungsebenen:

- ⚀ einfach,
- ⚁ mittel,
- ⚂ schwer angegeben.

Aufbau einer Stunde in einer kooperativen Arbeitsform – ein Beispiel:

Einstieg: Ideen zum Thema sammeln, mit ersten Informationen zur Fragestellung der Stunde beschäftigen

Erarbeitung:

a) Einzelarbeit: Quelle allein erschließen, jeder denkt allein
b) Partnerarbeit: Quelle gemeinsam besprechen, Unklarheiten klären, evtl. erste kleine Aufgaben dazu bearbeiten
c) Gruppenarbeit: Eine Art der Präsentationsform auswählen und diese erarbeiten

Ideen: mit Informationen aus Sachtexten eine Gebrauchsanweisung schreiben, eigene Lückentexte erstellen, Quizfragen oder Rätsel herstellen

Methoden: z. B. Tischset, Assessment-Center, Kugellager (s. Methodenseiten, Auflistung vorn, innerer Deckel)

Ergebnissicherung:
Präsentation (s. Methodenseite Band 1, S. 18)
Arbeitsblatt/Ergebnisblatt ausfüllen, Protokolle o. Ä. erstellen bzw. als Hausarbeit anfertigen

Der Markt: Zusammenspiel von Nachfragern und Anbietern

1 Wer kennt sich aus am Markt?

So viele Güter wie noch nie können die Verbraucher kaufen: z. B. in Supermärkten, Fachgeschäften, Warenhäusern, bei Discountern, im Versandhandel, Restaurants und bei Versicherungen. Die Waren und Dienstleistungen kommen aus aller Welt, die Vielfalt ist riesig. Die rasche technologische Entwicklung, der Wandel der Bedürfnisse und Werbestrategien bringen immer schneller neue Waren auf den Markt.

Viele Güter verschwinden nach kurzer Zeit vom Markt. Es finden sich nicht genug Käufer.

Händler kommen und gehen, neue Fachgeschäfte und Vertriebsformen entstehen. Die Anbieter müssen sich den veränderten Bedingungen anpassen, um zu überleben.

Verbraucher müssen eine Fülle von Informationen verarbeiten, wenn sie preiswerte Waren und Dienstleistungen in guter Qualität kaufen wollen.

Wer am Markt durchschaut, ist besser dran.

Du sollst 2 kg Tomaten und zehn Jogurt mitbringen. Wo würdest du einkaufen? Begründe.

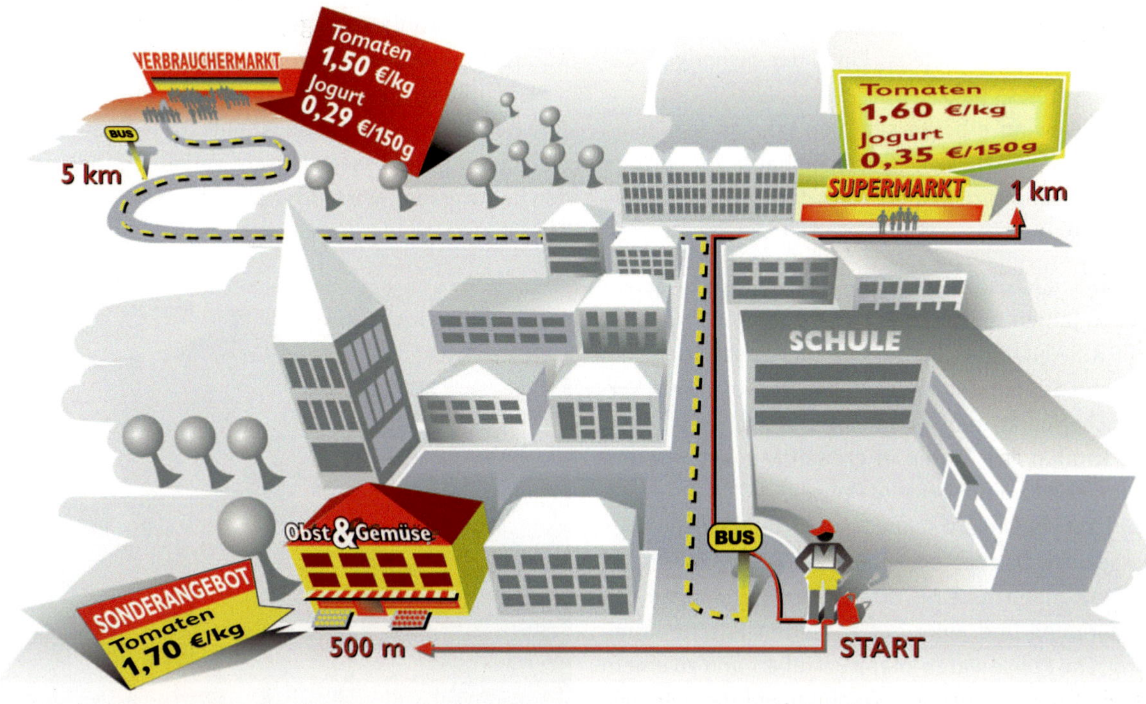

Das könnt ihr lernen

Ihr könnt

- das Zusammenspiel von Anbietern und Nachfragern am Markt erklären.
- an Beispielen erklären, wie Verbraucher die Preisbildung am Markt beeinflussen können.
- das Marktmodell erklären und den Unterschied von Modell und Handeln am realen Markt begründen.
- erklären, warum die Interessen als Verbraucher oder als Arbeitnehmer unterschiedlich sein können.
- die Unterschiede der Preisbildung am Lebensmittelmarkt und am Flohmarkt benennen.

2 Supermarkt SANDERS behauptet sich am Markt

Supermarkt SANDERS liegt am Stadtrand einer Großstadt. Ein Journalist des Wochenblattes MARKT interviewt Herrn Sanders.

MARKT: „Herr Sanders, Sie haben Höhen und Tiefen erlebt. Wie war der Anfang?"
HERR SANDERS: „Hier gab es vor 35 Jahren zwei kleine Lebensmittelgeschäfte. Als ein großes Neubaugebiet entstand, gab es plötzlich viel mehr Käufer und ich beschloss mit meiner Frau die Gründung eines weiteren Supermarktes. Unsere Ersparnisse und ein Kredit reichten dafür aus. Wir kannten uns aus im Verkauf und mieteten Räume in günstiger Lage. Wir ließen die Ladeneinrichtung bauen, kauften moderne Tiefkühlschränke und eine große Kühltheke für Fleisch, Käse und Milchprodukte. Das Geschäft lief nach kurzer Zeit bestens. Eines der bisherigen Geschäfte schloss bald.
Unser **Gewinn** erhöhte sich von Jahr zu Jahr. Bald beschlossen wir, das Geschäftshaus für unsere Alterssicherung zu kaufen. Aber dann gerieten wir in eine Krise."

MARKT: „Ich erinnere mich, das war vor ungefähr sieben Jahren. Wie kam es dazu?"
HERR SANDERS: „Ja, da kam viel zusammen. Ein weiterer Supermarkt in der Nebenstraße und ein **Verbrauchermarkt**, fünf Kilometer entfernt, eröffneten. Die kauften ihre Waren in großen Mengen ein und boten den Kunden bessere Preise.
Wir haben uns nicht schnell genug auf die neue Lage eingestellt. Das war ein Fehler. Der neue Supermarkt lockte Kunden mit einer Bio-Abteilung, tüchtigen Verkäuferinnen und einer gut sortierten Frische-Abteilung. Die Preise waren knapp kalkuliert und zu einem Teil niedriger als bei uns. Dadurch verloren wir viele Kunden.
Wir machten zwei Jahre lang Verluste. Zum Glück war unser Haus schuldenfrei, sodass uns die Bank sofort einen Kredit gab. Das ermöglichte unser Überleben am Markt."

MARKT: „Herr Sanders, was hat Sie wieder auf Erfolgskurs gebracht?"
HERR SANDERS: „Ein neues Verkaufskonzept brachte den Erfolg. Wir sind jetzt Partner einer großen Handelskette. Unser Sortiment haben wir neu zugeschnitten. Zusätzlich haben wir eine Hausbelieferung eingeführt – besonders für unsere älteren Kunden.
Bei Obst und Gemüse setzen wir auf beste Qualität. Den höheren Preis bezahlen viele.
Die bisherige Back-Abteilung wurde um Kundentische mit Stühlen erweitert. Vor allem die älteren Kunden treffen sich hier gerne. Sehr wichtig war eine gute Schulung unserer Verkäuferinnen und eine bessere Bezahlung. Das hat die Arbeitszufriedenheit und die Leistung verbessert. Unsere Verkäuferinnen werden heute gelobt. Wir sind wieder in der Gewinnzone, Tendenz steigend."

1 Lest das Interview und notiert wichtige Stichworte dazu. Beschreibt die Entwicklung des Supermarkts SANDERS bis zur Krise.

2 Begründet die ungünstige Entwicklung. Wie kam SANDERS aus der Krise heraus?

3 Nennt Käufergruppen, auf die SANDERS' Konzept besonders ausgerichtet ist, und verdeutlicht Gründe dafür.

3 Frau Rode hat den Durchblick

Frau Rode wohnt in der Nähe des Supermarktes SANDERS. Auch sie wird vom Wochenblatt als Verbraucherin interviewt.

MARKT: „Frau Rode, Sie haben den Auf- und Abstieg von SANDERS erlebt. Warum wanderten Sie damals von SANDERS ab?"
FRAU RODE: „Ja, in den ersten Jahren fand ich die Qualität und den Preis der meisten Waren bestens. Sanders waren zuvorkommend, die Verkäuferinnen freundlich und gut informiert. Mit der Zeit ließ das nach. Zwei Verkäuferinnen gingen, zwei neue wurden eingestellt. Deren Beratung war nicht gut. Vielleicht hat SANDERS sie schlecht bezahlt oder nicht fortgebildet. Die Qualität von Obst und Gemüse ließ nach. Bio-Produkte fand man bei Sanders auch nicht. Die Auswahl bei Käse und anderen Milchprodukten war gering.
Dann öffnete der neue Supermarkt RÜTHER.
Die Preise waren im Durchschnitt niedriger und die Sonderangebote lohnend.
Die Verkäuferinnen wussten gut Bescheid. RÜTHER hatte ein viel besseres Sortiment – hochwertige Bio-Produkte. Mein Mann und ich achten sehr auf gesunde Ernährung. Wir sind bereit, etwas mehr Geld für Lebensmittel auszugeben. Ich kaufte nur bei RÜTHER. SANDERS wird gemerkt haben, dass wir Kunden flexibel sind.
Heute kaufe ich bei beiden Supermärkten. Die liegen ja dicht beieinander. Ich kann bequem Preise und Qualität vergleichen.
Zum Verbrauchermarkt fahren wir ca. einmal im Monat. Bestimmte Produkte sind da billiger, z. B. bei Sonderangeboten. Ansonsten ist es mir dort zu unübersichtlich. Haushalte mit Kindern sehen das sicher anders."

MARKT: „Verbraucher möchten sich über die Qualität der Produkte informieren. Gelingt Ihnen das?"
FRAU RODE: „Nur begrenzt. Die **Warenkennzeichnung** ist oft schwer verständlich, vor allem die Angabe der Inhaltsstoffe bei Lebensmitteln. Wer blickt bei der Auswahl der Produkte da noch durch? Hilfreich finde ich **Gütesiegel**, denen ich vertrauen kann.
Bei größeren Anschaffungen nutze ich ‚test' oder ‚ökotest'. Das geht bequem per Internet."

Die Interessen von...

Käufern	& Händlern
Interessen des Käufers (Nachfragers):	**Interessen des Händlers (Anbieters):**
■ niedriger Verkaufspreis	■ hoher Verkaufspreis
■ gute Qualität	■ hoher Gewinn
■ guter Kundendienst	■ hoher Umsatz
	■ Arbeitsfreude
■ Zufriedenheit mit dem Kauf	■ zufriedene Kunden
	■ angemessene Qualität

1 Frau Rode kaufte nach der Eröffnung des neuen Supermarktes RÜTHER nicht mehr bei SANDERS. Schätze die Gründe ein.

2 Frau Rode fällt der Qualitätsvergleich schwer. Nennt die Gründe in Partnerarbeit.

3 Nennt Hilfen für eine bessere Information der Verbraucher. Begründet die Bedeutung.

4 Bezieht das Schaubild oben auf die Interessen von Frau Rode und Sanders.Sucht die Angaben dafür aus den beiden Interviews und ordnet sie verständlich zu.

4 Anbieter und Nachfrager handeln am Markt

Das Marktverhalten von SANDERS: zwei Möglichkeiten

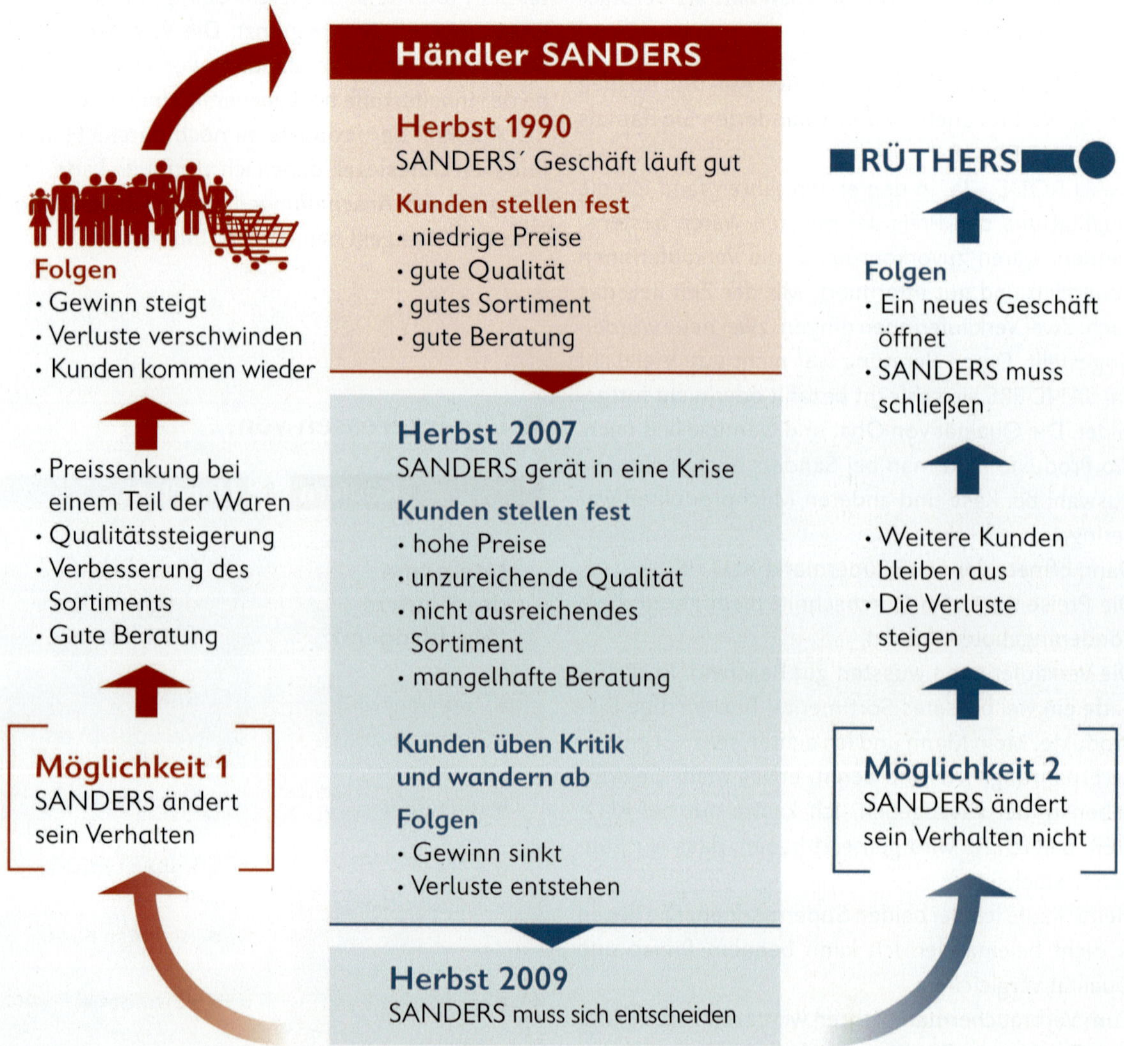

1 Erklärt das Schaubild mithilfe des Interviews auf S. 10.

2 Befrage Eltern oder Bekannte zu Veränderungen im Lebensmittelhandel in ihrer Nähe. Gesichtspunkte der Veränderung können sein:
- Anzahl und Größe der Geschäfte,
- Sortiment,
- Beratung,
- Krisen,
- Wechsel des Inhabers.

Tauscht in Partnerarbeit eure Ergebnisse aus.

3 Befragt in Partnerarbeit Kunden vor Lebensmittelgeschäften, wie sie die Lage auf dem Lebensmittelmarkt sehen.
Entwickelt Gesichtspunkte, nach denen ihr die Antworten ordnet, und erstellt dazu ein übersichtliches Plakat.

5 Spielregeln am Markt

Das Marktmodell

Zwischen den Anbietern (Händlern und Herstellern) herrscht Wettbewerb. Er soll bewirken, dass Art, Menge, Qualität und Preis der Güter so weit wie möglich den Wünschen der Nachfrager entsprechen. Wer keine gute Leistung erbringt, soll neuen Anbietern Platz machen.

Der Wettbewerb erfordert eine befriedigende Anzahl von Anbietern.

Nachfrager sollen bei den Anbietern mit den niedrigsten Preisen bei angemessener Qualität kaufen. Die Preise sollen die Verbraucher über das günstigste Angebot informieren.

Solch ein Verhalten setzt voraus, dass Nachfrager die Qualität aller Güter beurteilen, deren Preise vergleichen können und dann Güter kaufen.

Dieses Marktmodell beschreibt nicht das tatsächliche Verhalten der Marktteilnehmer, sondern das ideale Verhalten.

Rahmenbedingungen der Marktwirtschaft

Für das Handeln am Markt hat der Staat Rahmenbedingungen festgelegt.

Wichtig sind u. a.
- funktionierender Wettbewerb:
  Mehrere Anbieter sollen um die Nachfrager werben, z. B. durch gute Qualität, niedrige Preise, guten Service.
- freier Marktzutritt:
  Es muss z. B. möglich sein, dass neue Wettbewerber Unternehmen gründen können.
- freier Kapitalmarkt:
  Jedes Unternehmen muss die Chance haben, Kredite bei Banken (auf dem Kapitalmarkt) zu erhalten.
- Privateigentum an Waren und Einrichtungen:
  Jeder kann Privateigentum erwerben.

BENNO: „Der Laden war einfach zu teuer."
AYSE: „Die Bedienung war schlecht."
SENTA: „Das Sortiment stimmte nicht mehr."
LISA: „Die sind irgendwie stehen geblieben."

1 Das Marktmodell kennzeichnet ein Ideal, das die gewünschte Richtung anzeigt. Warum wird dies Ideal in Wirklichkeit nicht erreicht? Erklärt Gründe. Stichpunkte dazu: Informationsfülle, Werbung, Zeit, Fahrtkosten, schwer einschätzbare Qualität, ständig neue Produkte.

2 Erklärt die Rahmenbedingungen am Markt für das Beispiel von Händler SANDERS.

3 Was könnten Benno, Ayse, Senta und Lisa gemeint haben? Ergänzt in Partnerarbeit einen erklärenden Satz zu den Aussagen neben dem Bild.

4 Beobachtet Geschäftsschließungen in eurer Umgebung und berichtet über Gründe. Nutzt dazu das Wissen zu Spielregeln am Markt.

6 Wie Preise entstehen können

Was hat bei Robers Preisbildung nicht geklappt?

Rober hat die Preissenkung so kalkuliert, dass er keinen Gewinn mehr macht, aber auch keinen Verlust. Er will Platz für die neue Herbstware schaffen. Im nächsten Jahr gibt es einen neuen Modetrend, sodass es sich nicht lohnt, die Ware zu lagern. Außerdem ist wegen der hohen Mietkosten sein Lagerraum dazu zu klein.

Die Preissenkung bei den Röcken hat dazu geführt, dass die Nachfrage gestiegen ist und alle Röcke verkauft wurden. Die Aktion lief nach dem Modell der Preisbildung.

Bei den Hosen war die Senkung des Preises nicht erfolgreich. Die Verbraucher wollten trotzdem kaum Kordhosen kaufen.

Hier zog die Idee des Modells der Preisbildung nicht. Bei den Hosen hat Rober Verluste gemacht. Er hat falsche Ware in nicht angemessener Menge geordert und muss in Zukunft genauer prüfen, welche Kleidung bei seinen Kunden ankommt. Außerdem muss er die Preise seiner Mitbewerber beachten.

Das Modell der Preisbildung

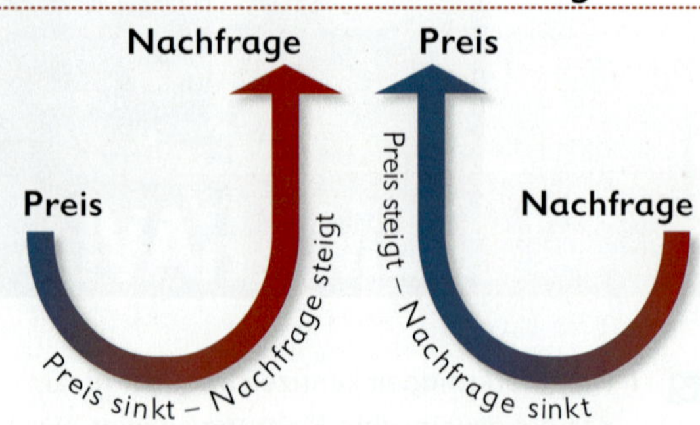

1 Rober senkte die Preise für Röcke und Hosen. Begründet, warum die Röcke gekauft wurden, die Hosen aber nicht.

2 „Das Marktmodell und die Wirklichkeit stimmen nicht immer überein." Nehmt Stellung zu der Aussage.

3 Nennt in Partnerarbeit weitere Gründe dafür, dass Nachfrager sich nicht immer nach dem Modell der Preisbildung verhalten.

4 Was sollte Rober in Zukunft beim Einkauf und der Preisgestaltung beachten? Nutzt die **Methode Tischset**, S. 181.

7 Billiger Einkauf, aber auf wessen Kosten?

Den größten Umsatz im Lebensmitteleinzelhandel machten 2012 die Discountmärkte mit 62 Mrd. € und die großen Verbrauchermärkte mit 42 Mrd. €.
Sie werben u. a. in Zeitungsbeilagen für Produkte zu Niedrigpreisen. Das zieht Verbraucher an.

Niedrige Preise: Das ist die eine Seite der Medaille. Schlechte Arbeitsbedingungen: Das ist die andere Seite.

Gedemütigt, gemobbt, ausgenutzt

Wachsen die Billig-Discounter auf Kosten ihrer Mitarbeiter?

Von Elke Schmidhuber

Offiziell bezahlen die meisten Discounter ihre Angestellten nach Tarif. Doch die Wochenarbeitszeit ist kaum einzuhalten, schließlich sind viele Filialen an sechs Tagen die Woche von sieben Uhr früh bis 20 Uhr abends geöffnet*. Und das bedeutet: unbezahlte Überstunden.

„Der ganze Rolli ist meine Lieferung, meine heutige Anlieferung an Wurst, das, was ich bestellt habe."

Es ist Samstag, sechs Uhr in der Früh. An der Laderampe einer ... Filiale ... werden Waren angeliefert. Filialleiterin Roswitha Bauer hat den Lkw schon erwartet. Brot, Gemüse, Obst, Fleisch und Wurst werden täglich frisch geliefert. Um halb sieben ist Arbeitsbeginn.

„Aber ich bin dann meistens schon gegen halb sechs in der Filiale, gegen sechs kommt dann die Frühschicht."

„Was machen Sie dann von halb sechs bis sechs?"

„Das Brot einräumen."

A. hat bei einem der größten Lebensmitteldiscounter Verkäuferin gelernt und ist dann in die Filialleitung aufgestiegen. Palettenziehen, Kartons aufschneiden, schwere Ware schleppen – die Arbeitsabläufe beherrscht sie aus dem Effeff. Schnell kontrolliert die 30-Jährige den Wareneingang.

„Den schneide ich auf, lege den mal hin. Chinakohl, Eisberg, Kopfsalat, Brokkoli, Kugelrettich, Trauben. Heute, keine Fehlartikel. Es ist alles geliefert worden, das, was ich bestellt habe."

„Wie viele Mitarbeiter gehören zur Frühschicht?"

„Wir sind meistens eins zu eins, also ich, die Marktleiterin und eine Verkäuferin."

Zwei Mitarbeiter sind ... bei der ... Filiale fest angestellt. Gemeinsam mit ihrer Kollegin schleppt die zierliche Frau Bananenkisten an den richtigen Platz, danach sind die Orangen an der Reihe, dann die Mandarinen.

„Wir haben auch ganz schön zu schleppen, bei den Bananen sind die Kisten nicht so leicht, wie man denkt, so eine ganze Kiste Orange wiegt dann doch schon 20 Kilo. Wenn man Fülle präsentiert, das kommt ganz gut an, optisch für das Auge."

Deutschlandradio *http://www.dradio.de/dlf/sendungen/hintergrundpolitik/1174608/ (08.10.2013)*

* teilweise von 6–23 Uhr

1 Notiere Stichworte zu den Arbeitsbedingungen in den oben genannten Fällen. Nutze die **Methode Texte verstehen und hinterfragen**, S. 21. Bewertet diese in Partnerarbeit.

2 Beschreibt den Konflikt, der aus Sicht des Verbrauchers und Arbeitnehmers entstehen kann.

3 Befragt Verkäuferinnen in Gruppenarbeit nach ihren Arbeitsbedingungen. Bereitet Fragen zum Interview vor. Strukturiert eure Ergebnisse und präsentiert diese mit einem Poster.

8 Die Wirtschaft dient dem Verbraucher

Supermarkt SANDERS ist ein Beispiel dafür, wie Unternehmen und Verbraucher im Wirtschaftsgeschehen handeln.
Alles, was in der Wirtschaft geschieht, ist letztlich für die Verbraucher bestimmt. Sie wollen Güter haben, um ihre Bedürfnisse zu befriedigen. Diese Güter werden von deutschen und ausländischen Unternehmen und vom Staat bereitgestellt.

Eine klassische Aussage

Der Verbrauch allein ist Ziel und Zweck jeder Produktion. Daher soll man die Interessen des Produzenten nur beachten, wenn dadurch das Wohl des Konsumenten gefördert wird. In unserer Wirtschaftsordnung wird aber das Wohl des Verbrauchers beinahe ständig dem Interesse des Produzenten geopfert. Man betrachtet offenbar die Produktion und nicht den Konsum als letztes Ziel des Wirtschaftens und Handelns.

*Nach: **Adam Smith:** Der Wohlstand der Nationen (Original: An Inquiry into the Nature and Causes of the Wealth of Nations, 1776), dt. Übersetzung, C.H. Beck, München 1974, S. 558*

Das folgende Schema stellt wichtige Akteure im Wirtschaftsgeschehen dar.

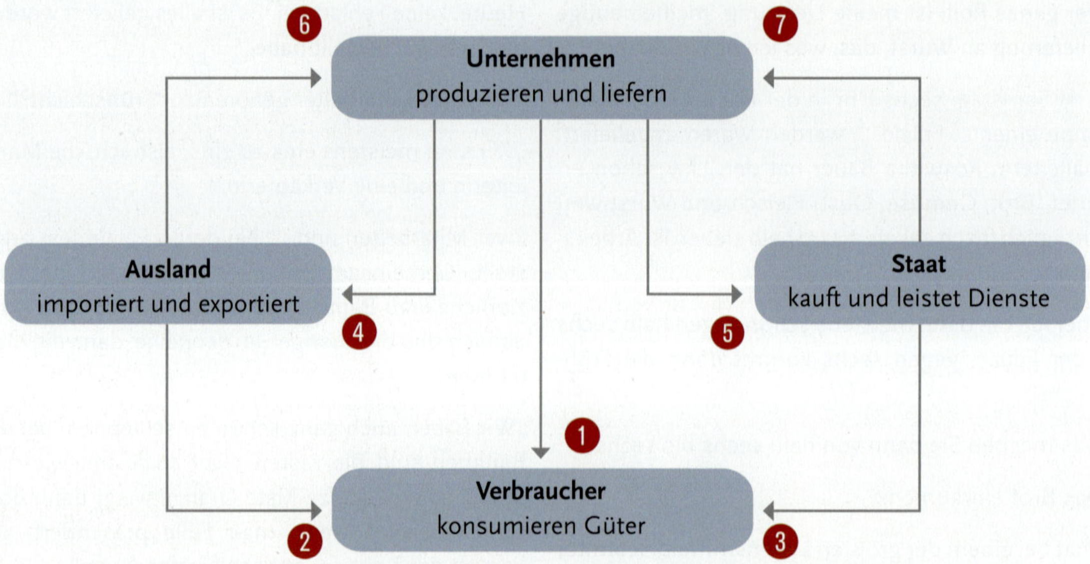

1 Nenne Beispiele für Güter, die zu den Pfeilspitzen ❶, ❷ und ❸ passen. Vergleicht in Partnerarbeit die Ergebnisse.

2 Was passiert auf den Wegen zu den Pfeilspitzen ❻ und ❼?

3 Die Aussagen von Adam Smith über die Bevorzugung der Produzenten durch den Staat sind über 200 Jahre alt. Was hat sich inzwischen geändert?

4 Über welche Wege konsumieren die folgenden Verbraucher? Bearbeitet die Sätze mit der **Methode Kugellager**, S. 142.

a) Timo kauft im Kaufhaus ein Smartphone.
b) Inga leiht Bücher in der Stadtbibliothek.
c) Frau Wiese kauft Apfelsinen beim Supermarkt SANDERS.
d) Familie Wohlfahrt bucht im Internet eine Reise nach Tunesien.
e) Arne lässt sich die Haare schneiden.

9 Weiterführendes Material

M1 Tests im Interesse von Herstellern oder Verbrauchern?

Haßloch als Testmarkt

Haßloch ist Testmarkt der Gesellschaft für Konsumforschung (GfK) für neue Markenartikel und Konsumprodukte: Im Haßlocher Einzelhandel sind vorab Produkte erhältlich, die erst in Zukunft in ... Deutschland eingeführt werden sollen. In das örtliche Fernsehkabelnetz werden eigens gedrehte Werbefilme für diese Produkte eingeblendet, einzelne Zeitungen (wie zum Beispiel die Hörzu, Bunte) werden speziell für Haßloch mit Anzeigen für die neuen Produkte herausgegeben. Einige Bürger besitzen zudem Karten mit Strichcodes, die beim Einkauf gescannt werden, sodass eine Zuordnung der Einkäufe zu einzelnen Haushalten oder Personen möglich wird.

Die GfK kann somit ermitteln, wie die getesteten Produkte von den Kunden angenommen werden. Die Erfahrungen, die die GfK hier macht, stimmen zu 90 % mit späteren Marktdaten überein.

Ausgewählt wurde Haßloch deshalb, weil dieser Ort eine Bevölkerungsstruktur aufweist, die nach verschiedenen Kriterien dem deutschen Durchschnitt sehr nahe kommt – etwa in der Altersstruktur und den sozialen Schichten. Auch nimmt Haßloch eine Mittelstellung zwischen städtischer und dörflicher Struktur ein.[1]

Wikipedia
http://de.wikipedia.org/wiki/Ha%C3%9Floch (15.10.2013)

1 Haßloch hat ca. 20 000 Einwohner und liegt in Rheinland-Pfalz. 3000 Haushalte nehmen an den Testkäufen teil. Einmal im Jahr müssen die Verbraucher einen Bogen mit 30 Fragen ausfüllen. Es geht z. B. um Daten wie Familiengröße, Einkommen, Halten von Haustieren, Internetanschluss, Ausstattung mit Autos, Neuanschaffungen.

Warum so teure Tests?

Ein Testlauf kann die Unternehmen bis zu 400 000 Euro kosten. Beantwortet werden u. a. folgende Fragen für ein bestimmtes Produkt:

- Wer kauft das Produkt – Männer, Frauen, Kinder, Jugendliche, Senioren?
- Was hat der Kunde benutzt, bevor er das neue Produkt kaufte?
- Wie oft kauft der Kunde das Produkt – einmal, dreimal, fünfmal und mehr?
- Kauft der Kunde parallel auch Konkurrenzprodukte?

Die neuen Produkte werden in der Regel über ein halbes Jahr getestet. Erst dann kann man feststellen, ob das neue Produkt anerkannt ist.

M2 Der Flohmarkt: ein Ort zum Handeln und Feilschen

KUNDIN: „Was wollt ihr für dies Spiel haben?"

JUDITH: „Es kostet zehn Euro, ist noch wie neu. Als ich klein war, habe ich damit auch gern gespielt."

KUNDIN: „Für sieben Euro kaufe ich es bei euch. Ist ja schließlich gebraucht."

M3 Das Wirtschaftsgeschehen innerhalb eines Staates

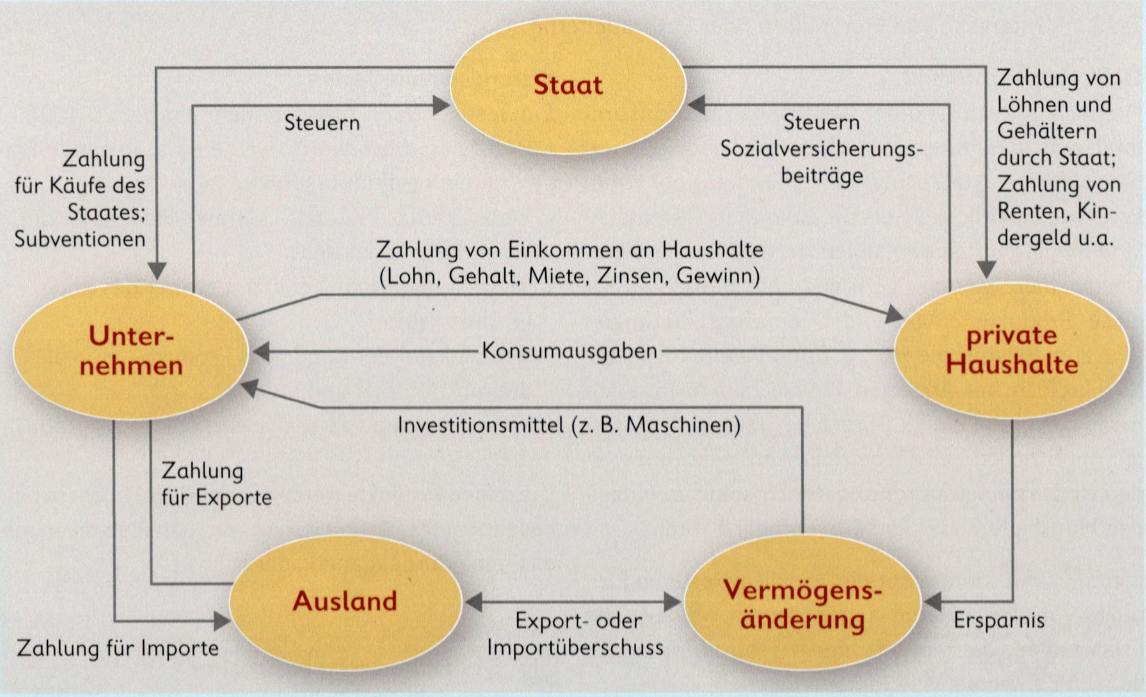

In dem Schaubild oben werden die Menschen in den privaten Haushalten nicht nur in der Rolle der Verbraucher (siehe Schaubild S. 16) gesehen. Jetzt sind sie auch Arbeitskräfte in Unternehmen und erhalten hierfür Einkommen. Mit diesem kaufen sie dann die produzierten Güter. Sie stellen aber den **Unternehmen** auch das Kapital, z. B. für die Anschaffung von Maschinen oder den Einkauf von Rohstoffen zur Verfügung, und erhalten auch dafür ein Entgelt. Die **privaten Haushalte** sind die wichtigste Gruppe im Wirtschaftsgeschehen.

Auch der **Staat** mit allen seinen Einrichtungen, wie Ämtern, Schulen usw., benötigt von den privaten Haushalten die Arbeitskräfte, das Geld für Büroeinrichtungen oder Verwaltungsgebäude.

Sogar mit dem **Ausland** haben die privaten Haushalte Wirtschaftsbeziehungen. Es stellt ihnen – mit oder ohne Hilfe der Unternehmen – Güter, z. B. Ferienreisen oder exotische Nahrungsmittel, zur Verfügung und kann für das erhaltene Geld deutsche Exportgüter, z. B. Maschinen oder Autos, kaufen.

Der Wirtschaftskreislauf zeigt, welche Verbindungen zwischen diesen vier Stationen bestehen. Immer geht es dabei um den Tausch von Sachgütern und Dienstleistungen, der mit Geld bezahlt wird.

Läuft die Wirtschaft „rund", ist im Kreislauf die Summe des eingehenden Geldes in jede Station genau so groß wie die ausfließende Summe. Veränderungen dieser Ströme zeigen die Veränderungen im Wirtschaftskreislauf an.

Außerdem wird auf der fünften Station **„Vermögensänderung"** festgestellt, um wie viel Euro das gesamte Vermögen in der deutschen Volkswirtschaft gestiegen oder gesunken ist.

Ersparnis ist im Kreislauf nicht nur das Geld, das man auf sein Sparbuch bringt. Ersparnis ist jeder Euro, den man als Einkommen bekommen hat und den man **nicht** für den Einkauf von irgendwelchen Waren oder Dienstleistungen ausgibt. Man kann die Summe zur Bank bringen, aber ebenso unter dem Bett verstecken oder verbrennen. In allen Fällen hat man auf Konsum verzichtet, d. h. gespart. Dieser Verzicht macht es möglich, z. B. in mehr Maschinen zu investieren oder z. B. Arzneimittel in das Ausland zu exportieren.

M4 Der Mittelstand setzt auf Service

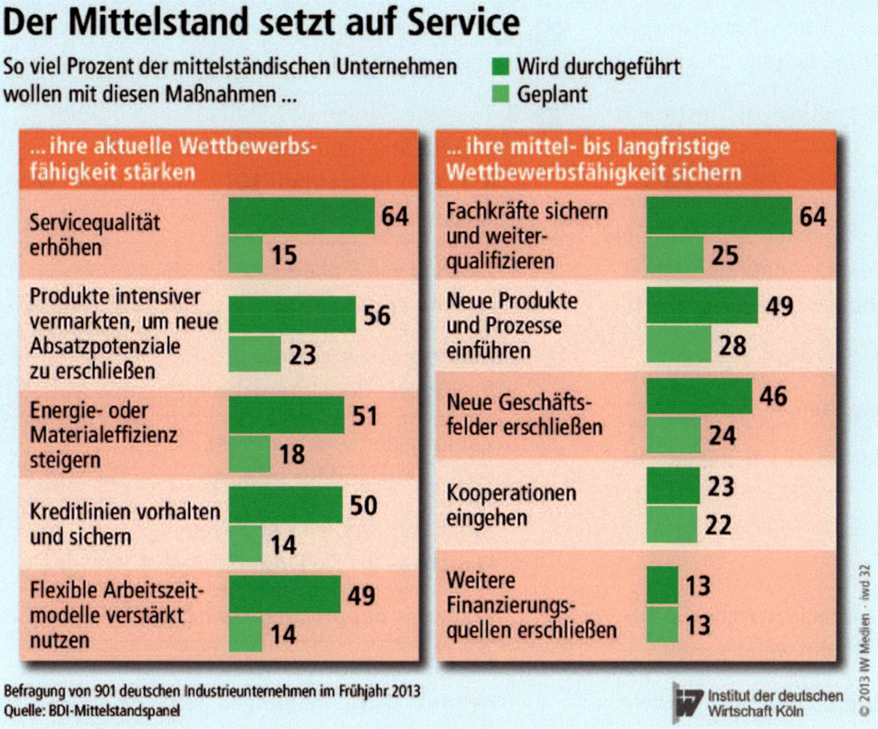

M5 Umsatz des interaktiven Handels nach Warengruppen

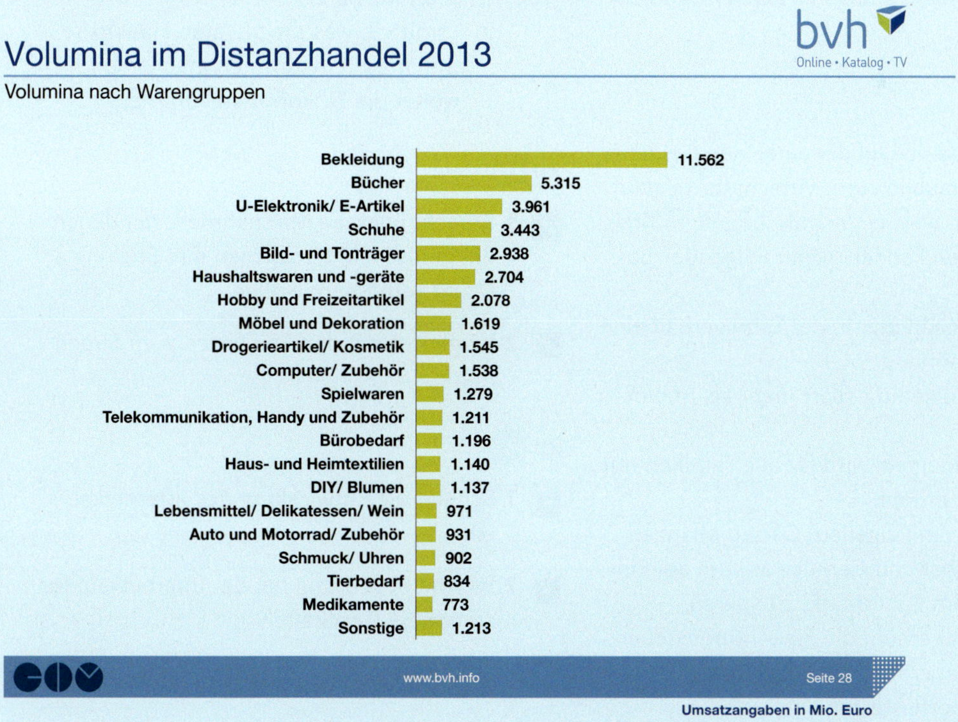

Zu M1

1 Schreibt auf, warum Unternehmen in Haßloch Tests durchführen lassen.

2 Warum hat die GfK Haßloch als Testmarkt ausgewählt?

3 Nehmt Stellung zu folgenden Meinungen:
MICHAEL: „Die Tests kosten zwar viel Geld, aber wenn ein Produkt neu auf den Markt kommt und ein Flop wird, ist das viel teurer."
ANKE: „Ich würde niemals solche persönlichen Daten weitergeben."

4 Erklärt Unterschiede zu den Tests der Stiftung Warentest.

Zu M2

1 Wie könnte das Gespräch zwischen den Schülern und der Kundin weitergehen?

2 Schreibt Regeln für erfolgreiches Handeln auf.

3 Schreibt auf, was bei der Preisbildung auf dem Flohmarkt anders ist als bei Händler SANDERS.

Zu M3

1 Verfolgt den Verlauf der einzelnen Geldströme im Schaubild zum Wirtschaftskreislauf. Beschreibt, welche Veränderungen im Kreislauf erfolgen können, wenn Folgendes passiert:
a) Ein Beschäftigter in der Fabrik erhält eine Lohnerhöhung.
b) Die Bevölkerung spart mehr als im Vorjahr.
c) Das Kindergeld wird für alle Familien mit Kindern erhöht.
d) Familien mit eigenem Garten pflanzen mehr Obst und Gemüse an, um bei Einkäufen im Supermarkt zu sparen.
e) Der Staat erhöht die Einkommensteuer.
f) Der Staat erhöht die Tabaksteuer.
g) Die Importe steigen an.

2 Wie lassen sich die Ausgaben der Haushalte verringern? Geht von eurer Familie aus.

3 Tragt die Zahlen des Statistischen Bundesamtes (Stat. Jahrbuch 2013, Kap. 12, S. 313 ff.) für das Jahr 2012 an den richtigen Stellen im Kreislauf ein:

Zahlung von Einkommen der Unternehmen an private Haushalte	2035 Mrd. €
Zahlung des Auslands für Exporte der Unternehmen	1 366 Mrd. €
Zahlung der Unternehmen an das Ausland für Importe	1 214 Mrd. €
Konsumausgaben der privaten Haushalte an die Unternehmen	1 524 Mrd. €
Ersparnis der privaten Haushalte	209 Mrd. €
Nettoinvestitionsmittel für Unternehmen (Abschreibungen 399, Bruttoinvestitionen 456)	57 Mrd. €

a) Ermittelt, wofür die Ersparnisse eingesetzt wurden.
b) Ermittelt, was die privaten Haushalte mit ihrem Einkommen machen und woher die Einkommen kommen.

Zu M4

1 Sprecht über die Maßnahmen, mit denen die Industrieunternehmen ihre Stellung am Markt verbessern wollen.

2 Vergleicht mit den Beispielen zum Supermarkt.

Zu M5

1 Schätzt die Entwicklung des Internetkaufs ein.

2 Welche Bedeutung hat der Internetkauf für stationäre Geschäfte?

Methode Texte verstehen und hinterfragen

So läuft es ab

Leitfragen	Aktivitäten
1 Vorüberlegungen	
Warum ziehe ich gerade diese Information heran?	Gründe klären, z. B. wegen des Verfassers evtl. zusätzliche Quellen suchen
2 Erstes Lesen	
Was erfahre ich?	Inhalt aus Überschriften erfassen Verfasser, Ort und Jahr suchen evtl. Anlass der Veröffentlichung finden
Welche Erwartungen habe ich an die Information?	W-Fragen notieren: Wer? Wo? Wann? Was? Wie? Warum? An wen? Auf Überschriften achten, klären, worum es geht
3 Wiedergeben	
Was steht in der Information zu meinen Fragen?	Lesen, dabei an Fragen denken, Wichtiges hervorheben (bei einer Kopie; nicht ins Schülerbuch schreiben!) Nach Abschnitt Pause machen, Gelesenes erinnern, damit es sich einprägt
Was verstehe ich nicht?	Unbekannte Begriffe z. B. mit Lexikon klären
4 Untersuchen	
Wie ist die Information gegliedert?	Aufbau erkennen, evtl. Überschriften für Abschnitte finden
Welche Schwerpunkte enthält diese?	Wichtige Aussagen aufschreiben
In welchem Zusammenhang steht die Information?	Art des Textes (Sachtext von Schülerbuchautoren, aus anderer Quelle, Zeitungskommentar ...)
Welche Aussagen zum sachlichen Inhalt sind enthalten? Wo werden Bewertungen deutlich?	Aussagen mit Textstellen belegen; Bewertungen können mit „gut“, „schlecht“, „wenig“, „viel“ verbunden sein. Auf Übertreibungen, Verzerrungen, Einseitigkeiten achten
Welche Interessen verfolgt der Verfasser? Wird (einseitig) Partei genommen?	Absichten und Verhaltensziele klären
Welche Gefühle werden hervorgerufen?	Eigene Gefühle beschreiben
5 Bewerten	
Warum ist die Information richtig/ falsch, (un-)vollständig bzw. aktuell, veraltet?	Mit eigenem Vorwissen überprüfen, evtl. weitere Quelle heranziehen, z. B. Lexika, Internet
Was macht den Text schlüssig/ nicht nachvollziebar?	Begründungen überprüfen, Widersprüche, Vorurteile benennen; Beeinflussung durch sprachliche Form bzw. Inhalt untersuchen
Wie stehe ich zu den Aussagen?	Schlussfolgerungen ziehen, Standpunkt finden und begründen

Alles klar?

Der Markt: Zusammenspiel von Nachfragern und Anbietern

1 Händler Sanders machte zunächst Gewinne, dann Verluste. Notiere drei Gründe.

2 Frau Rode kaufte zunächst bei SANDERS, dann bei einem anderen Supermarkt und einmal pro Monat beim Verbrauchermarkt. Notiere mindestens drei Gründe.

3 Schreibe drei Rahmenbedingungen der Marktwirtschaft auf.

4 Erkläre Unterschiede der Preisbildung in einem Supermarkt und auf dem Flohmarkt.

5 Discounter und andere große Handelsketten locken Verbraucher teilweise mit sehr niedrigen Preisen. Welche Folgen kann das für die dort Beschäftigten haben?

6 Nimm schriftlich Stellung zu den Meinungen:
IRIS: „Ich bedaure es, dass Lebensmittel MÖLLERS dichtgemacht hat. Ich ging gerne täglich einkaufen. Bei MÖLLERS traf man immer nette Leute. Dafür bezahlte ich gerne mehr."

INGO: „MÖLLERS waren teuer, hatten wenig Auswahl und nur von 9–12 und 15–17 Uhr geöffnet. Er musste vom Markt verschwinden."

SELMA: „Gut, dass es jetzt den MOBILKAUF gibt. Er kommt zweimal die Woche mit Backwaren und Lebensmitteln. Das hilft, wenn ich etwas vergessen habe. Ansonsten kaufen wir im Nachbarort. Da ist das Sortiment größer."

7 Im Sportgeschäft gingen die Sportschuhe trotz Preissenkung nicht. Beschreibe Gründe.

8 Erkläre mindestens zwei Möglichkeiten für Unternehmen zur Verbesserung ihrer Wettbewerbsfähigkeit.

9 Warum haben Verbraucher eine besondere Bedeutung im Wirtschaftskreislauf? Nutze für die Begründungen Seite 16.

10 Der Anteil der Käufe im Internet steigt. Welche Bedeutung hat das für den Fachhandel?

Mein Geld soll seinen Wert behalten!

1 Der Warenkorb: ein Spiegel unserer Verbrauchsgewohnheiten

Die Preise für Waren und Dienstleistungen schwanken im Zeitablauf. Für einige Güter muss man mehr bezahlen, für andere weniger.

Der Verbraucherpreisindex für Deutschland misst die Preisentwicklung der Güter, die für die Lebenshaltung der meisten Haushalte wichtig sind. Man stellt diese Güter in einem Warenkorb zusammen. Er umfasst im Jahr 2010 insgesamt 600 Güterarten, in denen sich die Verbrauchsgewohnheiten der Menschen in Deutschland widerspiegeln.

Die Entwicklung des Index zeigt an, ob unser Geld an Wert gewonnen oder verloren hat. Das Ergebnis ist z. B. wichtig für Verhandlungen über Arbeitsentgelte und die Entwicklung der Zinsen.

Das Statistische Bundesamt ermittelt alle fünf Jahre einen neuen Warenkorb. Ordnet die Güter neben den Warenkörben im Bild den passenden Jahreszahlen zu. Notiert Gründe.

Das könnt ihr lernen

Ihr könnt

- die Bedeutung des Verbraucherpreisindex für Deutschland beschreiben.
- Unterschiede zwischen der Preissteigerung für einzelne Güter und der Steigerung des Preisniveaus benennen.
- euch mit Meinungen zur Bedeutung der Entwicklung der Verbraucherpreise auseinandersetzen.
- die Entwicklung der Bruttomonatsverdienste erklären.

2 Was soll ich mit der Preisstatistik anfangen?

Verbraucherpreisindex für Deutschland (2010 = 100)

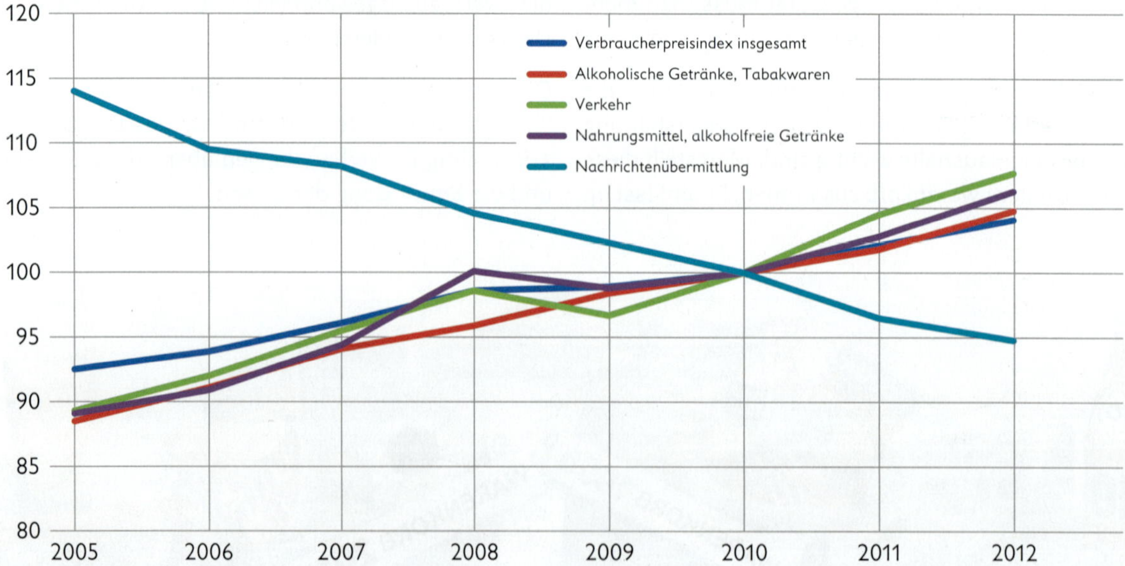

***Statistisches Bundesamt** (2014): www.destatis.de*
▶ Zahlen & Fakten ▶ Gesamtwirtschaft & Umwelt ▶ Preise ▶ Verbraucherpreisindizes ▶ Verbraucherpreise (13.01.2014)

Das Statistische Bundesamt veröffentlicht laufend die Entwicklung der Verbraucherpreise. Die Grundlage bilden die Güter des Warenkorbs.

Die Preisentwicklung des Warenkorbes beschreibt der Verbraucherpreisindex für Deutschland. Für den heutigen Preisindex gilt noch der Warenkorb des Jahres 2010. Von diesem Jahr ausgehend wird die Entwicklung der Preise in Prozent gemessen.

Beispiel:
2010 kostete ein Cityrad im Durchschnitt 500, im Jahre 2011 dagegen 508 Euro. Die Preissteigerung für 2011 betrug 1,6 %, der Index hat den Wert von 101,6.

Steigen die Preise für den gesamten Warenkorb, bedeutet das eine Steigerung des Preisniveaus.

Wenn das Preisniveau stetig steigt, verliert die vorhandene Geldmenge an Wert, da man für den gleichen Geldbetrag weniger Güter kaufen kann. Das Geld verliert an Kaufkraft (= Inflation).

Die Verbraucherpreise für einzelne Güter oder Gütergruppen entwickeln sich im Zeitablauf sehr unterschiedlich. Die Entwicklung des Preisindex kann sich deshalb auf die Haushalte verschieden auswirken. Einflussfaktoren sind z. B. die Höhe des Einkommens, Verbrauchsgewohnheiten und das Alter der Haushaltsmitglieder.

Die Entwicklung der Verbraucherpreise ist auch für die Tarifpolitik wichtig.

1 Erkläre die Grafik. Formuliere gegenüber einem Partner daraus Aussagen zur Preisentwicklung der vier genannten Gütergruppen.

2 Beurteilt folgende Meinungen:
LINUS, 15 Jahre, Computer- und Internetfreak: „Ich weiß gar nicht, was das Gerede um die starke Steigerung der Verbraucherpreise soll. Ich merke bei meiner Flatrate nichts davon."
ANNIKA, 30 Jahre, Pendlerin mit Auto: „Die Benzinpreise sind stark gestiegen. Das merke ich sehr deutlich."

3 Preisentwicklung kontrovers

neustaedter-bote.de

Suche | finden

Nachrichten | E-Paper | Immobilienmarkt | Stellenmarkt | Motormarkt | Mediathek | Abo & Service

POLITIK | **WIRTSCHAFT** | FINANZEN | KULTUR | SPORT | LEBEN | GESUNDHEIT | PANORAMA | COMPUTER | WISSEN | REISE | KARRIERE

Preise klettern weiter

Von Jan Nuber

Neue Daten vom Statistischen Bundesamt. Die Verbraucherpreise klettern Jahr für Jahr und die Verbraucher zahlen. Das Schlimme: Wir alle sind gleichermaßen betroffen – vom Säugling bis zu Oma und Opa.
Wie die Preise sich entwickeln – das zeigt uns das Schaubild deutlich für die Güter des aktuell gültigen Warenkorbes. Die sind typisch für alle Haushalte. Wie lange sehen unsere Politiker dem noch tatenlos zu? Sie könnten uns alle z. B. durch eine Senkung der Kfz-Steuer und die Mineralölsteuer entlasten.
Die Politiker sind in unserer Wirtschaftsordnung verantwortlich für die Preisentwicklung.

Kommentare

Bitte melden Sie sich an, um den Artikel zu kommentieren.

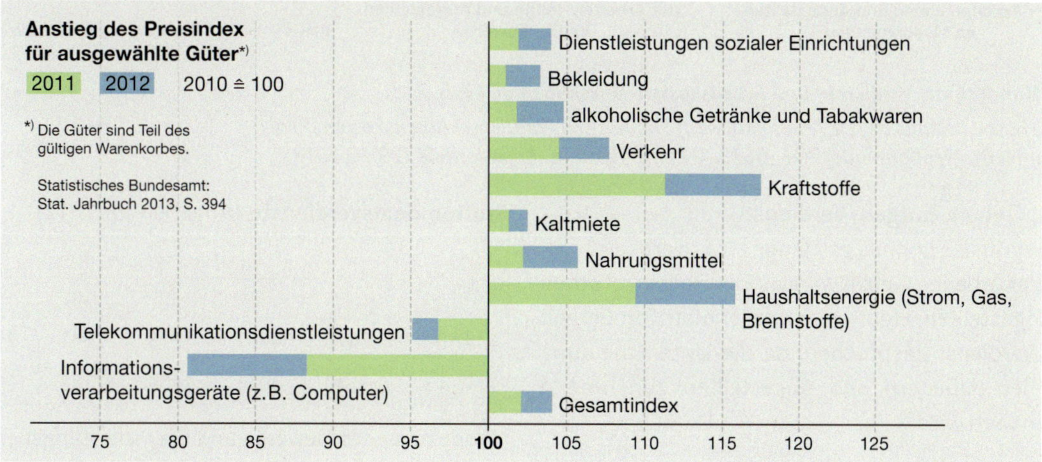

Leserinnen und Leser kommentieren

08.02.2014 11:48 Ben Rüther
Die eigentliche Ursache der Preisniveausteigerung ist aber die Geldvermehrung durch staatliche Verschuldung. Wenn diese mehr steigt als die Güterproduktion, muss das Preisniveau steigen. Ohne die staatliche Verschuldungspolitik würden steigende und sinkende Preise zu einem stabilen Preisniveau führen. Leider wird diese Tatsache durch die Wirtschaftspraktiker und die Politiker für die Bevölkerung ständig verdreht. Die Kreditnehmer (Unternehmen und Staat) haben den Nutzen bei stetiger Preisniveausteigerung. Die können ihre Kredite bei steigenden Preisen besser tilgen, während die dummen, sparenden Haushalte diese Strategie bezahlen. Man sollte den Bürgern endlich einmal reinen Wein vorsetzen.

08.02.2014 10:07 Annika Reger
Der Vorschlag, die Mineralölsteuer zu senken, gefällt mir bestens. Der Staat verplempert sowieso zu viel Geld, z.B. für Arbeitslose. Deutschland ist ein Auto-Land! Das sollen sich die Ökos hinter die Ohren schreiben.

07.02.2014 23:12 Ansgar Schmitte
Der Journalist sollte mal deutlich machen, dass die Steigerung der Verbraucherpreise diejenigen trifft, die alles Geld für die Lebenshaltung ausgeben müssen und nichts sparen können. Das sind die Menschen, deren Einkommen unter dem Durchschnitt liegt, z.B. Empfänger von Hartz IV. Reiche, die viel sparen können, trifft eine Steigerung der Preise durch eine Entwertung der Ersparnisse. Sie sind jedoch nicht existenziell betroffen.

1 Erklärt das Balkendiagramm. Welche Gründe könnten die Unterschiede haben?

2 Beurteilt in Partnerarbeit die Kommentare von Ben, Annika und Ansgar. Findet die wichtigsten Informationen heraus und notiert Stichworte.

3 Schreibt selbst einen Beitrag zum Balkendiagramm.

4 Index der Verdienste und der Verbraucherpreisentwicklung

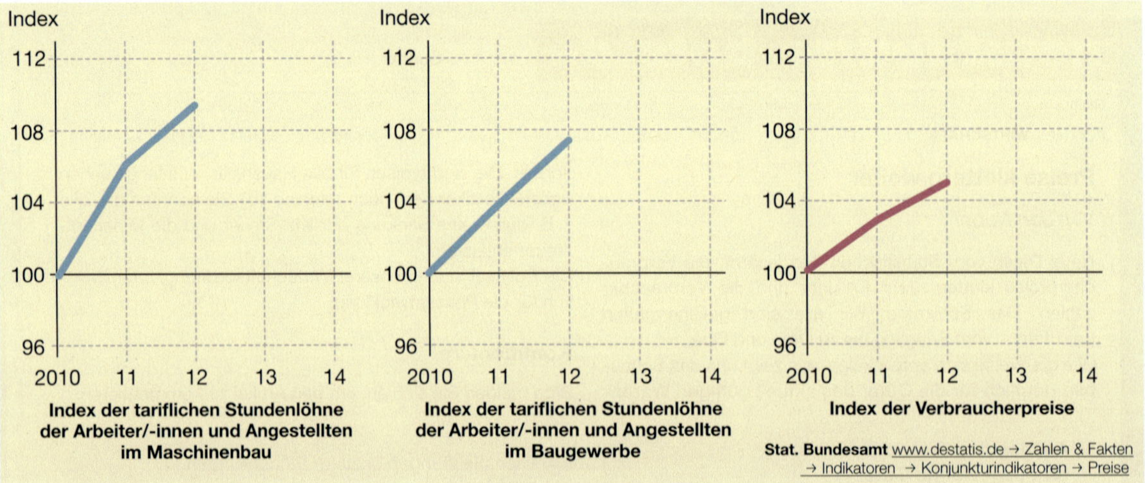

Stat. Bundesamt: *Verdienste und Arbeitskosten. Wiesbaden 2013, S. 7*
https://www.destatis.de/DE/Publikationen/Thematisch/VerdiensteArbeitskosten/ReallohnNetto/ReallohnindexPDF_5623209.pdf?_blob=publicationFile (29.10.2013)

Lohn, Gehalt, Entgelt/Verdienst

Der Begriff des Lohnes galt lange für Erwerbseinkommen der Arbeiter. Gehalt war das Erwerbseinkommen der Angestellten. Heute wird immer öfter von Entgelt oder Verdienst gesprochen, da die Unterscheidung zwischen Arbeitern und Angestellten zunehmend aufgehoben wird.

Der Realverdienst wird aus dem Nettoverdienst (▶ **Nettoeinkommen**) unter Berücksichtigung der Preisentwicklung errechnet.
Unterschiede gibt es aber in der Höhe der Verdienste.

Bruttomonatsverdienste (Angaben für 2012)[1]

	Leistungsgruppen				
	1	2	3	4	5
Männer	7478	4707	3218	2641	2152
Frauen	5540	3916	2809	2188	1963

[1] Produzierendes Gewerbe und Dienstleistungsbereich, siehe auch Folgeseite

Stat. Bundesamt *(Hg.): Statistisches Jahrbuch 2013, Wiesbaden 2013, S. 370*

1 Erklärt und beurteilt die folgenden Meinungen zur Lohn- und Preispolitik:
HAJO: „Kein Wunder, dass die Verbraucherpreise so stark gestiegen sind. Die Energiepreise hauen in den Index richtig rein. Die Gewerkschaften sollten eine kräftige Erhöhung der Verdienste durchsetzen. Wenn die Preise stärker steigen als die Löhne, verdienen die Menschen real weniger."
MIKE: „Die Menschen haben auch weniger in der Tasche, wenn die Preissteigerungen genauso hoch sind wie die Lohnsteigerungen. Auf den Nettolohn kommt es an. Denk nur an die Steuern und die Beiträge zur Sozialversicherung." (s. S. 102–105)

2 Die Preissteigerungen treffen besonders die Verdiener in den niedrigen Leistungsgruppen. Die sollten bei Tarifsteigerungen besonders bedacht werden.

5 Weiterführendes Material

M1 Arbeitskosten und Verdienst unter verschiedenen Blickwinkeln

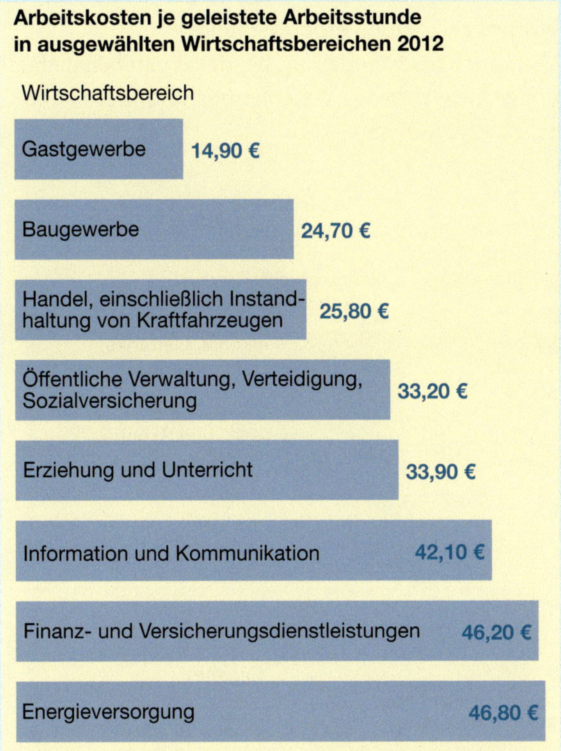

Quelle: **Statistisches Bundesamt** (2013): Jahresschätzung Arbeitskosten. https://www.destatis.de → Zahlen & Fakten → Gesamtwirtschaft & Umwelt → Verdienste & Arbeitskosten → Arbeitskosten & Lohnnebenkosten → Jahresschätzung Arbeitskosten (27.10.2013)

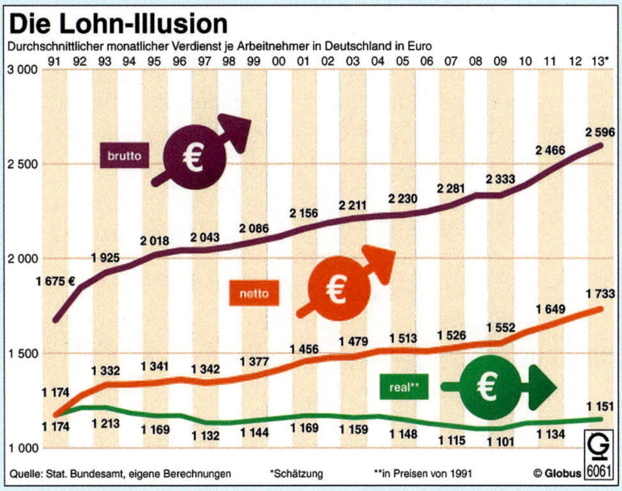

Arbeitskosten

Zu den Arbeitskosten zählen die Bruttoentgelte der Arbeitnehmer, Sozialversicherungsbeiträge der Arbeitgeber, betriebliche Altersversorgung, Kosten der beruflichen Aus- und Weiterbildung.

Durchschnittliche Bruttomonatsverdienste[1] der vollzeitbeschäftigten Arbeitnehmer[2] 2012

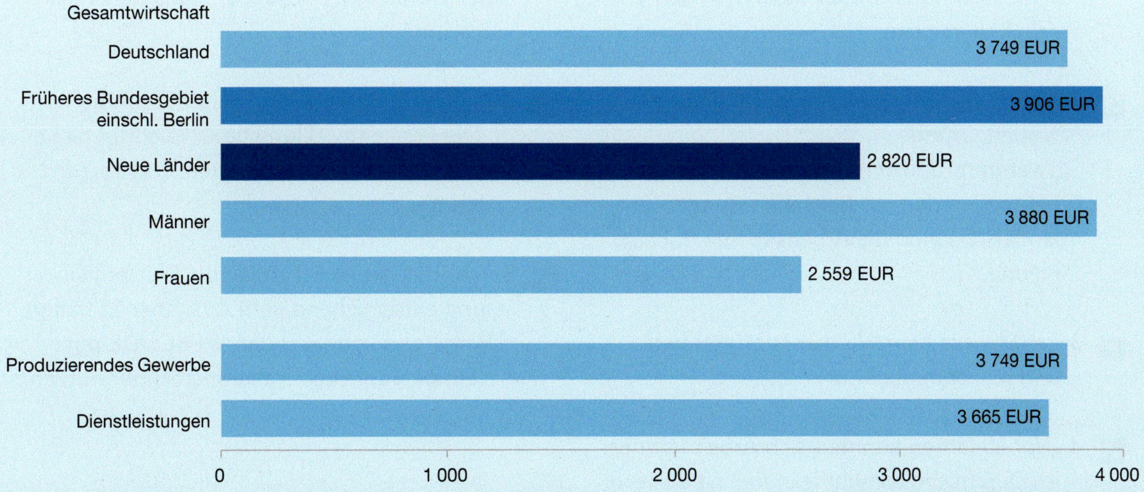

1) Ohne Sonderzahlungen. – 2) Im Produzierenden Gewerbe und im Dienstleistungsbereich

© **Statistisches Bundesamt** 2013, Wiesbaden, Statistisches Jahrbuch 2013, S. 368

M2 Den Warenkorb genauer im Blick: Auf die Gewichtung kommt es an!

Der Warenkorb für 2010, der die Grundlage für die Berechnung des Preisindex bildet, gewichtet die 600 ausgewählten Güterarten mit einem bestimmten Faktor. Man geht dabei von einem durchschnittlichen Verbraucher aus, den es nur in der Statistik gibt. Es werden also durchschnittliche Verbrauchsgewohnheiten unterstellt.

Die Verbrauchsgewohnheiten werden durch Einkommens- und Verbrauchsstichproben ermittelt. Aufzeichnungen von Haushalten spielen eine wichtige Rolle.

Die Gewichtung der verschiedenen Warengruppen wird im Kreisdiagramm erkennbar.

Wie sich unterschiedliche Gewichtungen auf die Preisentwicklung auswirken, könnt ihr mit dem Internetprogramm des Statistischen Bundesamtes „Persönlicher Inflationsrechner" ausprobieren. Das Programm zeigt einen experimentellen Verbraucherpreisindex an, bei dem man beispielhaft einige Gewichte des Warenkorbes verändern kann (s. zu M2, Aufgabe 3).

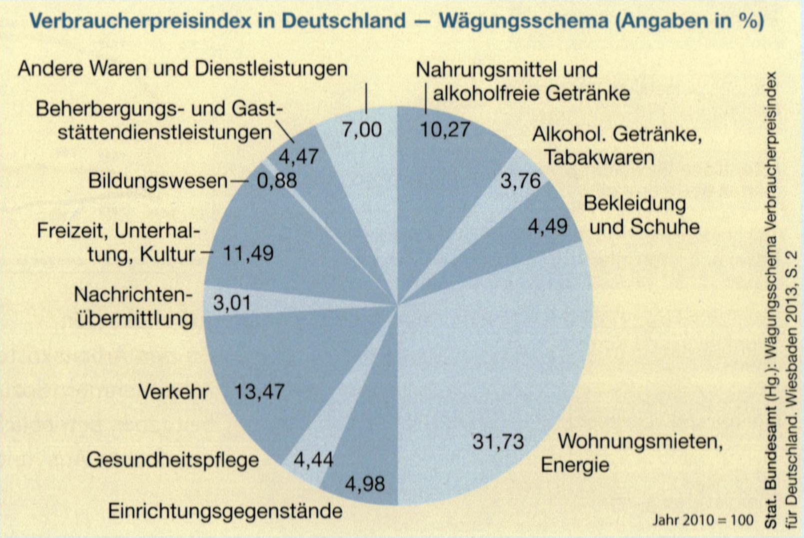

Zu M1

1 Notiert mögliche Gründe für die unterschiedlich hohen Arbeitskosten in den Wirtschaftsbereichen.

2 Nehmt Stellung zu folgender Meinung. Notiert Gründe.
„Warum produzieren nicht mehr Unternehmen in den ostdeutschen Bundesländer? Da sind die Arbeitskosten doch so niedrig."

3 Erklärt, was beim Verdienst brutto, netto und real bedeutet.

4 „Vor 20 Jahren konnten sich Arbeitnehmer im Durchschnitt mehr leisten." Ist diese Aussage richtig oder falsch? Begründet.

Zu M2

1 Schreibt auf, welche Warengruppe euch bei der Gewichtung besonders aufgefallen ist. Warum?

2 Nehmt Stellung zu folgender Meinung:
„Die Preisentwicklung berücksichtigt nicht die Qualitätsverbesserungen. Das verzerrt den Blick."

3 Ermittelt für eure Familie die Preisentwicklung entsprechend dem Ausgabenverhalten. Vertiefend könnt ihr den WEBCODE mit dem persönlichen Inflationsrechner nutzen.

Alles klar?

Mein Geld soll seinen Wert behalten!

1 Erkläre, welche Bedeutung der Warenkorb zur Berechnung des Preisindex hat.

2 Schreibe auf, worüber der Verbraucherpreisindex für Deutschland informiert.

3 Beurteile folgende Meinungen:
RONALD: „Die Erhöhung des Verbraucherpreisindex trifft Computernutzer schwer."
JUDITH: „Ich gehe seltener in eine Kneipe. Die Preise sind zu stark gestiegen."

4 Beurteile folgende Meinung:
„Man sollte die Entgelte an die Entwicklung des Verbraucherpreisindex anpassen. Das ist für alle Haushalte gleich gut."

5 Welche Bevölkerungsgruppen werden bei einer Inflation benachteiligt?

6 Nehmt Stellung:
a) Die Arbeitskosten sind in Hamburg mehr als 50% höher als in Thüringen. Unternehmen können dort immer günstiger produzieren.
b) Arbeitskosten sind nur ein Faktor. Ich biete Dienstleistungen in Hamburg an. Dort sind zahlungskräftige Kunden.

Quelle unten: ***Statistisches Bundesamt*** *(2014): www.destatis.de ▶ Zahlen & Fakten ▶ Gesamtwirtschaft & Umwelt ▶ Preise Verbraucherpreisindizes ▶ Verbraucherpreise (13.01.2014)*

Bruttolöhne/Gehälter je Arbeitsstunde im Jahr 2012 (Arbeitnehmer in Deutschland nach Bundesländern)

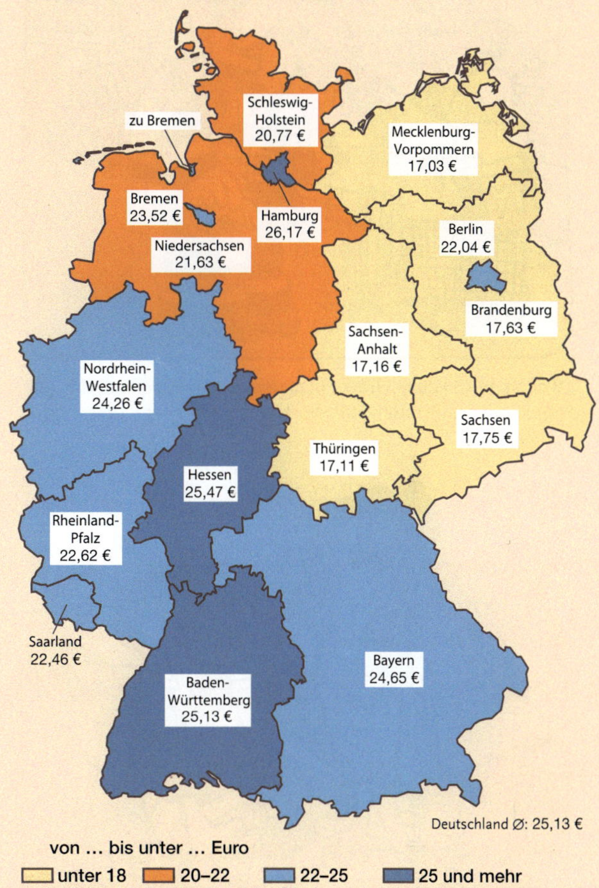

Arbeitskreis „Volkswirtschaftliche Gesamtrechnung der Länder" (2013) http://www.vgrdl.de/Arbeitskreis_VGR/tbls/tab.asp?lan=de-DE&tbl=tab11#tab07 (27.10.2013)

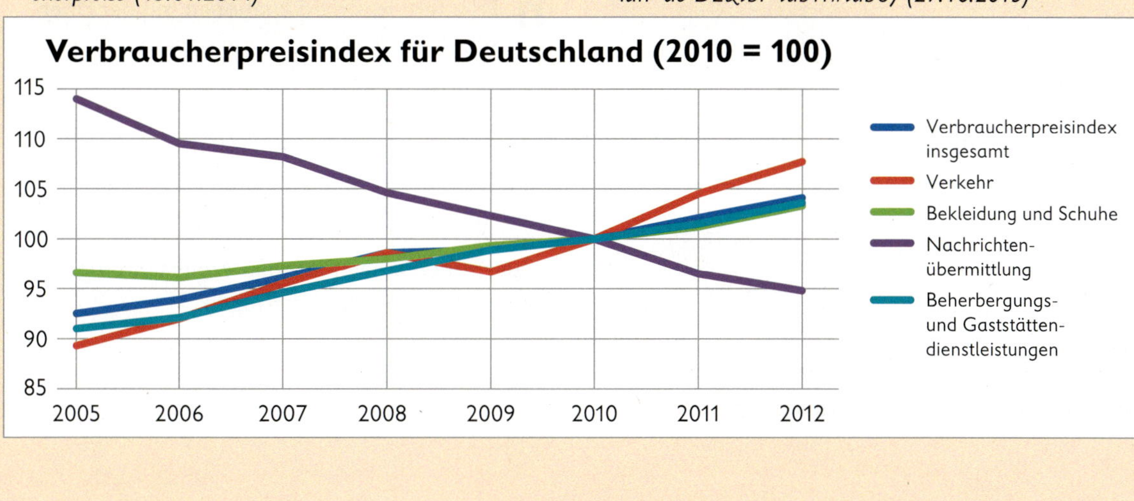

Arbeitsbedingungen, Arbeitsschutz und Entgelt

1 Arbeit muss menschengerecht sein und angemessen bezahlt werden

„War ziemlich knapp. Trotz Hitze und Rauch haben wir die alte Frau gerade noch retten können. Hab kurz überlegt, ob ich das riskieren kann.“

„Das kann doch nicht wahr sein. Nach der Neubewertung meiner Arbeit soll ich einen Euro pro Stunde weniger bekommen? Ich protestiere!“

„Jonas, das geht nicht, Jugendliche dürfen keine schweren Lasten tragen.“

Erläutert, was die Situationen mit der Überschrift des Kapitels zu tun haben.

Das könnt ihr lernen

Ihr könnt

- beschreiben, wie die Gesundheit des arbeitenden Menschen geschützt wird und warum die Kontrolle der Betriebe wichtig ist.
- begründen, welchen besonderen Schutz Jugendliche bei der Arbeit benötigen.
- eine Arbeitsplatzerkundung durchführen und erklären, wie Arbeitsbedingungen belasten können und was Arbeitsschutz bewirken kann.
- Zusammenhänge zwischen Arbeitsanforderungen und Verdienst hinterfragen.

2 Fallbeispiele zu Arbeitsbedingungen und zum Arbeitsschutz

Der Arbeitsschutz im Betrieb ist gesetzlich geregelt (s. **M4**, S. 37). Die Beispiele zeigen Belastungen, die am Arbeitsplatz auftreten können, und Schutzmaßnahmen.

„Was auf die Ohren bekommen" und sich „erschüttern" lassen – Nein Danke!

... Mit der ... Lärm- und Vibrations-Arbeitsschutzverordnung soll ... Gesundheitsschäden der Beschäftigten ... entgegengewirkt werden. Lärm gehört zu den häufigsten Gefährdungen am Arbeitsplatz, Lärmschwerhörigkeit steht an der Spitze der **Berufskrankheiten***. Lärm schädigt nicht nur das Gehör, sondern auch die Psyche. Schlafstörungen, Konzentrationsmängel, berufliche Leistungsminderung bis hin zum Herzinfarkt können die Folge sein. Umso wichtiger ist der Lärmschutz für die Beschäftigten. Ebenso wie der Schutz vor andauernder Belastung durch Vibrationen. So kann die Dauerbelastung bei Tätigkeiten mit handbetriebenen Geräten zu Muskel- und Skelett-Erkrankungen oder Durchblutungsstörungen der Finger und Hände führen. ...

Arbeitgeberinnen/Arbeitgeber, deren Beschäftigte Lärm oder Vibrationen ausgesetzt sind, haben dafür zu sorgen, dass bestimmte Grenzwerte am Arbeitsplatz eingehalten werden ... .

Lärm ist ein wesentlicher Belastungsfaktor für Lehrer und Schüler, da mangelhafte Raumakustik eine schlechte Sprachverständlichkeit hervorruft und den Stressfaktor für alle Beteiligten erhöht. ... Messungen ... der Nachhallzeiten in Unterrichtsräumen ... führten ... zu folgenden Ergebnissen:

- Mehr als die Hälfte der Klassenräume lagen außerhalb des zulässigen ... Sollwerts,
- bei den ... Akustikmaßnahmen war man nicht immer mit ... Sachverstand vorgegangen. ...

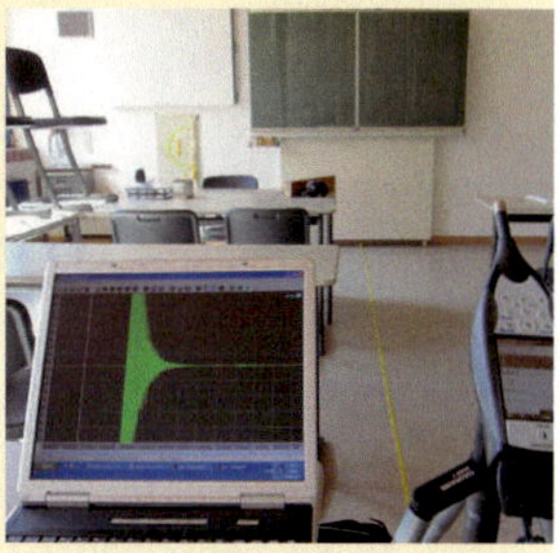

Lärmmessung im Klassenzimmer

Nach **Ministerium für Arbeit, Integration und Soziales NRW: Arbeitsschutz in NRW,** *Jahresbericht 2010, Düsseldorf 2011, S. 23, 26*
http://www.arbeitsschutz.nrw.de/pdf/jahresbericht/JB_2010.pdf (01.10.2013)

*2010 wurden in NRW 644 Krankheiten als berufsbedingt anerkannt. Siehe auch Lärm als Belastung am Arbeitsplatz, **M2**, S. 36.

Absturzsicherung beim Dachdecken

Das Staatliche Amt für Umwelt und Arbeitsschutz Detmold verhängte ein Bußgeld, weil ein Dach ohne Absturzsicherung gedeckt wurde.

Bei diesen Dachdeckerarbeiten wurden die Sicherheitsvorschriften befolgt. Ein Gerüst mit Fangnetz schützt die Arbeiter vor Absturz.

Gesundheit schützen beim Heben und Tragen

WARUM?

Die häufigste Ursache von Arbeitsunfähigkeit sind Rückenbeschwerden, verursacht durch Heben und Tragen. Entsprechend hoch sind die Kosten, die einem Betrieb durch fehlende und nicht voll einsetzbare Beschäftigte entstehen. Durch verbesserte Arbeitsabläufe werden

- Fehlzeiten sowie Folgekosten durch Unfälle und Krankheitstage gesenkt,
- Transportvorgänge optimiert,
- Transportschäden vermieden,
- Qualität und Kundenzufriedenheit gesteigert,
- Leistungsfähigkeit und Motivation gefördert.

Das ist für die Wettbewerbsfähigkeit von Unternehmen unverzichtbar.

WIE?

Um den Arbeitsschutz beim Heben und Tragen zu verbessern, hat sich Folgendes bewährt:

- vorausschauend planen (über Hilfsmittel und Arbeitsplatzgestaltung nachdenken),
- Heben und Tragen möglichst vermeiden (Transport mechanisieren),
- Gesundheitsrisiken beim Heben und Tragen verringern (Gewicht der Last verringern),
- Bedingungen für das Heben und Tragen verbessern (für ausreichenden Bewegungsraum am Arbeitsplatz sorgen),
- personelle Voraussetzungen verbessern (Beschäftigte zu gesundheitsgerechtem Verhalten motivieren).

Nach **Landesanstalt für Arbeitsschutz des Landes Nordrhein-Westfalen** *(Hg.): Gesundheit schützen beim Heben und Tragen. Düsseldorf 2002, S. 1, 5*
http://www.arbeitsschutz.nrw.de/pdf/themenfelder/sieben_schritte_zum_erfolg.pdf (01.10.2013)

1 Begründet an den Beispielen der Vorseite die Bedeutung der Lärmminderung und des Lärmschutzes.

2 Besorgt ein Schallmessgerät oder ladet euch eine App dazu auf euer Smartphone und messt z. B. den Pausenlärm, die Lautstärke der Schul-Disco bzw. des Musikplayers bei „normalem“ Gebrauch. Recherchiert im Internet zum Stichwort „Discolärm“ und „Lärmschwerhörigkeit“.

3 Überlegt am Beispiel Dachdecker (Vorseite), warum es Unternehmen gibt, die Sicherheitsvorschriften nicht einhalten, und bewertet dieses Verhalten.

4 Erkundet einen Arbeitsplatz, bei dem Lasten gehoben bzw. getragen werden müssen (z. B. Möbelpacker, Waren einräumen im Supermarkt). Berücksichtigt bei der Erstellung des Erkundungsbogens **M3**, S. 37, und die **Methode Erkundung**.

3 Jugendliche brauchen besonderen Arbeitsschutz

Jugendliche berichten – ist das erlaubt?

SANDRA K.: „Ich lerne Verkäuferin. Wenn wir Ware kriegen, sollen die Auszubildenden einräumen helfen. Häufig ist solch eine Kiste 15 kg schwer. Abends schmerzt mein Rücken."

LUDMILLA R.: „Ich mache eine Ausbildung zur Friseurin. Wenn viel Kundenandrang ist, dürfen wir keine Pause machen. Neulich konnte ich erst nach fünf Stunden zur Pause gehen."

OLIVER B.: „Ich lerne Koch und arbeite von Montag bis Freitag. Oft kommt samstags ein weiterer Bus mit Gästen an. Dann lässt der Chef mich zusätzlich kommen. Vorige Woche war ich besonders sauer. Ich hatte schon eine Karte für ein Bundesligaspiel."

JÖRG A.: „Ich lerne Fachkraft für Systemgastronomie. Vor dem Berufsschultag arbeite ich oft bis 22:00 Uhr. Am nächsten Morgen muss ich um 5:30 Uhr aufstehen, damit ich um 7:45 Uhr in der Berufsschule ankomme. Vorige Woche bin ich in der 7. Stunde eingeschlafen. Erst hat der Lehrer mich angemacht, aber dann haben wir darüber gesprochen ..."

SYRIA K.: „Ich will Bäckerin werden. Mein Chef sagt: ‚Wenn du 16 wirst, fängst du auch um 4:00 Uhr an wie die anderen. Dann wird deine Arbeitskraft gebraucht.' Ich weiß auch gar nicht, wie ich zum Betrieb kommen soll. Ein Bus fährt um diese Uhrzeit noch nicht."

Bei Verstößen gegen das Jugendarbeitsschutzgesetz sind das Gewerbeaufsichtsamt bzw. das Amt für Arbeitsschutz und die Ausbildungsberater der Kammern zuständig. Wenn ihr euch in der Ausbildung befindet, könnt ihr euch dort über Regelungen informieren. Diese Ämter und Dienststellen können dafür sorgen, dass Missstände abgestellt und ggf. Bußgelder verhängt werden.

1 Löst die Aufgaben mithilfe der nächsten Seite:

A: Darf Sandra so schwer tragen? Berücksichtigt nebenstehende Richtwerte:

B: Darf Oliver am Samstag zusätzlich eingesetzt werden?

C: Welche Rechte hat Ludmilla?

D: Wie soll Syria sich verhalten?

E: Darf Jörg vor einem Berufsschultag so lange arbeiten?

2 Befragt Jugendliche zu gesetzlichen Bestimmungen zum Arbeitsschutz bei ihrer Arbeit.

	Bei gelegentlichem Heben und Tragen (2 × pro Stunde und 3–4 Schritte)		Bei häufigem Heben und Tragen (2–3 × pro Stunde und mehr als 4 Schritte)	
Alter	**Frauen**	**Männer**	**Frauen**	**Männer**
15–18 J.	15 kg	35 kg	10 kg	20 kg
19–45 J.	15 kg	55 kg	10 kg	30 kg
> 45 J.	15 kg	45 kg	10 kg	25 kg

Komnet: *Kompetenznetz Arbeitsschutz*
http://komnet.nrw.de/ccnxtg/frame/ccnxtg/danz?sid=&bid=BAS&did=10980&lid=DE&print=1&tid=&zid=public&pid=B17 (01.10.2013)

Aus dem Jugendarbeitsschutzgesetz (Stand Januar 2014)

	§§	Das steht darin	Welche Ausnahmen?
	**§§ 5, 7: Mindestalter für Beschäftigung**	15 Jahre	unter 15 Jahre bei Berufsausbildung, im Betriebspraktikum; ab 13 Jahre bei leichter, geeigneter Arbeit bis 2 h pro Tag
	**§ 9: Berufsschule**	keine Arbeit im Betrieb bei mehr als 5 Stunden (h) Unterricht an einem Berufsschultag	
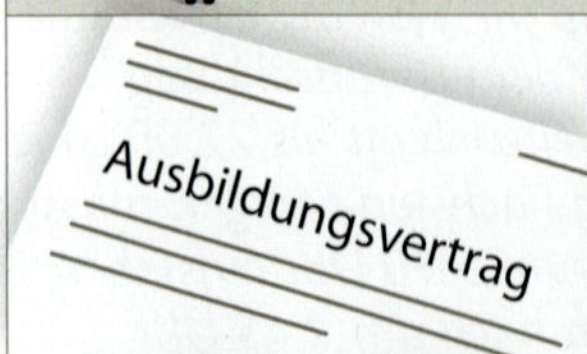	**§§ 8, 12: Arbeitszeit**	wöchentlich nicht mehr als 40 h; täglich bis 8 h	z. B. Schichtzeit bis 10 h, im Gastgewerbe bis 11 h
	§ 11: Ruhepausen	bei Arbeitsdauer mehr als • 4½ h: 30 min • 6 h: 60 min	
	**§ 13: Tägliche Freizeit**	nach der Arbeitszeit mindestens 12 h	
	**§ 14: Nachtruhe**	keine Beschäftigung zwischen 20:00 Uhr und 6:00 Uhr	Jugendliche über 16 Jahre, z. B. im Gastgewerbe, bis 22:00 Uhr, in Bäckereien ab 5:00 Uhr, weil wichtige Arbeitszeiten
	**§ 15: Fünf-Tage-Woche**	von Montag bis Freitag	am Samstag im Friseurhandwerk, weil für die Branche wichtiger Arbeitstag; §§ 16–18: am Samstag oder Sonntag im Gaststättengewerbe
	**§ 19: Urlaub**	Dauer des jährlichen Urlaubs im Alter von • 16 Jahren: 30 Werktage • 17 Jahren: 27 Werktage • 18 Jahren: 25 Werktage	bei Beschäftigung im Bergbau jeweils zusätzlich 3 Tage
	**§ 22: Gefährliche Arbeiten**	Jugendliche dürfen nicht beschäftigt werden bei Arbeiten, die z. B. • körperlich oder psychisch zu schwer sind • mit Unfallrisiken bzw. gefährlichen Stoffen verbunden sind	Arbeiten mit Unfallrisiken/gefährlichen Stoffen sind erlaubt, wenn dies für das Ausbildungsziel erforderlich ist bzw. fachkundige Aufsicht geführt wird
	**§§ 23, 24: Akkordarbeit bzw. Arbeit unter Tage**	grundsätzlich verboten	zur Erreichung des Ausbildungsziels

4 Arbeitsanforderungen und unterschiedliche Entgelte

Betroffene berichten

WLADISLAW, 25 J.: „Meine Ausbildung brach ich ab. Naja, da war Stress mit dem Chef – heute bedaure ich es. Dann hatte ich lange nichts. Schließlich fing ich bei einer Firma an, die Kunststofftanks herstellt. Hitze, Dämpfe, Produktionslärm, Schichtdienst. Das macht mich ziemlich fertig. Der Verdienst ist mäßig – angelernte Arbeit. Ich bin froh, dass ich die habe."

DIRK, 60 J.: „Ich war Pflasterer. Immer gebückt oder kniend arbeiten, die Steine tragen, Regen, Kälte, Hitze. Heute gibt es Arbeitshilfen, z. B. werden Steine mit dem Kran am Pflasterort abgeladen. Der Verdienst stimmte, als ich noch jung war und im Akkord arbeiten konnte. Teilweise machten wir Überstunden. Ab 40 gab es Probleme: Verspannungen, Bandscheibe kaputt. Ich musste mich öfter krankmelden, wurde zwischendurch arbeitslos. Mit 57 ging nichts mehr – Berufsunfähigkeit. Ich habe 40 Jahre gearbeitet und bekomme nur 1100 € Rente. Gut, dass meine Frau noch erwerbstätig ist, sonst sähe es schlecht aus. Körperlich schwere Arbeit sollte besser bezahlt werden. Schließlich opfert man seine Gesundheit."

Verdienstunterschiede von Frauen und Männern

Der durchschnittliche Bruttostundenverdienst von Frauen war in Deutschland mit 15,21 € im Jahr 2012 um 22 % niedriger als der von Männern (2006: 23 %). Die Gründe liegen in der unterschiedlichen Berufs- und Branchenwahl von Frauen und Männern sowie in ungleich verteilten Arbeitsplatzanforderungen .... Arbeitnehmerinnen gehen eher Tätigkeiten nach, die mit geringeren Verdienstmöglichkeiten und Anforderungen verbunden sind. Hinzu kommen z. B. ein niedrigeres Dienstalter und geringerer Beschäftigungsumfang. Das erklärt 2/3 des Unterschieds. Im Durchschnitt verdienten Arbeitnehmerinnen auch bei vergleichbaren Tätigkeiten und Qualifikationen 7 % weniger als Männer.

Nach **Statistisches Bundesamt:**
Pressemitteilung Nr. 101 vom 21.03.2012

https://www.destatis.de/DE/PresseService/Presse/Pressemitteilungen/2012/03/PD12_101_621.html (01.10.2013)

Zahlen für 2012: Pressemitteilung Nr. 108 v. 19.03.2013

MARIA, 25 J.: „Meine Arbeit gefällt mir, ist aber nicht alles. Ich arbeite nur so viel wie notwendig: 30 Stunden pro Woche. Das Entgelt reicht zum Leben. Ich habe so viele andere Interessen."

WANJA S., 37 J.: „Die Erwerbsarbeit fehlt mir. Ich bin arbeitslos und muss mit meiner 8-jährigen Tochter von 800 € leben. Wegen der Kinderbetreuung kann ich nicht jede Arbeit annehmen. Eine Ganztagsschule würde uns helfen. Mein Kind soll nicht unter meiner Arbeitslosigkeit leiden. Oft sage ich, das können wir uns nicht leisten."

1 Beschreibt, wie Wladislaw seine Situation einschätzt.

2 Schätzt Dirks Lage ein, auch finanziell.

3 Nehmt Stellung dazu, wie Maria ihre Erwerbsarbeit sieht.

4 Wie steht Wanja zur Erwerbsarbeit? Was wünscht sie sich für ihre Tochter?

5 Sprecht in Partnerarbeit über Ursachen des geringeren Verdienstes von Frauen. Bezieht zu Überlegungen, gut zu verdienen, die Berufswahl ein.

5 Weiterführendes Material

M1 Merkmale eines Arbeitsplatzes

Arbeitsaufgabe, z. B.
- Arbeitsinhalte
- Arbeitsziele
- Rückmeldung über den Zielerreichungsgrad
- Verantwortung für Menschen und Sachen
- Beteiligung an der Festlegung/Weiterentwicklung von Inhalten und Zielen der Arbeit
- Art der Zahlung des Entgelts

Arbeitsorganisation, z. B.
- Arbeitsteilung (Einzelarbeit, Gruppenarbeit)
- Formen der Abstimmung bei Teamarbeit
- Entscheidungsspielräume, z.B. bei der Arbeitszeit
- Einordnung in eine Hierarchie
- Möglichkeiten der Einflussnahme auf die Gestaltung des Arbeitsablaufes

Anforderungen an Kompetenzen, z. B.
- fachliche/persönliche/soziale Kompetenz
- Erfahrung
- Methoden- und Lernkompetenz
- Konflikt- und Integrationsfähigkeit im Team
- kommunikative Kompetenz

Umwelteinflüsse, z. B.
- Lärm, Hitze, Kälte, Feuchtigkeit, künstliches Licht
- Gase, Dämpfe, Stäube, mechanische Schwingungen
- Umgang mit gefährlichen Stoffen
- wechselnde Arbeitszeit

M2 Belastungen am Arbeitsplatz

Im Jahr 2009 wurden Arbeitnehmer in NRW zu Arbeitsbelastungen befragt. Fragestellung:

„Arbeit bzw. die Situation am Arbeitsplatz kann körperlich und seelisch belasten. Sagen Sie bitte zu jedem einzelnen Punkt, ob dies Sie bei der Arbeit
nicht belastet
etwas belastet
ziemlich belastet oder
stark belastet."

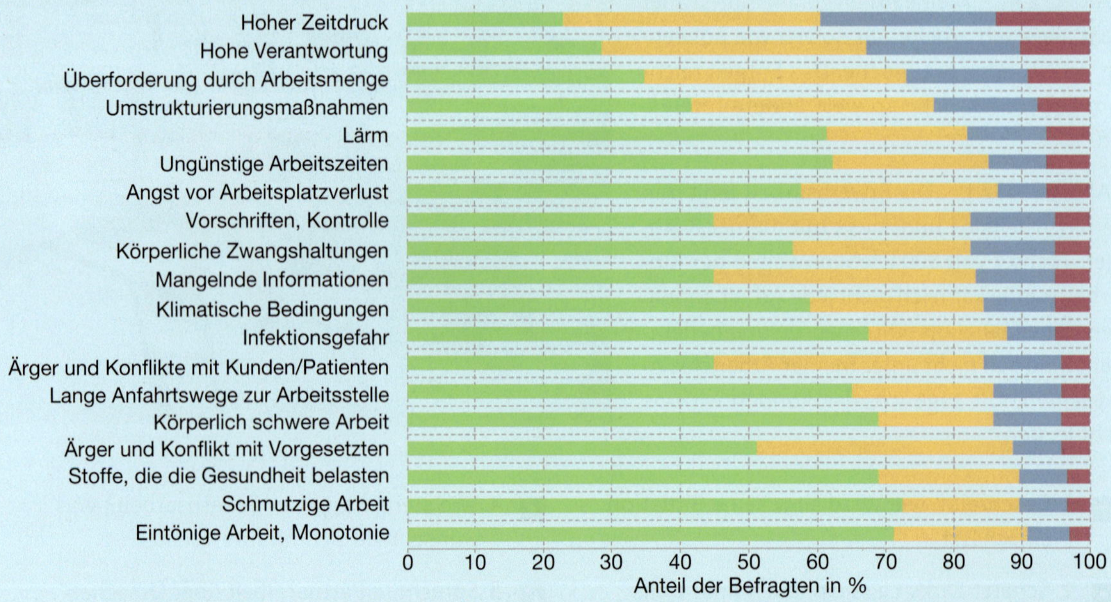

Landesinstitut für Arbeitsgestaltung des Landes Nordrhein-Westfalen (LIA.nrw) ehemals LIGA.NRW:
Gesunde Arbeit NRW 2009. Belastung – Auswirkung – Gestaltung – Bewältigung (LIGA.Praxis 3), Düsseldorf 2009, S. 13
www.lia.nrw.de/_media/pdf/service/Publikationen/archiv/liga-praxis/liga-praxis_03_Gesunde_Arbeit_2009.pdf (22.03.2014) (Auszug)

M3 Sicherheit und Gesundheitsschutz beim Heben von Lasten

Aus der Lastenhandhabungsverordnung

§ 2 Maßnahmen

(1) Der Arbeitgeber hat ... Maßnahmen zu treffen oder Arbeitsmittel ... einzusetzen, um manuelle Handhabungen von Lasten, die ... eine Gefährdung für Sicherheit und Gesundheit ... mit sich bringen, zu vermeiden. ...

Merkmale, aus denen sich eine Gefährdung ... insbes. der Lendenwirbelsäule, ergeben kann:

(1) ... **zu handhabende Last**
1. ihr Gewicht, ihre Form und Größe,
2. die Lage der Zugriffsstellen,
3. die Schwerpunktlage und
4. eine unvorhergesehene Bewegung.

(2) ... **zu erfüllende Arbeitsaufgabe**
1. die ... Körperhaltung oder Körperbewegung,
2. die Entfernung der Last vom Körper,
3. die durch das Heben, Senken oder Tragen der Last zu überbrückende Entfernung,
4. Ausmaß, Häufigkeit, Dauer des Kraftaufwandes,
5. die ... persönliche Schutzausrüstung,
6. das Arbeitstempo ... beim Arbeitsablauf und
7. die verfügbare Erholungs- oder Ruhezeit.

(3) ... **Beschaffenheit des Arbeitsplatzes**
1. der in der Höhe verfügbare Platz,
2. der Höhenunterschied, ...
3. die Temperatur, Luftfeuchtigkeit und Zuluft,
4. die Beleuchtung,
5. die Rutschfestigkeit ... der Standfläche,
6. die Bekleidung, insbesondere das Schuhwerk.

Nach **Lastenhandhabungsverordnung**, *Stand Nov. 2013*
www.gesetze-im-internet.de/lasthandhabv/index.pdf (06.11.2013)

M4 Ziele und Maßnahmen zum Arbeitsschutz

Arbeitsschutz

Kontrolle von Arbeitsschutzvorschriften, u.a.
- Gewerbeaufsichtsämter/Ämter für Arbeitsschutz (Überwachung der Einhaltung von Gesetzen im Umweltschutz, im technischen und sozialen Arbeitsschutz)
- Berufsgenossenschaften (technische Aufsichtsdienste: Arbeitsschutz, Vorbeugung durch Beratung und Information). Sie erlassen Unfallverhütungsvorschriften und Auflagen für Arbeitgeber.

Ziele
- Menschengerechte Gestaltung der Arbeit
- Vorbeugender Schutz vor arbeitsbedingten Gesundheitsgefahren
- Verhütung von Arbeitsunfällen

Sozialer Arbeitsschutz, insbes.
- Arbeitsschutzgesetz (siehe technischer Arbeitsschutz)
- Mutterschutzgesetz (schützt die schwangere Frau und die Mutter vor Kündigung, die Gesundheit der [werdenden] Mutter und des Kindes vor Gefahren am Arbeitsplatz)
- Jugendarbeitsschutzgesetz (siehe S. 34)
- Arbeitszeitgesetz (soll Sicherheit und Gesundheitsschutz bei der Arbeitszeitgestaltung gewährleisten)

Technischer Arbeitsschutz, z.B.
- Arbeitsschutzgesetz nach Vorschriften der EU (zur Verbesserung von Sicherheit und Gesundheitsschutz bei der Arbeit)
- Arbeitsstättenverordnung (u.a. Einhaltung von sicherheitstechnischen, arbeitsmedizinischen und hygienischen Regeln)
- Betriebssicherheitsverordnung (z.B. Sicherheit und Gesundheitsschutz bei Arbeitsmitteln)
- Arbeitssicherheitsgesetz (Gesetz über Betriebsärzte und Fachkräfte für Arbeitssicherheit)
- Biostoffverordnung (Sicherheit und Gesundheitsschutz bei Tätigkeiten mit biologischen Arbeitsstoffen)
- Bundesimmissionsschutzgesetz (Schutz vor schädlichen Umwelteinwirkungen)

Zu M1

1 Beschreibt unter besonderer Berücksichtigung des Arbeitsschutzes einen Arbeitsplatz im Beruf eurer Wahl. Nutzt dabei das Schaubild.

Zu M2

Nehmt Stellung zu folgenden Aussagen. Nutzt die **Methode Kugellager** (S.142), um euch auszutauschen.

A: Arbeitnehmer stört Monotonie wenig.
B: Knapp die Hälfte der Arbeitnehmer fühlt sich durch Lärm zumindest etwas belastet.

Zu M4

Begründet an einer Tätigkeit, welche Ziele mit dem Arbeitsschutz erreicht werden sollen, welche Maßnahmen dazu ergriffen und wie diese Ergebnisse kontrolliert werden.

Mitbestimmung in Betrieb und Unternehmen

1 Mitbestimmung am Arbeitsplatz

Das Betriebsverfassungsgesetz (BetrVG, s. bes. S. 40, 42) regelt Rechte und Pflichten der im Betrieb arbeitenden Menschen. Beschäftigte und Auszubildende haben Rechte, z. B. das Beschwerderecht, wenn sie sich ungerecht behandelt fühlen.

Sie wählen zur Vertretung ihrer Interessen den Betriebsrat bzw. die Jugend- und Auszubildendenvertretung. Die Vertretungen sind für diese Arbeit freizustellen.

Der Betriebsrat arbeitet mit der Unternehmensleitung zusammen. Er wacht darüber, dass rechtliche Bestimmungen, z. B. zum Arbeitschutz (s. S. 37), und Betriebsvereinbarungen eingehalten werden.

Ordnet die folgenden Situationen der Betriebsratsarbeit in der Grafik zu:
- Seit Wochen macht Frank im Kundendienst Überstunden. Das wird ihm zu viel.
- Im Sommer wird das Büro unerträglich heiß.
- Anja kommt mit dem neuen Abrechnungsprogramm nicht zurecht. Sie braucht einen Lehrgang zur Weiterbildung (s. S. 86).
- Miriam hat erfahren, dass ihre Kollegin bei gleicher Arbeit 1 € pro Stunde mehr verdient.
- Ein Teil der Produktion soll nach Moldawien verlagert werden.
- Oskar ging in Rente, seine Stelle in der Arbeitsgruppe blieb unbesetzt.
- Die Kindertagesstätte hat ihre Öffnungszeiten geändert. Mark kommt mit der Arbeitszeit nicht zurecht.
- Silke soll als Auszubildende dauernd Überstunden machen.

Das könnt ihr lernen

Ihr könnt
- Aufgaben des Betriebsrats benennen.
- Rechte zur Mitbestimmung und Mitwirkung nach dem Betriebsverfassungsgesetz erklären.
- die Aufgaben der Jugend- und Auszubildendenvertretung beschreiben.
- die Bedeutung der Vertretung von Arbeitnehmerrechten einschätzen.
- Argumente für und gegen die Mitbestimmung der Arbeitnehmer bewerten.

2 Betriebsratssitzung bei Heizkörperbau RADIATOR

Tagesordnung, Punkt 1: Neugestaltung Arbeitsablauf

Punkt 2: Schichtarbeit/flexible Arbeitszeiten
Die Betriebsleitung will zur Kostensenkung
- ▶ Schichtarbeit einführen und
- die wöchentliche Arbeitszeit nach der Auftragslage regeln. Mal sollen sechs Stunden und dann wieder zehn pro Tag gearbeitet werden.

Die Arbeitszeit soll über ein Arbeitszeitkonto erfasst und verrechnet werden. Das birgt Gesundheitsrisiken für Arbeitnehmer und erschwert die Kinderbetreuung für Familien. Bezahlte Überstunden soll es nicht mehr geben, Zuschläge entfallen.

Punkt 3: Lärmschutz neue Presse
Die große Presse soll erneuert werden. Zur Auswahl steht eine Anlage für 200 000 € und eine für 250 000 €, die deutlich leiser ist. Beide erfüllen die Lärmschutzvorschriften. Die Unternehmensleitung will die billigere kaufen.

Punkt 4: Speiseplan Kantine
Mehrere Kollegen setzen sich dafür ein, Bioprodukte zu verwenden und stärker auf die Essgewohnheiten unserer multikulturellen Belegschaft und muslimischen Kollegeninnen/Kollegen zu achten. Die Betriebsleitung befürchtet höhere Kosten und denkt, dass die Preise erhöht werden müssten.

Punkt 5: Übernahme Auszubildender
Die Jugend- und Auszubildendenvertretung beantragt, alle 20, die ausgelernt haben, unbefristet zu übernehmen. Die Betriebsleitung will nur die besten zehn befristet übernehmen und fünf Fachkräfte von außen einstellen.

1 Erklärt, was ein Betriebsrat ist. Nutzt auch das Sachwortverzeichnis und das Internet.

2 Stellt die Rechte des Betriebsrats zu den Punkten der Tagesordnung zusammen. Nutzt die Folgeseite und zu Punkt 5: S. 42. Fertigt eine Tabelle an, in der ihr die Interessen des Betriebes und Betriebsrates gegenüberstellt.

3 Setzt euch mit den Argumenten der Betriebsratsmitglieder (Abbildung oben) auseinander. Welche Person vertritt eher den Standpunkt der Betriebsleitung?

4 Befragt Eltern und Bekannte zur Einschätzung der Bedeutung eines Betriebsrats. Erhebt Gründe dafür und und tauscht euch mit der Methode Tischset aus (S. 181).

3 Rechte des Betriebsrats nach dem Betriebsverfassungsgesetz (BetrVG)

Das Recht auf Mitbestimmung

Eine Maßnahme des Arbeitgebers ist nur dann rechtsgültig, wenn der Betriebsrat zustimmt bzw. die Einigungsstelle entscheidet. Beispiele:

- Arbeitszeit, Entlohnungsgrundsätze (§ 87, siehe rechte Spalte)
- Versetzung, Einstellung (§ 95)
- Grundsätze für Beurteilungen (§ 94)
- Weiterbildung bei Qualifikationsverlust (§ 97)

Das Recht auf Mitwirkung

Vor Durchführung einer Maßnahme muss der Arbeitgeber den Betriebsrat unterrichten bzw. sich mit ihm beraten. Beispiele:

- Arbeits- und Umweltschutz (§ 89)
- Personalplanung (§ 92)
- Durchführung betrieblicher Bildungsmaßnahmen (§ 98, siehe S. 80)
- Planung neuer Anlagen (§ 90, s. rechts)
- Wirtschaftliche Fragen, Absatzlage (§ 106)

Wichtige Bestimmungen des BetrVG

- In Unternehmen ab fünf Beschäftigten kann ein Betriebsrat gewählt werden (§ 1).
- Die Wahl erfolgt in geheimer Wahl durch Beschäftigte ab 18 Jahre (§§ 4, 14).
- Die Geschlechter sollen nach ihrem zahlenmäßigen Verhältnis vertreten sein (§ 15).
- Betriebsräte und Jugendvertreter dürfen durch ihre Tätigkeit nicht benachteiligt oder begünstigt werden (§ 78, 78a).
- In Betrieben ab 200 Beschäftigten muss mindestens ein Arbeitnehmer für die Betriebsratsarbeit freigestellt werden (§ 38).
- Entstehen bei einer mitbestimmungspflichtigen Maßnahme Konflikte zwischen Arbeitgeber und Betriebsrat, können beide Parteien die Einigungsstelle anrufen (§ 76).

Aus dem Betriebsverfassungsgesetz (BetrVG)

§ 87 Mitbestimmungsrechte

(1) Der Betriebsrat hat in folgenden Angelegenheiten mitzubestimmen:

1. Ordnung des Betriebs und des Verhaltens der Arbeitnehmer
2. Beginn und Ende der täglichen Arbeitszeit, Pausen, Verteilung der Arbeitszeit auf Tage
3. Vorübergehende Verkürzung oder Verlagerung der betriebsüblichen Arbeitszeit ...
6. Einführung und Anwendung von technischen Einrichtungen, die das Verhalten oder die Leistung der Arbeitnehmer überwachen sollen
7. Verhütung von Arbeitsunfällen und Berufskrankheiten sowie zum Gesundheitsschutz
8. Ausgestaltung von Sozialeinrichtungen ...
10. Fragen der Lohngestaltung, wie Entlohnungsgrundsätze und Entlohnungsmethoden
11. Festsetzung der Akkord- und Prämiensätze
12. Grundsätze betrieblichen Vorschlagswesens
13. Grundsätze über die Durchführung eigenverantwortlicher Gruppenarbeit

§ 90 Unterrichtungs- und Beratungsrechte

(1) Der Arbeitgeber hat den Betriebsrat rechtzeitig über die Planung

1. von betrieblichen Bauten
2. von technischen Anlagen
3. von Arbeitsverfahren und Arbeitsabläufen
4. der Arbeitsplätze ... zu unterrichten.

Nach **BMAS** *(Hg.): Mitbestimmung – Eine gute Sache 2012, www.bmas.bund.de (13.01.2014)*
▶ Service ▶ Publikationen ▶ Suchen: Mitbestimmung

1 Benenne Unterschiede zwischen Mitbestimmung und Mitwirkung. Klärt die Bedeutung in Partnerarbeit.

2 Die Media GmbH hat neun Beschäftigte. Kann ein Betriebsrat gegründet werden?

3 Vergleicht die Einschätzung zur Mitbestimmung aus Sicht der Arbeitnehmer und der Arbeitgeber. Zieht dazu **M2**, S. 43, und **M3**, S. 44, heran.

4 Die Jugend- und Auszubildendenvertretung berät bei Ausbildungsproblemen

Fall 1: Schadstoffe im Schulungsraum?
Auszubildende, die über mehrere Tage im Raum 3 geschult werden, haben Konzentrationsschwierigkeiten und Ermüdungserscheinungen. Die Luft müsste auf Schadstoffe untersucht werden. Das Amt für Arbeitsschutz könnte eine Messung durchführen. Wir sollten im Betriebsrat Dampf machen.

Fall 2: Verhalten des Ausbilders Mausolf
Wir akzeptieren, unsere Ausbildungsnachweise zu führen. Aber Herr Mausolf meint, er könne uns wegen kleiner Unsauberkeiten das Heft zurückgeben. Mirka musste alles noch einmal machen. Einen anderen hat er sogar vor allen Auszubildenden runtergeputzt. Ich habe bereits mit dem Betriebsrat gesprochen. Er meint, Herr Mausolf sei ein guter Kollege. Wir sollten uns nicht wegen Kleinigkeiten aufregen. Ich finde das Verhalten nicht tragbar.

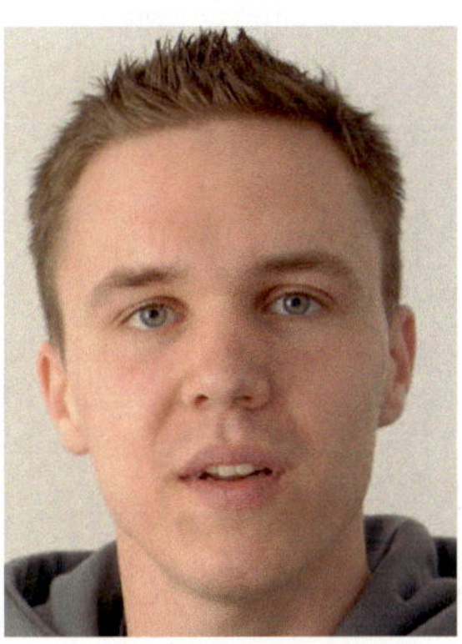

Fall 3: Ausbildung nicht zeitgemäß
Wir brauchen betriebliche Bildungsangebote zur Förderung der Arbeit im Team. Auch haben die Ausbilder zu wenig Zeit. Manche mögen gute Fachkräfte sein, aber ihre pädagogischen Fähigkeiten sind gering. Eine bessere Ausbildung würde sich auch für den Betrieb lohnen. Weiterhin sollten wir ein Auslandspraktikum für den → **Europapass** fordern. Das wird von der EU gefördert.

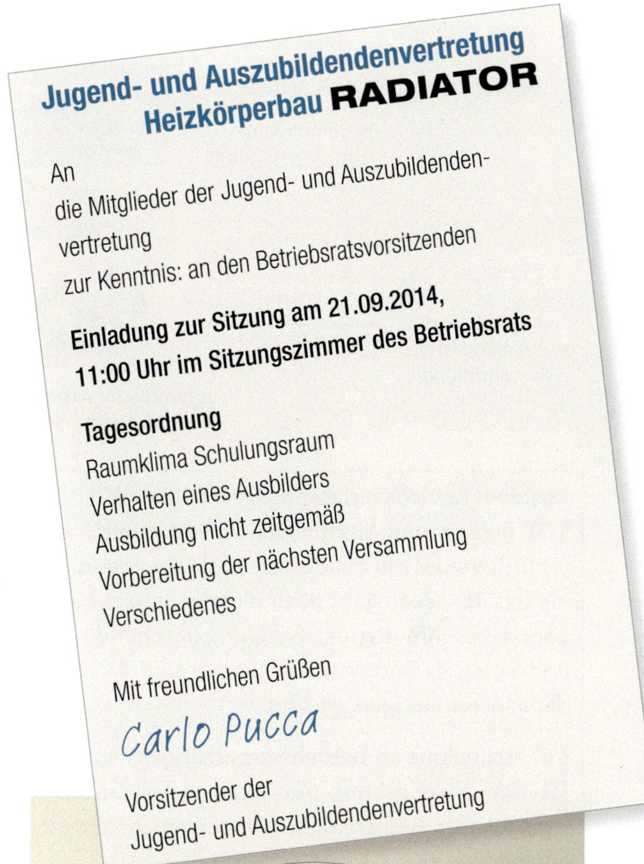

Jugend- und Auszubildendenvertretung
Heizkörperbau RADIATOR

An
die Mitglieder der Jugend- und Auszubildenden-vertretung
zur Kenntnis: an den Betriebsratsvorsitzenden

Einladung zur Sitzung am 21.09.2014, 11:00 Uhr im Sitzungszimmer des Betriebsrats

Tagesordnung
Raumklima Schulungsraum
Verhalten eines Ausbilders
Ausbildung nicht zeitgemäß
Vorbereitung der nächsten Versammlung
Verschiedenes

Mit freundlichen Grüßen

Carlo Pucca

Vorsitzender der
Jugend- und Auszubildendenvertretung

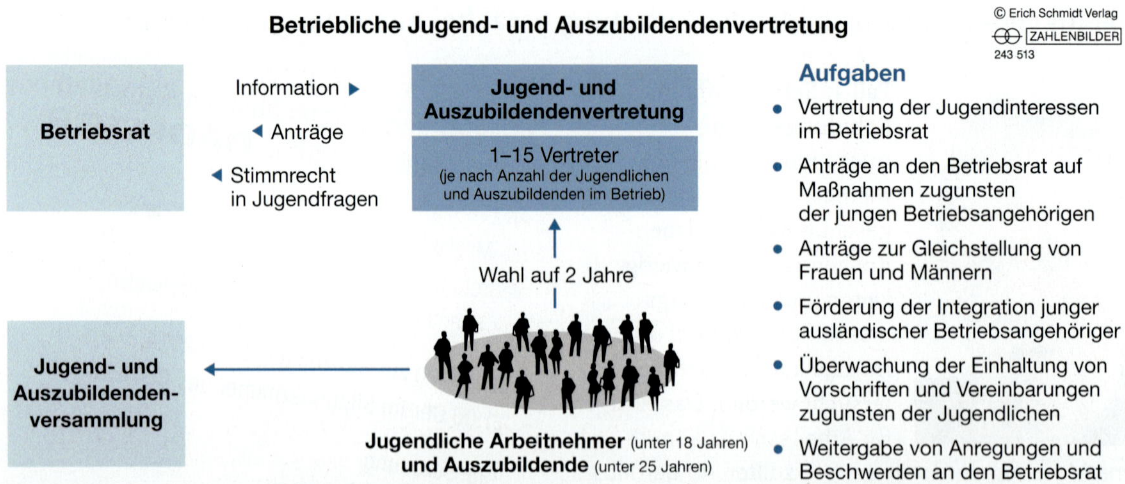

Aus dem Betriebsverfassungsgesetz (BetrVG)

§ 60 Jugend- und Auszubildendenvertretung

(1) In Betrieben mit mindestens fünf Arbeitnehmern, die das 18. Lebensjahr noch nicht vollendet haben oder die zu ihrer Berufsausbildung beschäftigt sind und unter 25 sind, werden Jugend- und Auszubildendenvertretungen gewählt.

§ 67 Teilnahme an Betriebsratssitzungen

(1) Die Jugend- und Auszubildendenvertretung kann zu allen Betriebsratssitzungen einen Vertreter entsenden.

(2) Er hat Stimmrecht, soweit die zu fassenden Beschlüsse des Betriebsrates überwiegend jugendliche Arbeitnehmer betreffen.

§ 70 Allgemeine Aufgaben

(1) Die Jugend- und Auszubildendenvertretung hat folgende Aufgaben:

1. Maßnahmen, die den in § 60 (1) genannten Arbeitnehmern dienen, insbesondere in Fragen der Berufsbildung, beim Betriebsrat zu beantragen;
2. darüber zu wachen, dass die zugunsten der in § 60 (1) genannten Arbeitnehmer geltenden Gesetze, Verordnungen, Unfallverhütungsvorschriften, Tarifverträge ... durchgeführt werden;
3. Anregungen von in § 60 (1) genannten Arbeitnehmern, insbes. zur Berufsbildung, entgegenzunehmen und, falls sie berechtigt erscheinen, beim Betriebsrat auf eine Erledigung hinzuwirken.

§ 71 Jugend- und Auszubildendenversammlung

Eine solche kann die Jugend- und Auszubildendenvertretung ... im Einvernehmen mit dem Betriebsrat einberufen.

§ 98 Durchführung betrieblicher Bildungsmaßnahmen

(1) Der Betriebsrat hat bei der Durchführung ... der betrieblichen Berufsbildung mitzubestimmen.

(2) Der Betriebsrat kann der Bestellung einer mit der Durchführung der betrieblichen Berufsbildung beauftragten Person widersprechen oder ihre Abberufung verlangen, wenn diese die persönliche oder fachliche, insbesondere die berufs- und arbeitspädagogische Eignung nicht besitzt oder ihre Aufgaben vernachlässigt.

Bundesministerium der Justiz (2013): Betriebsverfassungsgesetz www.gesetze-im-Internet.de/betrvg/index.html (13.01.2014)

1 Nimm Stellung zu den Forderungen der Jugendvertretung in den Fällen 1 und 3. Tausche dich dazu mit einem Partner aus.

2 Bearbeitet Fall 2, Vorseite, im Rollenspiel. Rollenspieler: Betriebsrat und Jugendvertreter.

3 Diskutiert die Meinungen der Jugendlichen (Vorseite, rechts unten). Zieht das BetrVG und das Schaubild heran.

4 Vergleicht die Rechte der Jugend- und Auszubildendenvertretung mit denen der Schülervertretung.

5 Weiterführendes Material

M1 Überbetriebliche Mitbestimmung im Unternehmen

Diese erfolgt bei Kapitalgesellschaften (z. B. AG) im Aufsichtsrat (zur Wahl s. Schaubild). Er besteht aus Vertretern/-innen der Arbeitnehmer und der Anteilseigner. Zu den Aufgaben gehören u. a. die Bestellung und Abberufung des Vorstandes, seine Kontrolle und die Feststellung des Jahresabschlusses. Alle Arbeitnehmervertreter/-innen werden von den Beschäftigten gewählt.

Die Mitbestimmung gewährleistet aus Sicht der **Gewerkschaften** eine demokratische Kontrolle der Unternehmenspolitik. Sie verbessert den Informationsfluss zwischen Vorstand und Belegschaft. Weiterhin senkt sie die Verhandlungskosten und erhöht die Bereitschaft der Belegschaften, Verantwortung für ihr Unternehmen zu übernehmen. Die paritätische Mitbestimmung im Aufsichtsrat wirkt sich nach einer Studie positiv auf die Produktivität aus, so die Gewerkschaften.

Bei den **Unternehmensverbänden** gilt die Mitbestimmung als eine Belastung für das Wirtschaftswachstum und die weitere wirtschaftliche Entwicklung. Es wird anerkannt, dass sich die Belegschaft stärker mit dem Unternehmen identifiziert, das Modell aber sehr teuer ist (Wahlen, Freistellung von Arbeitnehmervertretern, Zeit, s. S. 52). Das bedeutet aus Unternehmersicht international Wettbewerbsnachteile. Große ausländische Gesellschaften in Deutschland unterliegen meist weniger teuren Bestimmungen der Heimatländer.

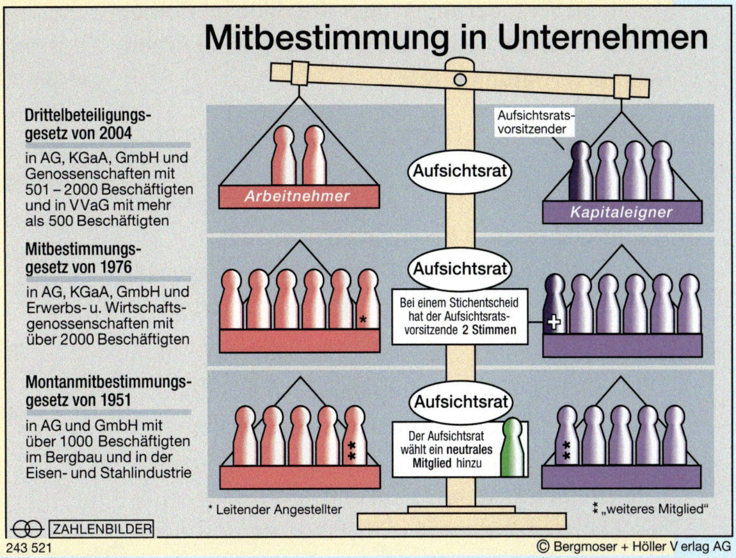

M2 Verbreitung von Betriebsräten nach Betriebsgröße 2011 in %

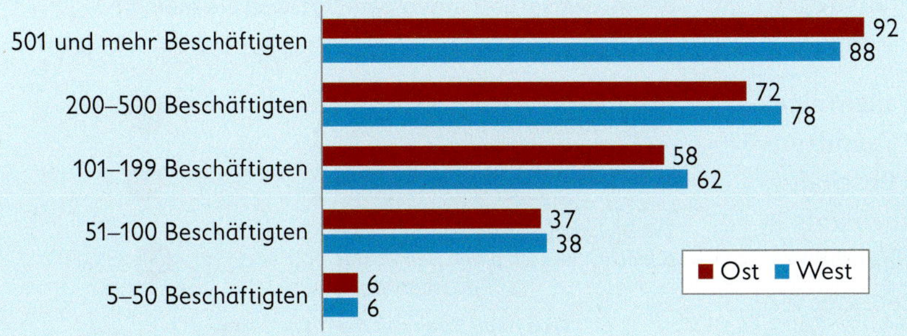

Hans-Böckler-Stiftung: Statistisches Taschenbuch Tarifpolitik 2013, Düsseldorf 2013, Tab. 1.11

Zu M1

Die Unternehmensmitbestimmung wird unterschiedlich bewertet. Arbeitet Unterschiede heraus und schätzt diese ein.

Zu M2, M3

Erörtert Gründe dafür, dass in vielen Betrieben keine betriebliche Mitbestimmung durch einen Betriebsrat vorhanden ist. Welche Nachteile könnten sich für die Arbeitnehmer durch das Fehlen eines Betriebsrates ergeben?

M3 Betriebsrat: Gefragt in schweren Zeiten

... Untersucht (wurde), warum Belegschaften mittelständischer Unternehmen so selten von ihrem Recht auf betriebliche Mitbestimmung Gebrauch machen. Ergebnis: Da Beschäftigte wissen, dass eine Gründung Zeit kostet und Ärger bringen kann, bilden sich Betriebsräte nur ..., wenn die Arbeitnehmer ein starkes Interesse daran haben. Das ist eher in betrieblichen Krisensituationen der Fall als in konfliktarmen Zeiten. ...

Vor allem Veränderungen oder Konflikte im Betrieb wirken als Ursachen für die Gründung einer Arbeitnehmervertretung. Etwa:

- Umbrüche in der Führung, wie ein Eigentümerwechsel
- Wachstumskonflikte, ... ein Organisationswandel aufgrund raschen Beschäftigungsanstiegs
- Konflikte um Führungsstil und Arbeitsbedingungen
- wirtschaftliche Krisensituationen im Unternehmen.

... In allen befragten Unternehmen mit Betriebsrat gingen der Idee zur Gründung eines solchen ebenfalls betriebliche Probleme voraus. In den ostdeutschen Betrieben waren es Zukunftsängste der Beschäftigten aufgrund der Privatisierung nach der Wende, in den westdeutschen Unstimmigkeiten mit der Geschäftsführung wegen Tarifumstellungen oder Gehaltsfragen, aber auch betriebsbedingte Kündigungen.

... Es bedarf weiterer Faktoren, vor allem eines Kerns engagierter Beschäftigter. Grundsätzlich müssen sich mindestens drei Beschäftigte finden, die die Wahl eines Betriebsrats in Gang setzen. Diese wägen im Vorfeld die Vor- und Nachteile ab ...: bessere Interessenvertretung, ... Zeitaufwand und mögliche Konflikte mit Kollegen und Geschäftsführung. In den ... befragten Unternehmen ging bei innerbetrieblichen Konflikten oder Krisen die Initiative zur Gründung von den Arbeitnehmern aus. ... Diese hatten entweder Kontakt zu Gewerkschaften oder kannten Betriebsräte. ...

Gründe ..., ohne Betriebsrat zu sein, waren ...:

- Die Beschäftigten sind mit der Beteiligung im Betrieb zufrieden. Die Geschäftsführung geht stark auf die Bedürfnisse der Arbeitnehmer ein und informiert diese regelmäßig. In diesen Unternehmen gab es in jüngster Zeit aber keine wirtschaftlichen Schwierigkeiten.
- Die Beschäftigten halten einen Betriebsrat nicht für das geeignete Instrument zur Mitbestimmung. Sie wollen ihre Interessen lieber selbst vertreten. ...
- Die Arbeitnehmer sind zwar unzufrieden – allerdings nicht so sehr, dass sie einen Betriebsrat für lohnenswert halten. ...
- Die Belegschaft verzichtet auf eine Betriebsratsgründung, weil sie Angst vor Repressalien (Vergeltungsmaßnahmen) hat. Die Geschäftsführung hat meist eine stark negative Haltung. ...

Nadine Schlömer-Laufen, Rosemarie Kay: *Betriebsgründungen in kleinen und mittleren Unternehmen – Die Rolle der Belegschaften, Reihe: Forschung aus der Hans-Böckler-Stiftung, Berlin 2012*

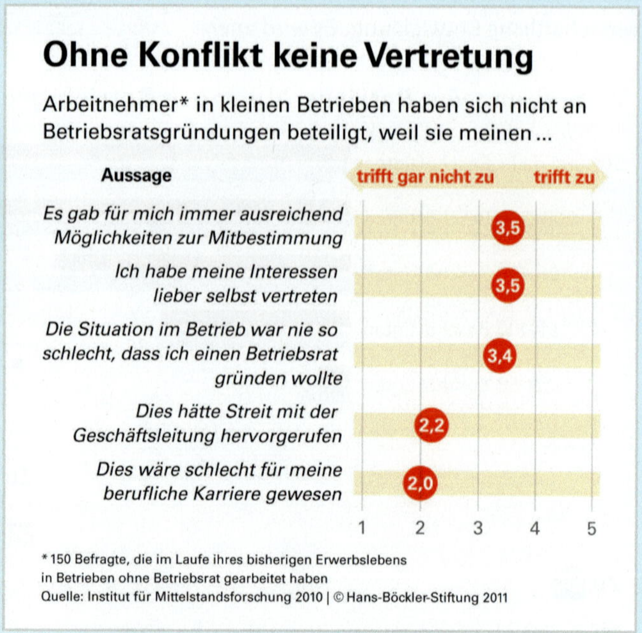

Hans-Böckler-Stiftung: *Böckler Impuls 5/2011, S. 6*
www.boeckler.de/impuls_2011_05_6.pdf (03.10.2013)

Erwerbsarbeit im Wandel

1 In welchen Wirtschaftsbereichen werden wir zukünftig arbeiten?

Die deutsche Wirtschaft verändert sich stark. Hauptursachen dafür sind die Entwicklung der Informationstechnik, Herausforderungen im Umweltschutz und erneuerbare Energien sowie die zunehmende Verflechtung der Weltwirtschaft. Diese → **Globalisierung** ist mit zunehmendem Wettbewerb sowie steigenden Ausfuhren und Einfuhren verbunden.

Das Institut für Arbeitsmarkt- und Berufsforschung (IAB) sieht besonders folgende Trends:
- Steigerung der Produktivität im verarbeitenden Gewerbe bei sinkendem Bedarf an Arbeitskräften,
- Innovationen, z. B. bei Techniken zur Energiegewinnung und -einsparung,
- weniger Arbeitsplätze bei Dienstleistungsbereichen, in denen die Produktivität steigt, wie Handel, Verkehr, Kreditwesen,
- mehr Arbeitsplätze bei unternehmensnahen Dienstleistungen, wie Rechts-, Steuer- und Unternehmensberatung, EDV-Dienste und Werbung sowie personenbezogene Dienstleistungen für Ältere, insbes. Gesundheitswesen.

Sucht Beispiele zu den Trends und auf die Frage der Überschrift.

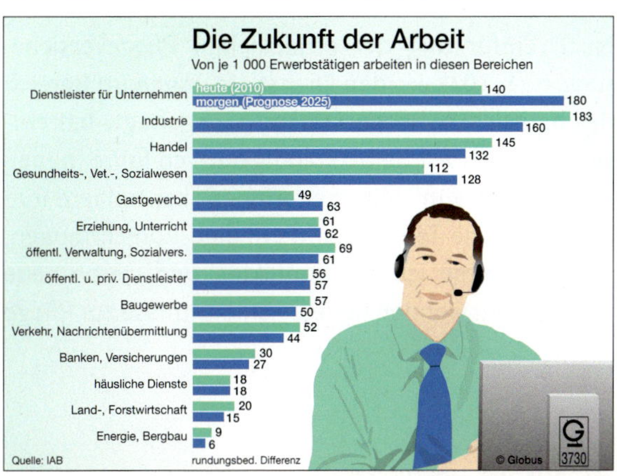

Die Arbeiten in diesem Hochregallager werden computergesteuert ausgeführt

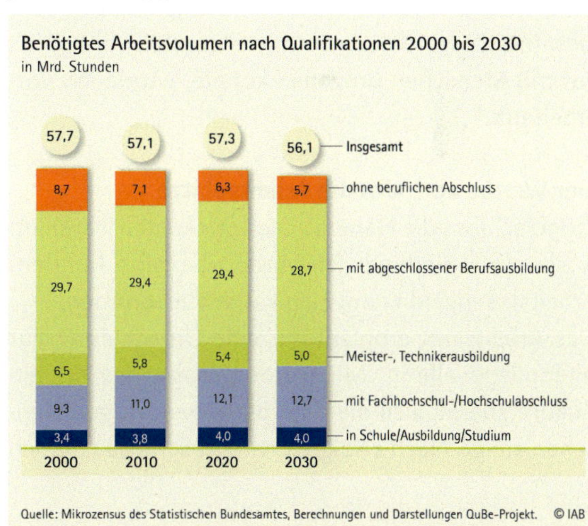

Das könnt ihr lernen

Ihr könnt
- an Beispielen den Wandel der Erwerbsarbeit begründen.
- Gründe für den Berufswechsel während des Erwerbslebens erklären.
- mithilfe der **Methode Zukunftswerkstatt** eigene Vorstellungen für euer zukünftiges Leben entwickeln.

2 Ausbildung, Erwerbs- und Familienarbeit, Umschulung und Selbstständigkeit

Maren Heise berichtet

„Ich bin 57 Jahre alt und leite seit 12 Jahren meine eigene Sozialstation MOBIL. Wir betreuen pflegebedürftige und kranke Menschen zu Hause. Wie kam es dazu?"

Ausbildung als Näherin

„Nach Abschluss der Hauptschule habe ich Näherin gelernt. Handarbeiten lagen mir. Die Arbeit in der Textilfabrik erfolgte arbeitsteilig. Tagelang nähte ich z. B. bei Hosen nur Taschen ein."

Die Familienphase

„Mit 21 Jahren heiratete ich, bekam bald Jonas und später Mareike. Wegen der Kinder konnte ich keine Erwerbsarbeit leisten. Eine Kindertagesstätte gab es nicht. Als die Kinder in die Grundschule gingen, arbeitete ich wieder halbtags.
Später, die Kinder waren acht und zehn Jahre alt, wurde ich geschieden. Ich arbeitete wieder Vollzeit. Die Kinder waren erst im Hort und dann ganztags in der Gesamtschule. Ich habe mich weitergebildet. Weil ich gut mit Menschen umgehen konnte, wurde ich Vorarbeiterin."

Der Wettbewerb um die Arbeitsplätze

„1990 schloss die Näherei. Die Lohnkosten waren im Ausland viel niedriger. Ich wurde arbeitslos. Mit dem Arbeitslosengeld konnte ich kaum auskommen.
Das Arbeitsamt empfahl mir eine Umschulung zur Altenpflegehelferin. Mir wurde gesagt, das sei ein Zukunftsberuf, weil die Zahl pflegebedürftiger Menschen steigt. Nach erfolgreichem Abschluss fand ich erst keine Arbeit. Ich wollte wegen der Kinder nicht umziehen. Ich hatte Aushilfsjobs, z. B. beim Discounter."

Als Altenpflegerin angekommen

„Nach einem Jahr begann ich in einem Seniorenheim, zuerst in Teilzeit. Auch jetzt bildete ich mich weiter. Später schloss ich noch den Beruf Altenpflegerin ab. Dafür musste ich viele Abende und Wochenenden einsetzen.
Nach Einführung der gesetzlichen Pflegeversicherung (s. S. 103) wurden Dienstleistungen im Bereich der häuslichen Pflege stärker nachgefragt. Ich entschloss mich zur Selbstständigkeit. Ich führe in meinem Betrieb fünf Mitarbeiterinnen, kontrolliere ihre Arbeit, mache Termine und erledige Abrechnungen. Auch vermittle ich bei Konflikten und werbe neue Kunden. Wir wenden neueste Erkenntnisse zur Pflege an."

1 Nennt den Grund für die erste Berufswahl und den Berufswechsel von Maren Heise.

2 Arbeite für Maren H. Zusammenhänge zwischen Familienarbeit, Erwerbsarbeit und beruflichen Entscheidungen heraus. Vergleiche diese mit einem Partner.

3 Welche Bedeutung hatte Weiterbildung für die berufliche Entwicklung?

4 Sprecht mit euren Eltern über deren Berufsarbeit. Berücksichtigt die Schwerpunkte dieser Aufgaben und haltet sie schriftlich fest.

3 Spannungsfeld Strukturwandel – Arbeitslosigkeit, Weiterbildung, Mobilität und Familie

Frank Meine berichtet

„Ich habe nach der Schule Schlosser im Braunkohleabbau gelernt und dort bis 1991 gearbeitet. Ich reparierte große technische Geräte. Die Technik veränderte sich, da war Weiterbildung angesagt.

Mit meiner Frau und später zwei Kindern habe ich in Spremberg gewohnt. Meine Frau arbeitete als Erzieherin. 1993 wurde der Tagebau hier in der Region teilweise geschlossen, weil die Lagerstätten erschöpft waren. Das alte Kraftwerk wurde abgeschaltet, auch weil man für Filter und andere Umwelttechnik Millionen hätte investieren müssen.

Viele meiner Kollegen wurden sofort arbeitslos, die älteren gingen vorzeitig in Rente.

Ich war dann noch mit dem Abbau der alten Anlagen beschäftigt. In den ausgebeuteten Gruben wurden Seen und Freizeiteinrichtungen angelegt. Dann war 1994 auch für mich Schluss."

Arbeitslosigkeit erfordert Mobilität

„Ich bewarb mich durch Vermittlung des Arbeitsamtes (heute Arbeitsagentur) in Baden-Württemberg. Zuerst ergebnislos, weil ich im IKT-Bereich* nicht ausreichend qualifiziert war. Ich habe dann noch viel Weiterbildung gemacht.

In Stuttgart in einem Unternehmen des Anlagenbaus hat es dann geklappt. Dort werden komplette Fabriken geplant und exportiert (ausgeführt). Auch da musste ich noch viel lernen. Mit meinem ursprünglichen Beruf hatte das wenig zu tun. Später fuhr ich auch ins Ausland auf Montage."

Leben getrennt von der Familie

„Privat lief es weniger gut. Meine Kinder und meine Frau wollten nicht von hier weg. Ich war dann Wochenendpendler. Aus Kostengründen kam ich meist nur alle drei Wochen nach Hause. Fast wäre unsere Ehe gescheitert.

Ich habe mich dann bemüht, hier wieder was zu finden. Mit 50 Jahren nicht ganz einfach. Vor fünf Jahren hat das im neuen Kraftwerk endlich geklappt. Eine freie Stelle passte genau zu meinen Fähigkeiten. Ich denke, auch die Auslandserfahrung hat mir geholfen.

Es war eine ziemliche Umstellung, nicht nur wegen der Einarbeitung. Leider verdiene ich weniger als vorher, aber ich bin zu Hause, spare die Fahrtkosten und die zweite Wohnung."

* Informations- und Kommunikationstechnischer Bereich

1 Bereitet Interviews mit Berufstätigen vor, führt diese durch und trefft Überlegungen zur Auswertung. Berücksichtigt die **Methode Befragung**.

2 Untersucht in Gruppenarbeit durchgeführte und/oder hier abgedruckte Interviews nach folgenden Gesichtspunkten:
- Bezüge zwischen Schulbildung und Ansprüchen der Erwerbsarbeit
- Gründe für die Berufswahl
- Zusammenhänge zwischen Familienarbeit und beruflichen Entscheidungen
- Gründe für Veränderungen
  - im Betrieb
  - der Anforderungen an die Berufsarbeit
- Bedeutung der Weiterbildung und des Berufswechsels
- Gründe für Arbeitslosigkeit/Bereitstellung zusätzlicher Arbeitsplätze

4 Anforderungen der Erwerbsarbeit in der Zukunft

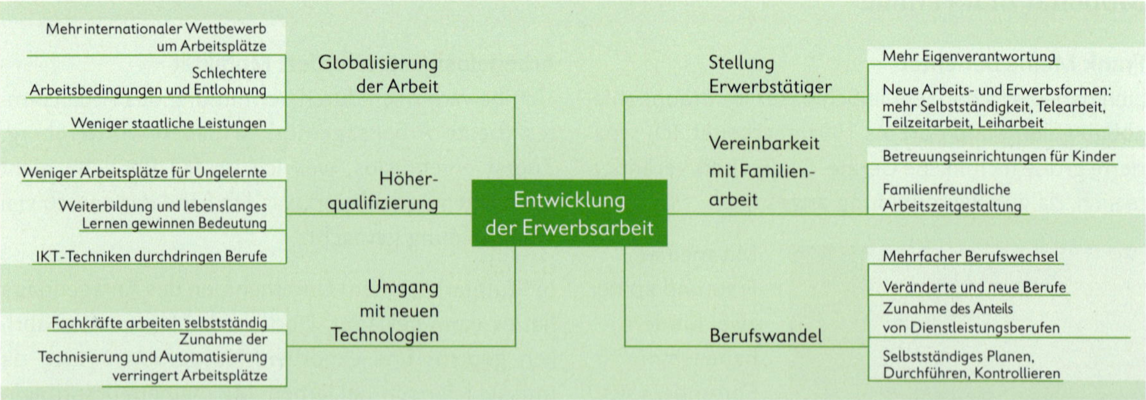

Berufswandel: Den → **Beruf** fürs Leben wird es kaum noch geben. Immer schon haben technische Neuerungen und die Entwicklung der Arbeitsorganisation Berufe verändert. 1960 enthielten Berufsbeschreibungen, z. B. für den Tischler, keine Bearbeitung von Kunststoffen und Bedienung computergesteuerter Maschinen. Im Beruf wird oft selbstständiger gearbeitet. Neue Berufe entstehen, z. B. entstand 2011 der neue Beruf „Printmedienverarbeiter/-in".

Umgang mit neuen Technologien: Bei fast allen Tätigkeiten werden Computer genutzt. Manche Routinearbeit entfällt dadurch. Die Arbeitsproduktivität steigt. Das verringert teilweise die Zahl der Arbeitsplätze.

Höherqualifizierung: Fachkräfte planen (im Team) ihre Arbeit, führen diese durch und werten sie aus. Maschinen ersetzen die Arbeit Un- und Angelernter. Wer gut ausgebildet ist, findet eher Arbeit. Er kann sich auch besser weiterbilden.

Globalisierung der Arbeit: Fast überall können heute Güter hergestellt werden. Weltumspannende Kommunikationsmittel fördern dies. Einfache Produkte werden in Ländern mit geringen Arbeitskosten von gering qualifizierten Beschäftigten hergestellt. Arbeitnehmer in Deutschland müssen zum Erhalt ihrer Arbeitsplätze teilweise geringere Verdienste und/oder längere Arbeitszeiten hinnehmen. Der Wohlstand lässt sich sichern, wenn auch zukünftig hochwertige Güter hergestellt werden können.

Stellung Erwerbstätiger: Sie müssen stärker selbst für Krankheitskosten und Alterssicherung vorsorgen. Teilzeittätigkeiten und Leiharbeit sowie Niedriglöhne, die bei Vollzeitarbeitsplätzen oft keine Auskommen sichern und durch Hartz IV (s. S. 105) ergänzt werden müssen, nehmen zu. Bestimmte Aufgaben lagern Betriebe an ▶ **Selbstständige** aus. So sollen die Arbeitskosten wettbewerbsfähig bleiben.

Vereinbarkeit mit Familienarbeit: Eltern benötigen gute Betreuungseinrichtungen für Kinder, z. B. Kindertagesstätten und Ganztagsschulen. Betriebe fördern stärker eine familienfreundliche Arbeitszeitgestaltung.

1 Sprich mit deinen Eltern über den Wandel ihrer Berufe und ihre Weiterbildung. Dokumentiere die Ergebnisse.

2 Informiert euch über neue Berufe im Internet unter BIBB *www.bibb.de* ▶ *Berufe* ▶ *Neue und modernisierte Berufe (07.10.2013)*.

3 Wie kann Deutschland seinen Wohlstand sichern? Welche neuen Anforderungen werden dazu an Erwerbstätige gestellt?

4 Formuliert Ratschläge: Wie können Erwerbstätige klarkommen, wenn zu wenig Vollzeitarbeitsplätze angeboten werden? Nutzt dazu die **Methode Tischset**, S. 181.

5 Wie will ich in 20 Jahren leben?

... so lautete der Auftrag zum Auftakt des Unterrichts zur Berufsorientierung in der Klasse 9. Hier könnt ihr erfahren, wie die Schüler nach der **Methode Zukunftswerkstatt** (Folgeseite) ihre Aufgabe lösten.

Kritikphase

Die Schüler beschäftigen sich in frei gewählten Kleingruppen mit Erfahrungen zu Familie und Erwerbsarbeit. Sie schreiben auf, was sie am Familienleben ärgert, was ihnen Freude macht und was sie ändern möchten. Sie formulieren Sorgen, die sich auf zukünftige Erwerbsarbeit und auf das Einkommen beziehen. Ihre Antworten halten sie auf Karten fest (je eine Antwort).

Fantasiephase

Sie entwickeln ihre Utopie (Wunschvorstellung) vom guten Leben in einem Traumberuf mit hohem Einkommen, einer schönen Wohnung, Familie, einem Partner, der sie glücklich macht und der sich in die Familienarbeit einbringt.
Diese „positiven" Gegenkarten werden auf einen großen Papierbogen geklebt. Jede Kleingruppe hängt ihren Bogen für alle sichtbar auf. Das ermöglicht Ideen für die anschließende Umsetzung der Utopien in Texte, Collagen, Bilder, Gedichte ...
Die Gruppen stellen ihre Ergebnisse gegenseitig vor – eine Bewertung findet nicht statt.

Verwirklichungsphase/Auswertung

Die Ergebnisse der Fantasiephase werden mit der Wirklichkeit durch eine Leitfrage verbunden:
„Was kann ich tun, um meine Wunschvorstellungen zu verwirklichen?"
Es entstehen Einzelfragen, die sich meist um die richtige Berufswahl drehen.

Was kann ich dafür tun, einen Beruf zu ergreifen,
- der mir Freude macht, bei dem ich mit Menschen, mit Technik, mit ... zu tun habe?
- der eine anspruchsvolle Ausbildung (und ein hohes Einkommen) ermöglicht?
- in dem ich mich selbstständig machen kann?
- bei dem Berufsarbeit und Familienleben befriedigend zu verbinden sind?

Die Ergebnisse werden präsentiert (s. **Methode Präsentation**) und unter folgenden Gesichtspunkten reflektiert:
- Traue ich mir meinen Traumberuf zu, trauen andere ihn mir zu? Ist er in meinem Interesse? Wie sehen andere das?
- Wie sollte ich den Berufswunsch verändern?
- Welche Fähigkeiten müsste ich ausbauen?
- Wie haben die Schüler meiner Gruppe miteinander gearbeitet?

Methode Zukunftswerkstatt

Darum geht es

Eine Zukunftswerkstatt will Menschen anregen, ihr zukünftiges Leben mitzugestalten. Sie sollen sich ihrer Sorgen bewusst werden, jedoch nicht nur abwarten, was kommt. Sie lernen, ihr Leben in die Hand zu nehmen.
Die Methode will auch Fantasie und Kreativität fördern. Es können Wege gefunden werden, Wünsche, z. B. nach einem besseren Leben, zu benennen und umzusetzen.
Diese Methode wird auch von Gruppen, z. B. Bürgerinitiativen, zur Bewältigung von gemeinsamen Problemen genutzt. Dabei geht es um die Verbesserung von Lebensmöglichkeiten für bestimmte Gruppen in der Gesellschaft.

So läuft es ab

Vorbereitung

- Zu Beginn ist eine Problemstellung wichtig. So ließe sich z. B. der Einstieg in die Berufsorientierung mit einer Zukunftswerkstatt verbinden. Der Auftrag könnte lauten:

  „Wie kann ich mein zukünftiges Leben gestalten, um glücklich zu sein?“

Als Rahmenbedingungen gelten:

- vier Stunden Zeit
- ein großer Raum und Kleingruppenräume
- zur Dokumentation und Präsentation: DIN-A4-Papier, in Streifen zu 10 x 20 cm geschnitten; große Bögen/Rollen aus Packpapier, Scheren, Bunt- und Filzstifte, Klebstoff, Zeitschriften und Kataloge (Material für Collagen)

Durchführung

Die Arbeit in der Zukunftswerkstatt läuft in drei Phasen ab. Während der Kritik- und Fantasiephase kann in Kleingruppen gearbeitet werden. Die Verwirklichungs-/Auswertungsphase erfolgt im Plenum. Für das Verhalten gelten die Regeln der **Methode Gruppenarbeit**.

In der **Kritikphase** werden Missfallen am derzeitigen Zustand, Ängste, Sorgen und Ärger bewusst gemacht und festgehalten.

In der **Fantasiephase** wird die Kritik nun ins Positive gewendet. Die Lernenden äußern ein Zukunftsbild nach ihren Bedürfnissen.

Zu Beginn könnte eine Entspannungsübung stehen. Der Lehrer unterstützt mit einem gesprochenen Text und Musik die Fantasien der Schüler. Alle machen sich frei von Zweifeln, Denkblockaden und Einschränkungen. Sie fantasieren sich in eine schöne heile Welt (Utopie), in der alles möglich ist. Die geäußerten Ideen werden nicht kritisiert, auch unrealistische nicht.

In der **Verwirklichungsphase** werden für Fantasien und Utopien Wege gefunden, wird ein Zukunftsentwurf verwirklicht.

Auswertung

Erkenntnisse aus der Verwirklichungsphase können Auftrag für ein weiteres Projekt sein.
Die Reflexion der Zusammenarbeit in der Gruppe wird eventuell verbunden mit Vereinbarungen zu angestrebten Verhaltensänderungen.

Alles klar?

Arbeitsbedingungen, Arbeitsschutz und Entgelt

1 Wodurch kann Arbeit belastend sein? Ziehe dazu **M2** auf S. 36 heran: Schreibe je zwei Aspekte auf, die belastend wirken bei
- der Arbeitsaufgabe,
- der Arbeitsorganisation,
- den Anforderungen an berufliche Fähigkeiten,
- den Umwelteinflüssen.

2 Nenne zwei Ziele des Arbeitsschutzes.

3 Erkläre an einem Beispiel, wie Arbeitsbelastungen durch technische Maßnahmen verringert werden können.

4 Begründe für den sozialen Arbeitsschutz
- die Bedeutung des Mutterschutzgesetzes,
- das Verbot von Akkordarbeit für Jugendliche.

5 Begründe Ausnahmen vom Verbot der Wochenendbeschäftigung für Jugendliche.

6 Begründe an je einem Beispiel für drei Erkrankungen, wie Arbeitsschutz vorbeugend wirken kann und hilft, Kosten zu sparen.

7 Begründet folgende Aussagen.
a) Sollte Arbeit, für die eine Ausbildung erforderlich ist, besser bezahlt werden als eine angelernte Tätigkeit?
b) Nach welchen Gesichtspunkten sollte sich die Höhe des Arbeitsentgelts richten?

Erwerbsarbeit im Wandel

8 Erkläre Gründe für den Berufswechsel während des Erwerbslebens.

9 Nenne technische und wirtschaftliche Veränderungen, die Auswirkungen auf die Erwerbsarbeit haben.

10 Begründe, warum die Arbeitsplätze in Berufen der Warenproduktion abnehmen und bei Dienstleistungsberufen steigen.

11 Nenne zwei wichtige Anforderungen der Erwerbsarbeit und begründe diese.

12 Was könnt ihr tun, um euch auf die zukünftige Berufsarbeit gut vorzubereiten?

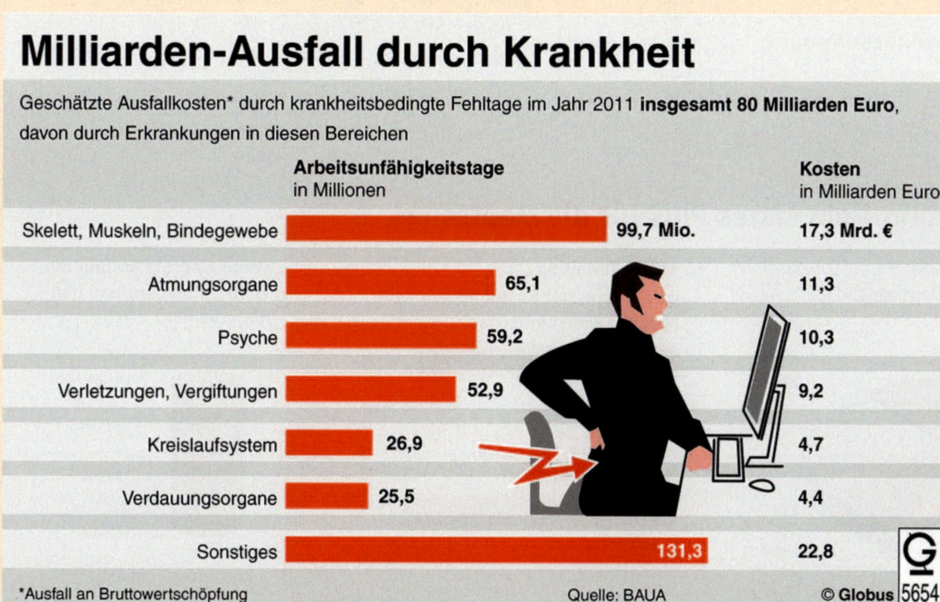

Mitbestimmung in Betrieb und Unternehmen

13 Nenne vier wichtige Bereiche der Arbeit des Betriebsrates.

14 Unterscheide mithilfe von Beispielen
- Mitbestimmungsrechte des Betriebsrates,
- Mitwirkungsrechte.

15 Begründe die Bedeutung des Betriebsverfassungsgesetzes für die Durchsetzung von Arbeitnehmerrechten.

16 Benenne unterschiedliche Interessen des Betriebsrats und der Unternehmensführung. Finde auch gemeinsame.

17 Wie kann die Jugend- und Auszubildendenvertretung Interessen durchsetzen?

18 Welche Nachteile kann es haben, wenn im Betrieb kein Betriebsrat und keine Jugend- und Auszubildendenvertretung besteht?

19 Begründe die Bedeutung der Mitbestimmung im Aufsichtsrat größerer Unternehmen.

20 Vergleiche die Einschätzung der Befragten* (s. unten) zur Mitbestimmung.

*Aktuellere Daten liegen Anfang 2014 nicht vor.

21 Welche Bedeutung hat die Aussage in der Abbildung in Zeiten hoher Arbeitslosigkeit?

Institut der deutschen Wirtschaft
Die Mitbestimmung bringt für die deutsche Wirtschaft im Vergleich erhebliche Belastungen mit sich. Kosten 2004: 650 €/pro Mitarbeiter.
Im Ausland wird sie wegen ihres hohen Kosten- und Zeitaufwands skeptisch beurteilt.*
Horst-Udo Niedenhoff
Mitbestimmung in der Bundesrepublik Deutschland, 14. überarbeitete Auflage 2005, S. 309 © Deutscher Instituts Verlag, Köln

Mitbestimmt geht es besser
... nach Untersuchungen wirkt sich die Mitbestimmung stabilisierend auf die Unternehmen und den Zusammenhalt im Unternehmen aus. Deutschland hat die geringsten Streiktage ...
***Arbeitsgemeinschaft für Arbeitnehmerfragen in der SPD** (2007): www.afa.spd.de/ ▶ Themen von A–Z ▶ Mitbestimmung (04.04.2012)*

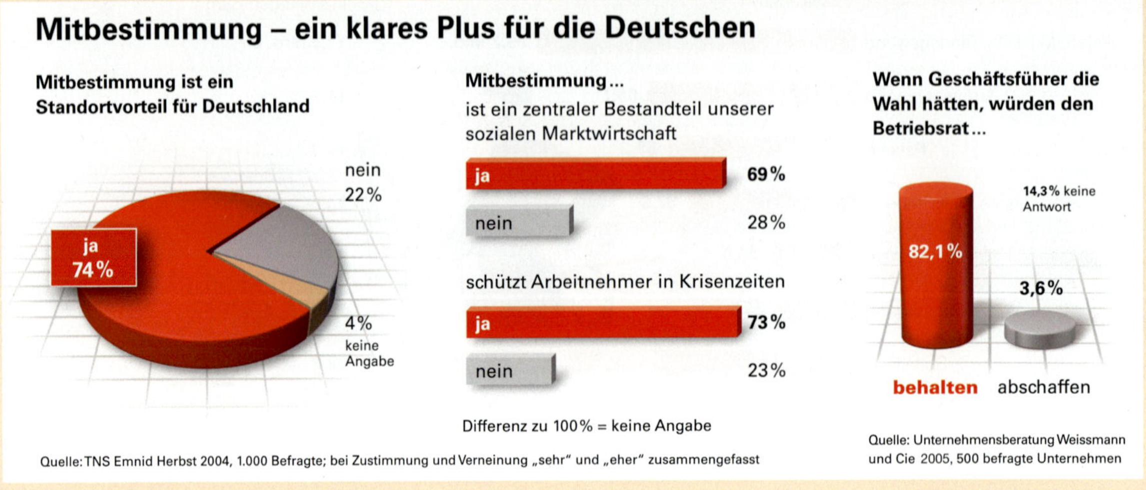

Projekt Berufsorientierung

1 Blickpunkt Praktikumsplatz

Im letzten Schuljahr konntet ihr euch bereits mit der Berufswahl befassen. Es ging um

- eure Voraussetzungen, Interessen und Fähigkeiten, evtl. habt ihr schon an einer ▶ **Potenzialanalyse** oder einem ▶ **Kompetenzfeststellungsverfahren** oder auch Berufseignungstest (s. S. 72–75). teilgenommen,
- Erkundungen von Arbeitsplätzen und Berufen und evtl.
- ein Schnupperpraktikum durchgeführt, vielleicht auch schon
- das BIZ und die Berufsberatung besucht.

Ihr habt bereits Informationen über Betriebe gesammelt und Einblicke in verschiedene Berufe erhalten. Bald könnt ihr konkret eure Interessen und Fähigkeiten mit den Anforderungen der Betriebe vergleichen. Ihr erhaltet vertiefende Einblicke in die Arbeitswelt durch vielfältige Praxislerntage in außerschulischen Lernorten, wie z. B. durch Betriebspraktika, praxisbezogene Projekte oder weitere Erkundungen.
Wichtig dabei ist, dass ihr eure Erkenntnisse im Berufswahlprozess selbstständig und eigenverantwortlich auswertet, z. B. mit dem Berufswahlpass und allen beteiligten Ansprechpartnern, die euch Hilfestellungen geben können.
Die Berufswahlentscheidung und die damit verbundene Ausbildungsplatzsuche bzw. die Wahl eines weiterführenden Bildungsgangs stehen bald an.

Wo steht ihr im Berufswahlprozess?
Was sind eure nächsten Schritte?

Das könnt ihr lernen

Ihr könnt

- euren Stand im Berufswahlprozess einschätzen und eure Ziele überprüfen.
- eure Interessen und Fähigkeiten beschreiben und diese von anderen einschätzen lassen.
- Lernvereinbarungen zu euren nächsten Schritten treffen.
- euch vertieft mit Informationen und Erfahrungen zu eurem Wahlberuf auseinandersetzen.
- Praxistage bzw. ein (weiteres) Betriebspraktikum vorbereiten und
- das darauf bezogene schulische Lernen planen.
- erklären, wie euer Weg zur Wahl einer Ausbildung bzw. eines weiterführenden Schulbesuchs in den nächsten Jahren ablaufen könnte.

2 Möglichkeiten mit dem Berufswahlpass

Den Berufswahlpass setzen Schulen ein, die ihre Schüler mithilfe schulischer und außerschulischer Angebote auf die Arbeitswelt vorbereiten. Die Schüler arbeiten damit selbstständig und eigenverantwortlich.

Sie dokumentieren ihre Schritte zur Berufswahlentscheidung und zu erworbenem Wissen sowie Fähigkeiten. Der Berufswahlpass erleichtert es Eltern, Betrieben, Berufsberatern und Lehrkräften, diesen Prozess zu begleiten.

Was gehört zum Berufswahlpass?

Teil 1 Angebote zur Berufsorientierung

Hier stellt die Schule ihr Schulprogramm zur Berufsorientierung vor. Schülerinnen und Schüler, Eltern, Ausbildungs- oder Praktikumsbetriebe und die Berufsberatung können sich über die Angebote im Rahmen der Berufsorientierung und über die Kooperationspartner informieren.

Teil 2 Mein Weg zur Berufswahl

Die Schüler beschreiten folgenden Weg zu einer überlegten Berufsentscheidung:

- Analyse der Stärken, Interessen und Ziele,
- Planung der Lernschritte zum Ziel,
- Planung des Übergangs in den Beruf, des Arbeitslebens oder der weiteren schulischen Bildung.
  Die einzelnen Schritte können von den Jugendlichen, den Lehrkräften, den Eltern und der Berufsberatung regelmäßig geprüft werden.

Teil 3 Dokumentation des Bildungsganges

Um einen guten Überblick zu haben, sammeln Schüler Bescheinigungen über Praktika und Dokumente, z. B. PC-Führerschein, die für ihre berufliche Zukunft wichtig sein können, z. B. für eine Bewerbung.

Teil 4 Lebensordner

Dieser Abschnitt dient zur Lebensplanung mit Dokumenten und Unterlagen, z. B. zur Wohnungssuche, zum Umgang mit Geld, mit Ämtern.

Teil 5 Aufgabenheft

In diesem Abschnitt wird ein Fahrplan vorgegeben und vorgeschlagen, wann die einzelnen Schritte erledigt werden, um die Berufswahlentscheidung gut vorzubereiten.

Der Berufswahlpass in der Praxis

Der Berufswahlpass erfordert das andauernde Engagement aller Beteiligten. Eltern, Lehrkräfte, Berufsberater und Betriebe (Letztere besonders im Zusammenhang mit Betriebspraktika) nutzen den Pass, um die Schüler auf ihrem Weg in die berufliche Zukunft zu begleiten und Zwischenergebnisse festzuhalten.

Der Berufswahlpass unterstützt das Gespräch zwischen Lehrkräften und Eltern. Praktikumsbetriebe greifen darauf zurück, um sich ein Bild von den Schülern zu machen und die von den Praktikanten erbrachten Leistungen zu bestätigen. Schließlich können Schüler den Berufswahlpass gezielt bei ihrer Bewerbung verwenden.

Die Jugendlichen lernen, selbstständig und eigenverantwortlich zu handeln, indem sie ihren Lernprozess dokumentieren. Die Lernschritte können von allen Beteiligten geprüft werden. „Meilensteine" (das nächste Ziel) können gesetzt werden.

Zusätzliche Materialien sind zu finden unter

Bundesarbeitsgemeinschaft Berufswahlpass
www.berufswahlpass.de (17.11.2013)

1 Sprecht in Partnerarbeit über die Teile des Berufswahlpasses. Legt fest, mit welchem Abschnitt ihr euch jetzt beschäftigen solltet.

2 Plane deine nächsten Schritte zur Berufswahl. Begründe, weshalb du so vorgehst. Nutze den Berufswahlpass oder den **WEBCODE**.

3 Tauscht euch in Partnerarbeit mit der **Methode Kugellager**, S. 142, über eure nächsten Schritte aus.

3 Interessen und Fähigkeiten ergründen

TINA: Das Praktikum im Kindergarten war für meine Berufswahl nicht wirklich hilfreich. Ich bin mir jetzt nur sicher, dass ich aufgrund der Lautstärke der Kinder später nicht als Erzieherin arbeiten möchte.

ALESSANDRO: Ich habe immer gedacht, dass ich gut mit Holz arbeiten kann. Denn schließlich habe ich in den Sommerferien mit meinem Vater ein Carport aufgebaut. Doch als der Chef mir mitteilte, dass ich handwerklich nicht geschickt bin, war das schon ein Dämpfer.

JACQUELINE: Die Arbeit im Labor hat schon viel Spaß gemacht. Doch ich bin mir nicht so sicher, denn eigentlich wollte ich später mehr mit Menschen zusammenarbeiten.

MURAT: In der Lehrwerkstatt der Berufsschule war der Einblick in den Beruf Kfz-Mechatroniker richtig interessant. Also, ich weiß jetzt, was ich nach der Schule machen möchte.

Jeder von euch hat Vorstellungen, Wünsche und Erwartungen an seinen späteren Beruf. Die eigenen Fähigkeiten richtig einzuschätzen ist weitaus schwieriger als über die eigenen Interessen Auskunft zu geben. Sie sind zwar für euch ein wichtiger Hinweis zum Wunschberuf, jedoch muss man auch entsprechende Fähigkeiten dafür mitbringen.

Daher ist es erforderlich, eure Stärken und Schwächen realistisch einzuschätzen, da sie Hinweise geben können, ob ein bestimmter Beruf auch zu euch passt.

Durch Praxiskontakte, wie z. B. Erkundungen und Praktika, könnt ihr herauszufinden, ob ihr über die für den Beruf erforderlichen Fähigkeiten verfügt.

1 Gebt an, zu welchen Ergebnissen die Schüler nach ihrem Praxiskontakt gekommen sind.

2 Nennt in Partnerarbeit Empfehlungen, die ihr den Schülern für ihre weitere Berufswahl geben würdet.

3 Nenne deine Stärken und Fähigkeiten. Dazu kannst du auch den **WEBCODE** nutzen.

4 Erkläre, in welchen schulischen und außerschulischen Situationen du deine Stärken und Fähigkeiten nutzt.

5 Nenne die Fähigkeiten und Anforderungen, die an deine Wunschberufe gestellt werden.

6 Erkläre, welche Fähigkeiten du bisher durch einen Praxiskontakt überprüfen konntest.

4 WAS?, WO? und WOMIT? – Die eigene Interessenlage feststellen

Die eigenen Interessen, die auch im Berufsalltag verwirklicht werden können, sind ein Hinweis zum Wunschberuf. Nur wer sich über die beruflichen Interessen im Klaren ist, kann die Vielfalt der beruflichen Möglichkeiten eingrenzen. Überlege dir daher ganz genau, an welchen Arbeitsplätzen/-orten, mit welchen Tätigkeiten, Arbeitsmitteln und Materialien du später arbeiten möchtest.

Sei aktiv dabei, dich für deine Interessen bei der Berufswahl einzusetzen, denn es geht um die Vorbereitung deiner Lebenschancen.

Vergleiche nach jedem Praxiskontakt deine Interessen und Fähigkeiten mit einer Selbst- und Fremdeinschätzung.

Welche Tätigkeiten möchte ich ausüben?

- schreiben, organisieren, buchen, verwalten
- berechnen, entwerfen, konstruieren
- herstellen, zubereiten, Material bearbeiten
- bauen, montieren, installieren, reparieren
- prüfen, untersuchen
- gestalten, entwerfen, zeichnen, malen
- reinigen
- anbauen, ernten, Tiere versorgen
- lagern, verpacken, transportieren
- kaufen, verkaufen, bedienen, beraten
- betreuen, pflegen, behandeln
- erziehen, unterrichten

Welchen Arbeitsplatz/-ort kann ich mir vorstellen?

- Werkstatt, Fabrik
- Büro
- Verkaufsraum, Geschäft
- Praxis, Krankenhaus, Betreuungs-/Bildungseinrichtung
- beim Kunden, Baustelle, im Freien
- Feld, Garten, Außenanlagen
- Liefer-, Kundendienstfahrzeug, Verkehrsträger (z. B. Bahn)
- Hotel/ Gaststätte, Freizeiteinrichtung
- Labor, Forschungseinrichtung

Mit welchen Arbeitsmitteln/-gegenständen möchte ich arbeiten?

- Informations- und Kommunikationstechnik, Medientechnik
- Fremdsprachen
- Pläne, Entwürfe, Prüfvorschriften
- gesetzliche Regelungen
- Maschinen, Werkzeuge, technische Anlagen
- Mess-, Prüfgeräte
- Schreib-/Zeichengeräte

Mit welchen Materialien möchte ich arbeiten bzw. möchte ich bei der Arbeit mit Menschen zusammenarbeiten?

- Baustoffe, Stein, Holz, Papier, Metalle
- Elektronik/Elektrotechnik
- Textilien, Leder
- chemische Stoffe, Kunststoffe
- Glas, Keramik, Mineralien
- Fahrzeuge, Transportmittel
- Lebensmittel
- Tiere, Pflanzen
- Menschen

1 Nenne Tätigkeiten, Arbeitsplätze, Arbeitsmittel und Materialien, mit denen du bisher Praxiserfahrungen gesammelt hast.

2 Beurteile, inwieweit deine bisherigen Praxiserfahrungen für deine Berufswahl hilfreich waren.

3 Nenne Tätigkeiten, Arbeitsplätze, Arbeitsmittel und Materialien, mit denen du gern neue Praxiserfahrungen sammeln möchtest.

4 Nenne jeweils drei Berufe und beschreibe, welche Tätigkeiten ausgeübt und welche Arbeitsmittel und Materialien eingesetzt werden. Nutze dazu auch Beruf Aktuell.

5 Erkläre, wie du überprüfen kannst, ob deine Interessen und Fähigkeiten mit den Anforderungen eines Berufes übereinstimmen.

6 Überprüfe, ob deine Fähigkeiten und Interessen mit drei Wunschberufen übereinstimmen. Dazu kann auch der **WEBCODE** genutzt werden.

5 Berufsfelderkundung

Derzeit gibt es ungefähr 340 anerkannte Ausbildungsberufe, deren Ausbildung im dualen System (Schule/Betrieb) stattfindet, sowie zahlreiche schulische Ausbildungsgänge. Die Einteilung in 16 Berufsfelder hilft euch bei der Suche nach dem Wunschberuf, um sich zunächst einmal zu orientieren. Die Berufsfelder umfassen verschiedene Bereiche, denen einzelne Berufe mit ähnlichen Tätigkeiten und Ausbildungsinhalten zugeordnet sind. Die Berufe setzen vergleichbare Fähigkeiten und Interessen voraus. Durch Praxistage, z. B. Berufsfelderkundungen, könnt ihr überprüfen, inwieweit eure Neigungen dem ausgewählten Berufsfeld entsprechen.

- Bau, Architektur, Vermessung
- Dienstleistung
- Elektro
- Gesellschafts-, Geisteswissenschaften
- Gesundheit
- IT, Computer
- Kunst, Kultur, Gestaltung
- Landwirtschaft, Natur, Umwelt
- Medien
- Metall, Maschinenbau
- Naturwissenschaften
- Produktion, Fertigung
- Soziales, Pädagogik
- Technik, Technologiefelder
- Verkehr, Logistik
- Wirtschaft, Verwaltung

Berufsfeld Naturwissenschaften:
- Berufe im Labor
- Berufe mit Biologie
- Berufe mit Chemie
- Berufe mit Mathematik und Statistik
- Berufe mit Pharmazie

Berufe mit Chemie:
- Chemielaborant/-in
- Chemikant/-in
- Chemisch-technische/-r Assistent/-in
- Lacklaborant/-in
- Pharmakant/-in
- ...

Berufsfeld Soziales/Pädagogik:
- Berufe im Gesundheits- und Sozialmanagement
- Berufe in der Sozialarbeit und Sozialpflege
- Berufe in Erziehung, Schule, Aus- und Weiterbildung
- Berufe mit älteren Menschen
- Berufe mit Kindern und Jugendlichen
- ...

Berufe mit Kindern und Jugendlichen:
- Erzieher/-in
- Erzieher/-in – Jugend- und Heimerziehung
- Förderlehrer/-in
- Hebamme/Entbindungspfleger
- ...

Eventuell habt ihr bereits eine ein- oder zweitägige → **Potenzialanalyse** oder auch ein → **Kompetenzfeststellungsverfahren** an eurer Schule durchgeführt? Dann kannst du dich mit dem Auswertungsergebnis bestimmten Berufsfeldern zuordnen, die deinen Neigungen nahe kommen. Innerhalb des gewählten Berufsfeldes kannst du (regionale) Ausbildungsberufe durch einen außerschulischen Praxiskontakt näher kennen lernen (z. B. Berufsfeld Bau: Maurer, Fliesenleger, Estrichleger, Dachdecker).
Der Praxiskontakt findet vorrangig in Betrieben statt, kann aber auch in berufsbildenden Schulen oder von anderen Bildungseinrichtungen angeboten werden.
Berufsfelderkundungen ermöglichen dir eine berufliche Orientierung und vermitteln beispielhafte Einblicke in berufliche Tätigkeiten eines Berufsfeldes bzw. in mehrere Ausbildungsberufe. Sie zeigen dir auch Anwendungsbezüge zwischen dem Unterricht und den Aufgabenbeispielen aus der Arbeitswelt auf.
Deine Ergebnisse der Berufserkundungen werden im Berufswahlpass dokumentiert und sollen dir die gezielte Auswahl für das schulische Betriebspraktikum erleichtern. Du kannst auch schneller feststellen, ob bestimmte Berufe überhaupt für dich infrage kommen.

1 Nenne zwei Berufsfelder, die dich besonders interessieren.

2 Erkläre, warum du diese Berufsfelder gewählt hast.

3 Sucht drei Ausbildungsberufe aus einem Berufsfeld eurer Wahl heraus. Nutzt dazu Beruf Aktuell. Auch der **WEBCODE** könnte herangezogen werden.

4 Vergleicht schriftlich von zwei Berufen aus Aufgabe 3 Aufgaben und Tätigkeiten. Nutzt die **Methode Kugellager**, S. 142, um eure Ergebnisse auszutauschen.

WEBCODE: WI650125-057

6 Wer unterstützt dich bei deinem Berufswahlprozess?

Es ist wichtig, die Berufswahl sorgfältig zu planen und durchzuführen. Denn die Entscheidung, welchen Beruf man letztlich erlernt, muss jeder Einzelne für sich selbst treffen. Diese Entscheidung erfordert eine umfangreiche Auseinandersetzung mit Berufen, indem ihr Gespräche mit Eltern, Freunden, Auszubildenden, Erwerbstätigen, Lehrern und Berufsberatern führt. Ihr erhaltet im Berufswahlunterricht viele nützliche Informationen, um eine Entscheidung für die spätere Berufstätigkeit zu treffen.

Daneben ist aber viel Eigeninitiative unerlässlich. Daher nutzt die Angebote von Betrieben, Kammern, Gewerkschaften, Wirtschaftsverbänden, Berufsinformationszentren, Ministerien, Schulämtern. Verfolgt auch, was Rundfunk, Fernsehen und Zeitungen zum Thema Berufswahl bringen. Beteiligt euch aktiv an den schulischen Angeboten zur Berufsorientierung, wie z. B. Betriebserkundungen und Betriebspraktika.

Wer kann mich im Berufswahlprozess unterstützen?

Betriebe
- Informationen zu beruflichen und betrieblichen Anforderungen sowie Entwicklungsmöglichkeiten nach der Ausbildung anbieten
- Praktikumsplätze bereitstellen
- Betriebserkundungen ermöglichen
- Ausbildungsplätze anbieten

Ich selbst
- Über Angebote der Beteiligten informieren
- Beratung und Unterstützung organisieren
- Lernangebote der Schule nutzen, um berufliche und betriebliche Voraussetzungen zu erfüllen
- Betriebspraktika absolvieren
- Wissen über Berufs- und Arbeitswelt erwerben
- Berufliche Interessen und Vorstellungen entwickeln
- Berufliche Anforderungen mit Fähigkeiten vergleichen
- Für einen Ausbildungsberuf bzw. Bildungsgang entscheiden
- Schritte langfristig planen und rechtzeitig umsetzen

Gewerkschaften
- Informationen zu Berufen, Bewerbung, Ausbildung, Verdienst bereitstellen
- Rechte Auszubildender vertreten

Berufsinformationszentrum (BIZ)/ Berufsberatung
- Informationen über Berufe vorhalten
- Medien und Beratung anbieten
- Entscheidung für Beruf bzw. Bildungsgang unterstützen
- Bei Ausbildungsproblemen beraten
- Berufswahltests durchführen
- Ausbildungsplatz bzw. Bildungsgang vermitteln
- Über Ausbildungsförderung informieren

Schule
- Wissenserwerb zur Berufs- und Arbeitswelt unterstützen
- Im Betriebspraktikum beraten und unterstützen
- Lernen in der Betriebspraxis und den Fächern verbinden
- Fachliche, soziale, persönliche, methodische und auf Lernen bezogene Fähigkeiten fördern
- Berufswahlprozess begleiten und fördern

Eltern/ Freunde
- Über Berufs- und Arbeitswelt informieren
- Über Berufswahl und -erfahrungen berichten
- Entwicklung begleiten und Entscheidungen fördern
- Ausbildungsplatzsuche unterstützen

1 Überprüft in Partnerarbeit, wer euch im nächsten Schritt der Berufswahl unterstützen kann.

2 Erstellt einen Fragebogen für die Beratung beim Berufsberater. Nutzt die **Methode Tischset**, S. 181.

3 Begründet in Partnerarbeit, warum Betriebe euch in der Berufswahl unterstützen können.

4 Besprich mit deinen Eltern, wie sie dich bei der Berufswahl unterstützen können. Dazu kannst du auch den **WEBCODE** nutzen.

7 Betriebs- und Praxistage – Lernen in Schule und Betrieb verbinden

In einem Teil der Schulen finden an ein bis zwei Tagen in der Woche Praxislerntage in Betrieben statt, die das Schulpraktikum ersetzen oder ergänzend angeboten werden. Damit verbunden ist das Lernen in den Fächern an den anderen Tagen in der Schulwoche.
Neben diesem Lernbereich können grundsätzlich alle Fächer mit der Praxis verbunden werden, also Deutsch, Englisch, Mathematik, Biologie, Gesellschaftslehre, Religion ...

Was bringt das?

ROMAN: „Beim wöchentlichen Praxislerntag im Malerbetrieb musste ich die gestrichenen Flächen ausmessen. Ich habe das endlich begriffen, was mir in Mathe bisher schwer fiel. Ich weiß jetzt, wozu die Flächenberechnung gut ist."

JAN: „Ich habe im Baumarkt gearbeitet. Bei Energiesparlampen kannte ich mich bald aus und habe auch Kunden beraten. Im Deutschunterricht schlug ich dann vor, in Rollenspielen Kundengespräche zu üben. Das hat Spaß gemacht, auch später, als ich das mit Kunden erprobte. Ich denke nun, Einzelhandelskaufmann liegt mir. Ich habe überlegt, ob das als Rollenspiel nicht auch auf Englisch wichtig wäre."

AILIEN: „Früher war mir egal, ob ich in der Schule zu spät kam. Im Betrieb wurde mir klar, warum Pünktlichkeit wichtig ist. Wenn einer fehlt, müssen die anderen für ihn mitarbeiten oder Kunden warten. Ich habe jetzt auch begriffen, wie wichtig es ist, dass Schüler pünktlich zum Unterrichtsbeginn anwesend sind."

MERLE: „Bisher haben die Lehrer oft gesagt: ‚Ihr lernt fürs Leben – also Lernen auf Vorrat.' Ich erstellte im Fach Deutsch eine Präsentation meiner Arbeit beim Tierarzt und führte diese vor. Jetzt kann ich Präsentationstechniken einsetzen."

Praxistage zur Erkundung des Wahlberufes nutzen

Euer Zwischenstand bei der Entscheidung für einen Beruf könnte mit dem Anforderungsprofil eures Wunschberufes verglichen werden.
Dazu könnt ihr mit eurem Lehrer in Abständen Lernplanungsgespräche führen. Als Ergebnis der Lernberatung können Zielvereinbarungen über die nächsten Lernschritte getroffen werden. Schwerpunkte sind festzulegen, um Voraussetzungen zur Bewerbung zu erreichen. Auch die Berufsberatung sollte einbezogen werden.
Die Ergebnisse sind in Zeitabständen auszuwerten und ggf. neue Vereinbarungen zu treffen.

1 Wie sinnvoll schätzt du die Art des Lernens ein? Worin unterscheidet es sich vom bisherigen Fachlernen? Begründet in Partnerarbeit eure Meinungen.

2 Entwickelt in Partnerarbeit eine Praxislernaufgabe. Nutzt die **Methode Betriebs- und Praxistage** (Folgeseite) und **M2**, **M3**, S. 76, 77.

3 Erklärt, warum das Praxislernen für die Berufswahl hilfreich ist. Schildert eure eigenen Erfahrungen. Nutzt dazu die **Methode Kugellager**, S. 142.

4 Nimm Stellung: „Meine Eltern sind der Meinung, dass mehr Unterricht in Deutsch und Mathemathik wichtiger ist, als zwei Tage in einem Betrieb zu arbeiten."

Methode Betriebs- und Praxistage

Darum geht es

Diese Praxislerneinheit ermöglicht euch das Kennenlernen von Berufen und der Arbeit im Betrieb. Sie ist auch eine andere Form des Unterrichts. Ihr nutzt gewonnene Praxiserfahrungen, um euch notwendiges Wissen in Verbindung mit Unterrichtsfächern anzueignen. Ihr erkennt eigene Interessen und Fähigkeiten und entwickelt Fertigkeiten. Diese Praxislerneinheit befähigt euch, die weitere Gestaltung der Berufswahl und Lebensplanung vorzunehmen.

So läuft es ab

Eine Praxislerneinheit kann sich beziehen auf praxisbezogene Projekte, ein Praktikum, Praxistage oder eine Betriebserkundung.

Zur Praxislerneinheit gehört die Vorbereitung, Durchführung und Auswertung der Praxiserfahrungen. Auch die Methoden Projektunterricht, Arbeitsplatzerkundung und Betriebspraktikum fließen mit ein.

Vorbereitung
- Auswahl des Betriebes als Praxislernort; Aspekte: Berufswunsch, Lernmöglichkeiten
- Eigene Interessen, Fähigkeiten und Fertigkeiten herausfinden
- Entwicklung von Zielen, die auf Fächer und den Wunschberuf bezogen sind
- Festlegen konkreter Praxislernaufgaben (siehe **M2**, **M3**, S. 76, 77) mit Handlungsschritten und Zeitplanung

Durchführung
- Persönliche Bildungsberatung zur Praxistätigkeit entsprechend Lernplan annehmen
- Umgang mit Konflikten üben (siehe Hinweise zum Konflikttraining auf dieser Seite)
- Praxiserfahrungen in der Schülergruppe reflektieren

Auswertung
- Präsentation der Lernergebnisse
- Bewertung nach dem persönlichen Lernplan (siehe auch Bewertungskriterien rechts oben)
- Nachdenken über Bildungszuwachs, Schwächen, Stärken und Leidenschaften (siehe **M1**, S. 76)

Bewertungskriterien im Praxislernen

Die Bewertung gezeigter Fähigkeiten erfolgt durch Fremd- und Selbsteinschätzung. Beteiligt sind Ausbilder, Auszubildende, Lehrer und Schüler.

Was wird bewertet?

Lerneinstellung	Zuverlässigkeit
Selbstständigkeit	Konfliktfähigkeit
Urteilsfähigkeit	Interesse
Teamfähigkeit	Verhalten gegenüber Betreuern
Arbeitsqualität	Mappe
Tagesberichte	Präsentationen
Facharbeit	Berufswahlpass

Wie wird bewertet?

Bewertungsbogen/ Punkte	Benotungsvorschläge – Betreuer
Abschlussgespräch	– (Fach-)Lehrer
schriftliche Bewertung	– Mitschüler
	Selbstbewertungsbogen

Konflikttraining im Rollenspiel

Bereitet euch auf das Verhalten in Konfliktsituationen im Rollenspiel vor. Wählt Rollenspieler aus: z. B. Praktikant, Betreuer, Lehrkraft.
Spielt eigene Konflikte oder orientiert euch an Folgendem:

1 An den Praxislerntagen muss ich immer dieselbe langweilige Arbeit machen.
2 Die Aufgaben sind zu schwer/zu leicht.
3 Der Betreuer ist komisch/aufdringlich.
4 Der Betrieb ist für mich nicht geeignet, weil ...

Bedenkt bei der Rollenwahrnehmung als Praktikant: „Was kann ich zunächst selbst tun? Wann schalte ich die Lehrkraft ein?“

Methode Betriebspraktikum

Darum geht es

Ihr seid schon Schritte zur Vorbereitung der Berufswahl gegangen. Evtl. konntet ihr bereits einen Betrieb und/oder einen Arbeitsplatz erkunden und Eindrücke in der Arbeitswelt sammeln. Vielleicht habt ihr schon eine Berufserkundung durchgeführt und konntet feststellen, in welchem Tätigkeitsfeld ihr später arbeiten möchtet.

Das Betriebspraktikum soll euch vertiefte Einblicke in mindestens einen Beruf ermöglichen. Das kann z. B. im Einzelhandel, in der Industrie, im Handwerk oder im Pflegebereich sein. Ihr

- erfahrt, was es heißt, über zwei bis drei Wochen an einem Arbeitsplatz mitzuarbeiten und die Arbeitsanforderungen zu erfüllen.
- erlebt das Gefühl, eine Arbeit gut zu schaffen oder auch stark gefordert zu werden.
- habt Freude an der Arbeit, empfindet evtl. auch Anspannung und Widerstände.
- lernt die Bedeutung von „Arbeitstugenden" wie Pünktlichkeit und Pflichterfüllung kennen.

Habt ihr bereits einen Berufswunsch und euch schon über diesen Beruf informiert? Vielleicht könnt ihr einen entsprechenden Praktikumsplatz erhalten und feststellen, ob der Beruf für euch geeignet ist. Ihr vergleicht dabei eure Erwartungen und Fähigkeiten mit den Anforderungen, die Unternehmen an Auszubildende stellen.

Aber die Vorbereitung der Berufswahl ist nur ein Ziel des Praktikums.

Wichtig ist ebenso, die Organisation und Zusammenarbeit in einem Betrieb zu durchschauen. Ihr könnt dann Anforderungen in unterschiedlichen beruflichen Situationen kennen lernen.

Aus dieser Sicht kann ein Blick auf

- die Gestaltung der Arbeitsbedingungen,
- die Regelungen zum Umweltschutz,
- den Arbeitsschutz und
- die Vertretung von Arbeitnehmerinteressen durch den Betriebsrat

möglich werden.

Auch könnte die Stellung des Betriebs in der Region mit Beziehungen zu Kunden und Lieferanten eine Rolle spielen.

Damit gewinnt ihr einen Einblick in technische, ökologische, soziale und wirtschaftliche Strukturen der Arbeitswelt.

Auch solltet ihr eure Geschlechterrolle bedenken: Wie erlebt ihr Männer/Frauen bei der Arbeit?

In einem noch nicht vertrauten Lebensbereich könnt ihr während des Praktikums auch selbstständiger bei der Beschaffung von Informationen werden. Verbindet dies mit der Durchführung von Befragungen und Beobachtungen, deren Dokumentation und Auswertung.

So läuft es ab

Vorbereitung

Beginnt mit folgenden Aktivitäten:

- Persönliche Erwartungen an das Praktikum austauschen und untereinander vergleichen
- Ziele aus der Sicht des Faches erörtern, auf euch beziehen und schriftlich festhalten
- Praktikumswünsche zusammenstellen

Bewerbt euch um einen Praktikumsplatz:

- Anforderungen an Lernmöglichkeiten im Betrieb zusammenstellen
- Termine und Organisatorisches klären
- Beziehungen von Mitschülern und Eltern zur Suche eines Praktikumsplatzes nutzen, evtl. Schulkartei zu Betrieben nutzen; Internet einbeziehen, z. B. bei GOOGLE eingeben: Handwerk Hannover Berufswahl,
- Deutscher Industrie und Handelskammertag e. V. *www.ihk-lehrstellenboerse.de*
- Formen der Kontaktaufnahme zum Betrieb überlegen; Unterstützung durch die Schule klären (Merkblatt für Betriebe vorhanden?)

Stellt euch im Betrieb vor:

- Vorstellungsgespräch im Betrieb mit der Methode Rollenspiel einüben. Zu Fragen, die evtl. gestellt werden, siehe **M1**, S. 63.

Bereitet die Praktikumszeit inhaltlich vor:

- Fragestellung im Betrieb berücksichtigen. Dafür insbesondere die Methoden Betriebs- und Arbeitsplatzerkundung sowie Befragung nutzen. Falls nötig, Arbeitstechniken wiederholen, z. B. Protokoll einer Befragung erstellen
- Gesichtspunkte für Tagesberichte zur Arbeit, zum Arbeitsablauf zusammenstellen (Kooperation mit dem Fach Deutsch)
- Vorüberlegungen zu Schwerpunkten des Praktikumsberichts treffen (siehe **M5**, S. 65). Dabei eure Interessen berücksichtigen
- Zeitungsberichte über den Betrieb sammeln
- Dokumentation der Informationen vorüberlegen, z. B. planen, Fotos und Video zu erstellen, Material- und Arbeitsproben in Absprache mit dem Betrieb einzubeziehen
- Präsentation der Ergebnisse des Praktikums für Eltern, Mitschüler planen (z. B. Wandzeitung zum Praktikumsplatz, zum Ablauf der Arbeit und zur Aufbauorganisation des Betriebs)
- Angemessenes Verhalten im Praktikum besprechen (siehe **M2**, S. 63), Verhalten z. B. bei Konflikten mit betrieblichen Betreuern/Betriebsangehörigen klären
- Rechtliche Regelungen, Arbeits- und Unfallschutz beachten (siehe **M2–M4**, S. 63, 64)
- Eltern über Zeitrahmen und Ziele des Praktikums informieren
- Treffen in der Schule, Termine für Lehrerbesuche und Abgabetermin für den Praktikumsbericht vereinbaren
- Fahrgelegenheit/Fahrtkosten klären

Durchführung

- Einführung in den Betrieb erbitten; Überblick über Betriebsbereiche gewinnen; Praktikumsplan des Betriebs besprechen; die Unterstützung eines betrieblichen Betreuers/Vorgesetzten nutzen. Er ist weisungsberechtigt.
- Übertragene Aufgaben bearbeiten
- An Treffen in der Schule teilnehmen
- Abschlussgespräch mit Betreuer und Lehrkraft durchführen
- Praktikumsbericht termingerecht anfertigen (siehe **M5**, S. 65)
- Praktikum vom Betrieb bescheinigen lassen

Auswertung

- Erfahrungen mithilfe des erstellten Anschauungsmaterials präsentieren und Ergebnisse reflektieren (siehe **M6**, S. 65), evtl. den Bericht ergänzen und nach Durchsicht mit dem Lehrer besprechen
- Überlegen, welche Bedeutung das Praktikum für die Berufswahl/für das Lernen in der Schule hat

8 Weiterführendes Material

M1 Fragen im Vorstellungsgespräch für das Praktikum

Aus Sicht des Betriebes

- Stelle dich mit deinem Namen vor. Gib dein Alter an.
- Erzähle was von dir. Was machst du in der Freizeit? Wofür interessierst du dich?
- Welche Schule/Klasse besuchst du?
- Welche Schulfächer fallen dir am leichtesten/schwersten? Warum?
- Wie bist du auf unseren Betrieb gekommen? Was weißt du über den Betrieb?
- Was weißt du schon über den Beruf?
- Welche Vor- und Nachteile hat dieser?
- Welche Arbeiten möchtest du während des Praktikums ausführen?
- Darfst du irgendwelche Arbeiten aus körperlichen Gründen nicht ausführen?

Aus Sicht des Bewerbers

- Welche Erwartungen an mein Aussehen werden gestellt (Körperpflege, Haartracht, Kleidung)?
- Welche Arbeitskleidung ist notwendig? Wird diese gestellt?
- Wann, wo und bei wem finde ich mich am ersten Praktikumstag ein?
- Welche Arbeitszeit habe ich?
- Wer ist mein Ansprechpartner?
- Wo kann ich mittags essen?
- Was gilt zur Schweigepflicht?
- Wie verhalte ich mich, wenn ich einen Fehler gemacht oder einen Schaden verursacht habe?
- Wem kann ich mich anvertrauen, wenn ich mit einem Arbeitnehmer nicht zurechtkomme?

M2 Verhaltensregeln im Betriebspraktikum

1. Du erfüllst sinnvolle Aufgaben in einem Betrieb. Von dir werden Pünktlichkeit, Ordnung und Sauberkeit am Arbeitsplatz erwartet.
2. Du erwartest zu Recht, dass du höflich behandelt wirst. Also solltest auch du höflich sein.
3. Betriebe haben eine Betriebsordnung. Lies dir diese bitte genau durch und halte dich daran.
4. Pausen dienen der Erholung und man sollte niemand anderen stören.
5. Unfallschutz und Sicherheit sind oberstes Gebot am Arbeitsplatz. Beachte die Schutzbestimmungen und befolge die Anweisungen.
6. Wenn du etwas nicht verstanden hast, solltest du nachfragen. Wenn du im Betrieb vernünftig fragst, bekommst du auch eine Antwort.
7. Behandle dir anvertraute Gegenstände sorgfältig. Lasse dir den Umgang damit erklären.
8. Achte auf die Anweisungen, die man dir gegeben hat. Mutwillig zerstörte Gegenstände, Geräte und Maschinen musst du bezahlen.
9. Plaudere Betriebsgeheimnisse nicht aus. Sprich nicht mit anderen über Dinge, die dir vertraulich mitgeteilt worden sind.
10. Wenn du Fotos im Betrieb von dir bzw. der Arbeitsstätte machen möchtest, frage erst beim Verantwortlichen nach.
11. Wenn du dich ungerecht behandelt fühlst, sprich offen mit dem Anleiter. In dringenden Fällen rufe deinen Betreuungslehrer an.
12. Während des Praktikums erhältst du Besuch von deinem Betreuungslehrer. Informiere ihn über deine Arbeitszeiten und Einsatzorte im Vorfeld. Erinnere deinen Anleiter am Tag vorher an den Besuch, damit er/sie die Zeit für das Gespräch einplanen kann.
13. Falls du aus triftigen Gründen, z. B. Krankheit, fehlst, musst du sofort den Betrieb und die Schule benachrichtigen.

***Westdeutscher Handwerkskammertag** (Hg.): Leitfaden für Lehrerinnen und Lehrer. Gestaltung und Durchführung von Praktika im Handwerk. Düsseldorf o. J., S. 24*
Siehe auch: http://www.handwerk-nrw.de ▶ Aus- und Weiterbildung ▶ Ausbildung im Handwerk ▶ Praktika im Handwerk (17.11.2013)

M3 Rechtliche Regelungen für das Schülerbetriebspraktikum

Für Schulen gelten neben dem Jugendarbeitsschutzgesetz und der Kinderarbeitsschutzverordnung klare Regelungen während der Praktika. Mehr dazu unter Niedersächsischer Bildungsserver: Berufsorientierung an allgemeinbildenden Schulen, bes. 4.2.
www.nibis.de/nibis.php?mendiod=1458
Bundesministerium für Arbeit und Soziales *http://www.bmas.de* ▶ Service-Publikationen ▶ Klare Sache im Suchfeld eingeben
(jeweils 20.01.2014)

1 Das Schülerbetriebspraktikum ist eine Schulveranstaltung.
2 Unfälle deckt die Unfallversicherung der Schule ab.
3 Die tägliche Beschäftigungszeit beträgt sieben Stunden. Dabei geht es um die reine Arbeitszeit. Pausen sind noch nicht eingerechnet.
4 Praktikanten (P.) dürfen höchstens $4\,^1/_2$ Stunden ohne Ruhepause arbeiten. Arbeiten sie über $4\,^1/_2$/6 Stunden, dann steht ihnen eine Ruhezeit von 30/60 Minuten zu.
5 Normalerweise gilt, dass P. nur zwischen 6:00 Uhr und 20:00 Uhr arbeiten dürfen. Ausnahmen sind für P. über 16 Jahre z. B. Gaststätten, Landwirtschaft, Bäckereien.
6 P. arbeiten fünf Tage pro Woche. Grundsätzlich ist Samstags- und Sonntagsarbeit verboten. Das gilt für gesetzliche Feiertage (§17 Jugendarbeitsschutzgesetz). Ausnahmen gelten für einzelne Branchen, z. B. Pflegeheime.
7 P. dürfen nur mit leichten und für sie geeigneten Arbeiten beschäftigt werden, die sie nicht körperlich oder seelisch belasten, z. B. Arbeit mit gefährlichen oder giftigen Stoffen, Akkordarbeit.
8 Vor Beginn erfolgt eine Unterweisung zum Unfall- und Gesundheitsschutz.
9 Es muss immer eine erwachsene, fachkundige Person die Arbeit beaufsichtigen.
10 P. müssen die Schweigepflicht beachten.

M4 Unfallschutz im Betriebspraktikum

Warnzeichen
(schwarz/gelb)

Warnung vor gefährlicher elektrischer Spannung

Warnung vor radioaktiven Stoffen

Gebotszeichen
(blau)

Gehörschutz tragen

Schutzschuhe tragen

Verbotszeichen
(schwarz/rot)

Feuer, offenes Licht und Rauchen verboten

Rauchen verboten

Für bestimmte Tätigkeiten gelten spezielle Regelungen, z. B. Arbeit an Bildschirmgeräten.

Das Schülerbetriebspraktikum

1. Lass dich über Gefahren am Arbeitsplatz ... unterweisen (Notschalter).
2. Trage zweckmäßige Kleidung. An Maschinen muss sie eng anliegen.
3. Uhren, Schals, Schmuckstücke dürfen nicht getragen werden, wenn sie zur Gefahr werden können (z. B. hängen zu bleiben).
4. Lange Haare können eine Gefahr sein. Sichere sie durch Kappe, Band oder Knoten.
5. Informiere dich über die betrieblichen Unfallverhütungsvorschriften.
6. Nimm jeden Tipp in Sachen Sicherheit an. Vorgesetzte haben ein Weisungsrecht.
7. Achte auf Verbotsschilder, die unbefugten Zutritt untersagen.
8. Setze nie Maschinen ohne Erlaubnis, Anleitung und Aufsicht in Gang!
9. Beachte Schilder mit Sicherheitszeichen, ... frage nach ihrer Bedeutung!
10. Informiere dich, wie du dich im Falle eines Unfalls zu verhalten hast.

Auszug aus der DGUV-Information „Sicher durch das Betriebspraktikum" (BGI/GUV-SI 8034) der Deutschen Gesetzlichen Unfallversicherung e. V. (DGUV), www.dguv.de (17.11.2013)

M5 Muster einer Gliederung zum Praktikumsbericht

Bericht zum Betriebspraktikum

1. Deckblatt: Name, Anschrift, Klasse, Betreuungslehrer, Schule, Betrieb, Anschrift des Betriebs, Betreuer im Betrieb.

2. Inhaltsverzeichnis: logischer Aufbau der Berichtsinhalte, Seitenangaben.

3. Einleitung: Was erwarte ich von meinem Praktikum? Warum mache ich in diesem Beruf/Betrieb ein Praktikum? Mit welchen Wünschen gehe ich das Praktikum an? Welche Hoffnungen und Befürchtungen habe ich?

4. Mein erster Tag: Einführung in den Betrieb, Aufnahme durch die Beschäftigten, erste Tätigkeiten, Empfindungen zu diesen ...

5. Beschreibung des Praktikumsbetriebes:
Zu welcher Branche gehört der Betrieb?
Wo hat die Firma ihren Hauptsitz? Wie viele Werke oder Filialen hat der Betrieb? Welche Güter werden in dem Betrieb erzeugt bzw. welche Dienstleistungen bietet er an? Wie ist der Betrieb organisiert (berichte z. B. über den Aufbau des Betriebs und die Ablauforganisation in einer Abteilung)? Wie wirtschaftet der Betrieb (Güter, Marketing; Beziehungen zu Kunden und Lieferanten)?

6. Beschreibung des Berufes: Mit welchen Arbeitsmaterialien, Geräten, Werkstoffen und Maschinen, Hilfsmitteln oder Gegenständen wird gearbeitet? Welche Tätigkeiten werden ausgeführt? Wo wird gearbeitet? Welche fachlichen, sozialen und persönlichen Anforderungen werden an den Beruf gestellt?

7. Ausbildung: Wo erfolgt die Ausbildung (Schule, Betrieb)? Wie lange dauert die Ausbildung? Wie hoch ist die Ausbildungsvergütung? Welche Aufstiegschancen werden nach der Ausbildung im Betrieb/Beruf angeboten? Welche Fort-/Weiterbildungsmöglichkeiten können nach der Ausbildung genutzt werden?

8. Mein Praktikumsschwerpunkt: z. B. Interessenvertretung durch Betriebsrat, Unfallschutz oder Umgang mit Kunden ...

9. Auswertung des Praktikums: Was fand ich besonders interessant? Was nehme ich aus dem Praktikum mit? (Einschätzung des Lernerfolgs bzw. der Lernschwierigkeiten ...) Wie schätze ich die Vorbereitung und Durchführung ein?

10. Anlagen: z. B. Video, gefertigtes Werkstück, Prospekte und Informationsmaterial über den Betrieb/Beruf.

M6 Zur Auswertung des Betriebspraktikums

1. Welche Erwartungen/Befürchtungen hattest du an dein Praktikum? Welche davon haben sich erfüllt/nicht erfüllt?
2. Was hast du im Praktikum gelernt? Welche Bedeutung hat es für deinen Berufswahlprozess? Erkläre, wie sich deine Sicht von Berufsarbeit verändert hat.
3. Vergleiche die Arbeit in der Schulzeit mit der im Praktikum. Hat sich deine Sicht schulischer Arbeit verändert? Wenn ja, inwiefern?
4. Wie schätzt du die Vorbereitung des Praktikums ein in Bezug auf die vereinbarten Ziele? Welche Ziele wurden erreicht, welche nicht? Welche Gründe hatte das?
   Was sollte verändert werden?
5. Was hat dir am Praktikum gefallen/nicht gefallen? Was sollte am Praktikum verändert werden (z. B. Dauer, Betreuung)?
6. Wie schätzt du deine Betreuung im Praktikum durch die Schule/den Betrieb ein?
7. Welche Bedeutung hatte die Anfertigung des Praktikumsberichtes für dein Lernen?
8. Wie würdest du deinen Praktikumsplatz darstellen, wenn andere Schüler dich um einen Rat bitten, ob sie dort ihr Praktikum machen sollten (z. B. Stichworte: Eignung des Betriebes, mögliche Erfahrungen, Anforderungen an Praktikant, Betreuung)?
9. Erkläre, warum Praktika für deine Berufswahl sinnvoll sind.
10. Wenn du die Möglichkeit hättest, ein zweites Praktikum zu machen: Was würdest du verändern?
11. Welche Fragen oder Probleme hast du mit deinen Eltern/Freunden besprochen?

Projekt Berufswahl

1 Blickpunkt Ausbildungsplatz

Ihr habt euch bereits mit der Berufswahl befasst, Informationen über Betriebe gesammelt und Einblicke in Berufe erhalten. Ihr konntet eure Interessen und Fähigkeiten mit den Anforderungen von Betrieben vergleichen. Vielleicht musstet ihr eure Berufswahlentscheidung auch ändern.
Nun beginnt die Bewerbung um einen Ausbildungsplatz bzw. einen weiterführenden Bildungsgang. Ihr wisst, dass eure Chancen besonders vom Schulabschluss und dem Ausbildungsstellenmarkt abhängen.
Vielleicht könnt ihr zusätzliche Bescheinigungen, z. B. über Praktika, Mitarbeit in einer Schülerfirma, aufweisen, die eure Bewerbung unterstützen.
Auf jeden Fall müsst ihr die Bewerbungszeiten einhalten und fehlerfreie, vollständige Bewerbungsunterlagen einreichen, um eure Chancen auf einen Ausbildungsplatz zu erhöhen.

Hast du dich für eine Berufsausbildung entschieden? Wie gehst du jetzt vor? Was muss beachtet werden? Was kommt auf dich zu?

Das könnt ihr lernen

Ihr könnt

- Hilfestellungen finden, um eine geeignete Ausbildungsstelle zu suchen.
- euch darauf vorbereiten, euch schriftlich um einen Ausbildungsplatz zu bewerben.
- einen Lebenslauf und ein für die Bewerbung geeignetes Anschreiben zu verfassen.
- eure Berufswahlentscheidung im Anschreiben und Vorstellungsgespräch begründen.
- dazu auch Rollenspiele durchführen.
- Eignungstests durchführen und euch mit Testsituationen auseinandersetzen.

2 Wo finde ich Ausbildungsplätze?

Es gibt viele Möglichkeiten zu erfahren, wer aktuell Auszubildende einstellen möchte:

- In Gesprächen mit Freunden, Eltern, Verwandten, Bekannten, Nachbarn und Lehrern nach Ausbildungsstellen fragen. Häufig lassen sich „Beziehungen“ nutzen.
- Beim Berufsberater und im BIZ nachfragen.
- Jobbörse der Bundesagentur für Arbeit nutzen: *http://jobboerse.arbeitsagentur.de (21.01.2014)*
- Kontakt zu Ausbildungsberatern der Kammern und zu Innungen aufnehmen.
- Ausbildungsplatzbörsen im Internet suchen, z. B. der IHK: *www.ihk-lehrstellenboerse.de (21.01.2014)*
- Ausbildungsstellenangebote in Zeitungen und Werbeflyern auswerten.
- Schulische (Berufs-)Bildungsangebote prüfen.
- Berufsinformationsbörsen und Berufsmessen in der Region nutzen.

Wie sollte ich mich bewerben?

- Im Vorfeld Informationen zum Betrieb auf der Homepage auswerten.
- Namen des Verantwortlichen für Personalangelegenheiten heraussuchen.
- Fragen vorher überlegen und notieren.
- Evtl. Kontakt aufnehmen: persönlich, brieflich, telefonisch, per E-Mail, um offene Fragen zu klären, beispielsweise nach Berufen, Bewerbungsfrist, Ansprechpartnern usw.
- Informationen unter Bundesagentur für Arbeit: *www.planet-beruf.de* ▶ Meine Bewerbung (21.01.2014)
- Falls kein Ansprechpartner erreichbar ist, um einen weiteren Termin bitten.
- Nachfragen, welche Ausbildungsberufe ausgebildet werden, welche Bewerbungsfristen gelten und welche Unterlagen gefordert werden.
- Bei Unklarheiten freundlich nachfragen.
- Bei Fragen des Gesprächspartners genau zuhören, kurz und höflich antworten.

Initiativbewerbungen

Nicht alle Betriebe nutzen Stellenanzeigen, daher telefonisch bzw. besser persönlich anfragen, ob Ausbildungsstellen frei sind. Nutzt dazu das Branchentelefonbuch und die Homepage der Unternehmen. Oder einfach aussagekräftig bewerben.

***IHK:** www.ihk-lehrstellenboerse.de*

Was gehört zu den Bewerbungsunterlagen?

- Anschreiben mit Verzeichnis der Anlagen
- Lebenslauf mit aktuellem Lichtbild (Anschreiben und Lebenslauf in derselben Schriftart verfassen, mit gleichem Datum, handschriftlich unterschreiben)
- die letzten zwei Zeugnisse (keine Originale)
- Bescheinigungen und Zertifikate über zusätzliche Qualifikationen, z. B. über ein Praktikum, einen PC-Kurs, zur Mitarbeit in einer Schülerfirma, etc.

Auch dabei hilft die Website der Bundesagentur für Arbeit: s. links oder *www.dgb-jugend.de* ▶ Ausbildung ▶ Deine Ausbildung ▶ in die Ausbildung ▶ Bewerbung (21.01.2014) oder AZUBIYO GmbH *www.azubiyo.de* ▶ Tipps & Trends (21.01.2014)

Zeitplaner

Bewerbungen durchführen:
– Großbetriebe, Handel, Banken
– Öffentlicher Dienst
– Kleinbetriebe (Handwerk, freie Berufe)

In Schulen anmelden:
– Gymnasium
– berufsbildende Schule

Ausbildungs- und Schulbeginn

gust	September	Oktober	November	Dezember	Januar	Februar	März	April	Mai	Juni	Juli	August

3 Bewerbungsunterlagen: Anschreiben und Lebenslauf

Aussagefähige Unterlagen sind deine Visitenkarte, da sie dem Personalverantwortlichen im Betrieb einen ersten Eindruck von dir geben. Weist bereits die Bewerbungsmappe sichtbare Mängel auf, geht die Bewerbung sicher daneben.

Folgende Fehler sind zu vermeiden:

- Eselsohren und Fettflecken
- Rechtschreib-, Grammatik-, Ausdrucksfehler (Unterlagen kontrollieren lassen)
- Nichtbeachtung von Formatierungsvorgaben der am PC erstellten Dokumente
- unvollständige, ungeordnete Unterlagen
- Fehler im Adressfeld des Empfängers oder in der Anrede
- fehlende Unterschriften

Barbara Schulte
Musterstraße 2b
30519 Hannover
Tel.: 0511/12345
Email: barbara.schulte@internet.de

Hannover, 25.06.2014

Fitness-Treff GmbH
Herr Burkhard
Plattenbaustr.56

30163 Hannover

Bewerbung um einen Ausbildungsplatz zur Sport- und Fitnesskauffrau

Sehr geehrter Herr Burkhard,

im persönlichen Gespräch vom 23.06.2014 teilten Sie mir mit, dass Sie zum September 2015 einen Ausbildungsplatz zur Sport- und Fitnesskauffrau anbieten. Gern möchte ich in einem jungen, engagierten und motivierten Team arbeiten, daher möchte ich bei Ihnen meine Ausbildung absolvieren.

Ich besuche zurzeit noch die 9. Klasse der Johann Heinrich Pestalozzi Oberschule in Hannover, in der ich voraussichtlich im Juli des nächsten Jahres den Realschulabschluss erhalten werde.

Während meiner zwei Praktika im kaufmännischen Bereich hat mir die Arbeit im Büro sehr viel Spaß gemacht. Das Übernehmen von Verwaltungs- und Organisationsaufgaben sowie die Mithilfe bei der Erarbeitung von Konzepten für Sportangebote und der direkte Kundenkontakt waren für mich interessante Aufgaben. In der Schule arbeite ich in der Cafeteria AG, in der ich im Verkauf von Speisen und Getränken und für die Erstellung von Dienstplänen zuständig bin. Dort muss ich gut organisiert sein, damit keine Schwierigkeiten im Arbeitsablauf entstehen. In meiner Freizeit helfe ich beim Tanztraining mit und entwickle Choreographien. Auch hier ist es wichtig, einen guten Draht zu den Schülern aufzubauen.

Herr Burkhard, gern möchte ich Sie in einem Vorstellungsgespräch persönlich von meinen Stärken überzeugen. Über eine Einladung von Ihnen freue ich mich daher ganz besonders.

Mit freundlichem Gruß

Barbara Schulte

Anlagen:
Lebenslauf mit Foto
Kopien der letzten beiden Zeugnisse
Beurteilung der Praktika

Das Anschreiben

Neben der äußeren Form der Bewerbungsunterlagen kommt es auf den Inhalt an. Das Interesse der Personalverantwortlichen wird geweckt, wenn Formulierungen im Anschreiben deinen persönlichen Stempel tragen, gleiche Satzmuster vermieden werden und das Anschreiben an eine konkrete Person gerichtet ist. Im Betreff soll deutlich werden, um welche Stelle du dich bewirbst. Begründe dein Interesse an dem Ausbildungsberuf und -betrieb. Benenne deine Erfahrungen (Betriebspraktika, Schülerfirma, Ehrenamt, Ferienjobs), Kenntnisse und Fähigkeiten (aus Schule, Interessen, Hobbys), die du bisher gesammelt hast. Berücksichtige die Anforderungen, die auch zu der Stelle bzw. zum Beruf passen.
Finde Informationen zum Betrieb und den Adressaten der Bewerbung aus der Homepage heraus.

Checkliste – Inhalt des Anschreibens

1. Eigene Anschrift mit Telefonnummer, E-Mail
2. Ort; gleiches, aktuelles Datum wie im Lebenslauf
3. Anschrift des Empfängers
4. Betreff, Zweck des Anschreibens
5. Anrede; direkt Adressaten ansprechen, nicht „Sehr geehrte Damen und Herren" verwenden
6. Anliegen: Warum hast du dich für diese Ausbildung entschieden? Warum bewirbst du dich bei diesem Betrieb?
7. Derzeitige persönliche Situation schildern
8. Begründung: Welche Erfahrungen hast du bereits gesammelt, die zu den Anforderungen der Stelle passen?
9. Schlussformel mit der Bitte um Einladung zum Vorstellungsgespräch und eventuell ein (weiteres) Praktikum
10. Grußformel
11. Eigenhändige Unterschrift
12. Anlagen: Lebenslauf, Zeugnisse, Bescheinigungen über Praktika, Zertifikate

Erstelle mithilfe des Musters dein persönliches Bewerbungsanschreiben. Beachte die Hinweise der Checkliste. Vertiefend kannst du den **WEBCODE** nutzen.

Der Lebenslauf

Ein wichtiger Bestandteil der Bewerbungsmappe ist ein aussagefähiger, vollständiger Lebenslauf, der den persönlichen und schulischen Lebensweg in einer zeitlichen Reihenfolge aufzeigt. In tabellarischer Form am PC erstellt, sollte der Lebenslauf das Interesse am Bewerber wecken und den zukünftigen Ausbildungsbetrieb überzeugen. Besonders wichtig sind praktische Erfahrungen und Kenntnisse, die nach Möglichkeit im Zusammenhang mit dem anzustrebenden Ausbildungsberuf stehen sollten. Die sonstigen Aktivitäten beweisen dein Engagement und Interesse in anderen Bereichen.

Lebenslauf

Zur Person	
Name:	Barbara Schulte
Anschrift:	Musterstraße 2b 30519 Hannover Tel.: 0511/12345 Email: barbara.schulte@internet.de
Geburtsdatum/-ort:	03. Jan. 1999 in Hannover
Eltern:	Hergen Schulte, Anlagenelektroniker Waltraud Schulte, geb. Mais, Floristin
Geschwister:	Sven, 10 Jahre
Schulbildung	
Grundschule:	2005-2009 Grundschule Hahnwald, Hannover
Realschule:	Seit 2009 Johann Heinrich Pestalozzi Oberschule, Hannover
Lieblingsfächer:	Deutsch, Kunst, Sport
Schulabschluss:	Voraussichtlich Realschulabschluss im Juli 2015
Arbeitsgemeinschaften:	Cafeteria
Praktika	
Tagespraktika:	2013/14 als Friseurin bei Salon Schnittig in Hannover
Betriebspraktikum:	03.02.-14.02.2014 als Bürokauffrau bei Kowadis AG in Hannover
Freiwilliges Praktikum:	07.04.-12.04.2014 als Sport- und Fitnesskauffrau bei Trimmfit in Hannover
Besondere Kenntnisse	
Sprachkenntnisse	Englisch-Schulkenntnisse
PC-Kenntnisse	vertiefende EDV-Kenntnisse in MS Word und Excel
Sonstige Aktivitäten	
Hobbys:	Standardtänze, Tanzchoreographien erstellen Sammeln von Postkarten
Ehrenamtliche Tätigkeiten:	Mitarbeit als Jugendtrainerin in der Tanzabt. des Schwarz-Weiß Hannover

Barbara Schulte

Hannover, 25.06.2014

Wie wählen Betriebe Bewerber aus?

Zuerst erfolgt die Sichtung und Bewertung der Bewerbungsunterlagen. Neben Kopf- und Zeugnisnoten sind z. B. Angaben zu Fehlzeiten und Angaben im Berufswahlpass über praktische Erfahrungen aufschlussreich.

Danach wird entschieden, welche Bewerber in das weitere Verfahren einbezogen werden. Oft kommen Testverfahren zum Einsatz. Teilweise werden diese (siehe Folgeseiten) zusammen mit dem Vorstellungsgespräch durchgeführt.

Checkliste – Inhalt des Lebenslaufs

1. Aktuelles Bewerbungsfoto vom Fotografen erstellen lassen und oben rechts auf den Lebenslauf aufkleben oder auf ein extra gestaltetes Deckblatt.

Zur Person:

2. Namen mit Anschrift und erreichbarer Telefonnummer aufführen, seriöse E-Mail mit dem eigenen Vor-/Nachnamen verwenden.
3. Angaben zu Eltern und Geschwistern sind freiwillig, werden aber von Betrieben gewünscht, wenn du noch nicht volljährig bist.
4. Religionszugehörigkeit nur erwähnen, falls vom Betrieb gewünscht, Staatsangehörigkeit nur angeben, wenn man keine deutsche Staatsangehörigkeit besitzt.

Schulbildung:

5. Überblick aller besuchten Schulen mit zeitlicher Reihenfolge, Ort und Schulabschluss aufführen.

Praktika:

6. Überblick aller Kontakte zur Arbeitswelt mit zeitlicher Reihenfolge, Beruf und Ort benennen.

Besondere Kenntnisse:

7. Zähle hier Kenntnisse, Hobbys, Tätigkeiten auf, die eine Eignung für den Ausbildungsplatz verdeutlichen.
8. Ort, Datum, eigenhändige Unterschrift.

1 Sucht in Partnerarbeit die Inhalte der Checkliste aus dem Muster-Lebenslauf heraus.

2 Erstelle deinen Lebenslauf in tabellarischer Form. Vertiefend könnt ihr auch den **WEBCODE** nutzen.

WEBCODE: WI650125-069

4 Wie läuft die Vorstellung ab?

Eine Einladung zum Vorstellungsgespräch zeigt, dass die Bewerbungsunterlagen überzeugten. Jetzt kann der gute Eindruck verstärkt werden. Das Vorstellungsgespräch ermöglicht dem Personalverantwortlichen im Betrieb, einen persönlichen Eindruck zu erhalten, die Einstellung zur Arbeit sowie das Interesse am Beruf herauszufinden.

- Erscheint pünktlich, mit sauberer und ordentlicher Kleidung, die zum zukünftigen Arbeitsbereich passt.
- Tretet freundlich und selbstsicher auf und beachtet die Umgangsformen.
- Bereitet das Vorstellungsgespräch gründlich vor. Notiert euch Fragen. Bringt diese zum Gespräch mit.
- Informiert euch vor dem Gespräch über den Ausbildungsberuf und das Unternehmen.
- Beantwortet im Gespräch die Fragen freundlich, ehrlich und offen.
- Verdeutlicht euer Interesse, indem ihr selbst Fragen zur Ausbildung im Betrieb stellt.

Zusage erhalten: Was tun?

Entscheidet euch zügig. Nach der Unterschrift unter den Vertrag: Informiert Betriebe, bei denen ihr euch auch beworben habt, darüber, damit Mitbewerber zum Zuge kommen können.

... und bei einer Absage?

Nicht verzweifeln! Das geht vielen ebenso. Auch Glück gehört dazu!

Telefonisch nach Gründen fragen, um daraus für zukünftige Bewerbungen zu lernen.

Was Mustafa gefragt wurde

Typische Fragen an einen Bewerber:

Bewerbungsgründe

Warum möchten Sie Koch lernen?
Welche Berufe hatten Sie noch im Blick?
Warum haben Sie sich bei uns beworben?
Was wissen Sie über diesen Beruf?
Was wissen Sie über unser Unternehmen?

Schule und beruflicher Werdegang

Wie kommen Sie mit Lehrern/Mitschülern aus?
Warum haben Sie im Fach ... eine schlechte/ gute Note?
Haben Sie schon mal ein Praktikum in der Küche gemacht? Kochen Sie zu Hause?

Persönlicher und familiärer Hintergrund

Warum glauben Sie, dass Sie für diesen Beruf geeignet sind? Warum sollen wir Sie einstellen?
Erzählen Sie uns etwas über sich!
Was sind Ihre Stärken/Schwächen?
Wie reagieren Sie auf Kritik/Termindruck?
Welche Hobbys haben Sie?
Was möchten Sie in fünf Jahren erreichen?

Gesundheit

Wie gewöhnt sind Sie an körperliche Arbeit?
Haben Sie Lebensmittelallergien?

Allgemeinbildung

Verfolgen Sie das politische Tagesgeschehen?
Wie heißt unser Bundeskanzler?
Wie stehen Sie zu ... (aktuelles gesellschaftliches Thema, z. B. Klimapolitik)?

Was Mustafa fragte

Kann ich Einblick in die Küche bekommen?
Könnte ich mal eine Schicht mitarbeiten?
Wie viele Auszubildende haben Sie?
Wegen der Entfernung kann ich nicht zu Hause wohnen. Ist ein Personalzimmer verfügbar?
Wie stehen die Chancen, nach der Ausbildung übernommen zu werden?

1 Interviewt Auszubildende zu Erfahrungen mit Bewerbungen und Vorstellungen. Entwickelt dafür einen Fragebogen.

2 Erstellt mithilfe der **Methode Tischset**, S. 181, einen Fragenkatalog, den ihr im Vorstellungsgespräch nutzen könnt.

3 Erprobt in Gruppenarbeit ein Vorstellungsgespräch im Rollenspiel: Personalchef/-in; Bewerber/-in. Passt dazu den Fragenkatalog für Mustafa an.

5 Einsatz von Testverfahren

Wer zum Test eingeladen wird, gehört zum engeren Kreis der Bewerber – ein erster Erfolg!

Warum testen Unternehmen?

Sie wollen die Eignung eines Bewerbers feststellen. Die Interessen, Einstellungen und Lernvoraussetzungen sollen den Anforderungen, die ein Unternehmen an Auszubildende stellt, entsprechen. Der Bewerber soll auch von seiner Persönlichkeit her zum Unternehmen passen.

Ziele und Inhalte der Tests sind meist auf die Anforderungen der Berufsarbeit abgestellt.

Oft erhalten Ausbildungsbetriebe eine große Anzahl von Bewerbungen. Viele Bewerber bleiben unberücksichtigt, weil die Schulnoten nicht den Mindestanforderungen entsprechen. Alle anderen werden zum Test eingeladen, um in kurzer Zeit begründet auswählen zu können.

Schulnoten sagen den Personalchefs zu wenig über die Leistung aus. Sie sind auch zwischen Klassen wenig vergleichbar. Hinzu kommt, dass Berufsarbeit auch Voraussetzungen fordert, über die Noten nichts aussagen, z. B. räumliches Vorstellungsvermögen, handwerkliches Geschick und Teamfähigkeit.

Verschiedene Testarten

Berufs- und Leistungstests

Wissenstests, z. B. Rechtschreibung, Grundrechenarten, Bruch- und Prozentrechnung
Konzentrationstests, die Leistungen unter Zeitdruck, Ausdauer und Belastbarkeit testen

Intelligenztests

Diese berücksichtigen Stärken und Schwächen bei beruflichen Anforderungen, wie Sprachgefühl, z. B. einen Aufsatz schreiben zur Einschätzung der Ausdrucksfähigkeit, logisches Denken und räumliches Vorstellungsvermögen.

Fertigkeitstests

Z. B. Handgeschick beim Biegen einer Figur aus Draht. Arbeitsproben sagen auch etwas über Sorgfalt und Genauigkeit bei der Arbeit aus.

Persönlichkeitstests

verdeutlichen persönliche Eigenschaften.
Manchmal wird ein Problem für eine Gruppe von Bewerbern zur Diskussion gestellt. Dabei soll das Verhalten des Einzelnen in der Gruppe beobachtet werden. Man nennt solche Eignungstests **Assessment-Center** (assessment = Einschätzung, Bewertung; s. **Methode**, S. 78). Die Beobachter schätzen ein, wie sich der Einzelne den anderen gegenüber verhält, wie aktiv er sich beteiligt, ob er den Gruppenleiter spielt, ob er sich zurückzieht. Es erfolgt eine Bewertung zur Kommunikations- und Teamfähigkeit.

Tipps zu Eignungstests

- Gut ausgeschlafen sein, keine Aufputschmittel nehmen.
- Persönliches Arbeitstempo wählen. Ausnahme: Aufgaben, die ein hohes Tempo fordern.
- Lieber Aufgaben richtig lösen als alle bearbeiten. Meist sind nicht alle zu schaffen.
- Nicht an einer Aufgabe hängen bleiben, wenn sie nicht gelöst werden kann.
- Wer bei Aufgaben, bei denen Zutreffendes anzukreuzen ist, keine richtige Antwort weiß, sollte auf gut Glück ankreuzen.

Grenzen von Testergebnissen

- Testergebnisse gelten nur für die Fähigkeiten, welche die Testaufgaben messen können. Damit wird wenig über Charaktereigenschaften ausgesagt, z. B. Hilfsbereitschaft.
- Getestet wird der jeweilige Entwicklungsstand. Bei Jugendlichen können sich Kenntnisse, Fertigkeiten und Fähigkeiten schnell verändern.
- Die Ergebnisse ermöglichen Hinweise darauf, woran der Einzelne noch arbeiten muss. Deshalb solltet ihr bei Absagen näher nach den Gründen fragen.

Assessment-Center für eine Ausbildungsstelle zum/zur Mediengestalter/-in

1 Befragt Auszubildende und Schüler der 11. Klassen zu ihren Erfahrungen mit Tests.

2 Beurteilt folgende Fälle in Gruppenarbeit:
A: NADINE wird zum Eignungstest eingeladen. Am Abend vorher hat sie Lampenfieber und schläft dann schlecht. Die Eltern sagen: „Nimm dich zusammen!" NADINE kann sich beim Test kaum konzentrieren. Dieser besteht auch aus Rechtschreibung und Mathematik. Später erfährt sie, dass sie da viele Fehler machte. In der Schule hatte sie gute Noten. DENNIS, ein unbekümmerter Typ, der in Rechtschreibung und Mathematik eine „3" hat, bekam den Ausbildungsplatz.

B: Klassentreffen nach 20 Jahren: „Hallo JONAS, dich erkennt man ja kaum wieder", begrüßt ihn SILVIA. „Ja, mir geht's prima. Hab einen interessanten Job als Werkleiter. ... Ich bekam nach dem 10. Schuljahr den Dreh und bin später Ingenieur geworden."
„Kaum zu glauben", denkt Lehrer SCHMUDE. „Ein guter Schüler war der wirklich nicht. Nach dem 10. Schuljahr bekam er keine Ausbildungstelle und ist weiter zur Schule gegangen."

3 Bereite dich auf Eignungstests vor. Löse die folgenden Beispielaufgaben aus Tests (S. 73 ff.) oder suche solche im Internet; Suchbegriffe: Eignungstest, Berufseignungstest. Nutze dazu auch den **WEBCODE**.

6 Beispielaufgaben zu Eignungstests

A1 Teste dein Wissen

Rechnen

Für zwei Textaufgaben hast du sieben Minuten Zeit.

1. Die Maße eines Hohlraumes betragen 4 m Länge, 20 cm Breite und 15 cm Höhe. Wie viel Kubikdezimeter hat der Hohlraum?

2. Ein Seil von 90 m Länge ist so zu zerschneiden, dass das eine Stück $^{2}/_{3}$ der Länge des anderen beträgt. Wie lang ist das kürzere Stück Seil?

Hinweis: Alle Lösungen stehen auf S. 189

Rechtschreibung

Welche Schreibweise ist richtig?
Beispiel: a) Stadtverkehr b) Stattverkehr
Lösung: a)

1 a) entgültig b) endgültig
2 a) Alphabet b) Alfabeth
3 a) Ökonnomie b) Ökonomie
4 a) Achzig b) Achtzig
5 a) Kläranlage b) Kleranlage
6 a) Einchecken b) Einjecken
7 a) schmincken b) schminken

A2 Teste deine Konzentration

Karteikarten sortieren

Ordne die Kundennamen den Karteikästchen zu. In der Abbildung siehst du ein Karteikastenschema. Nenne für jeden Kundennamen die Nummer des Karteikastens, in den der Name eingeordnet werden muss.

1. Michels
2. Rosenberg
3. Luetgen
4. Bschorden
5. Slevgat
6. Paetzold
7. Glimmer
8. Klatten
9. Mylental

Aa–Al 1	Am–Az 2	Ba–Bi 3	Bj–Br 4	Bs–Bz 5
Ca–Cza 6	Da–Dk 7	De–Dz 8	Ea–Ek 9	El–Ez 10
Fa–Fr 11	Fs–Fz 12	Ga–Go 13	Gp–Gz 14	Ha–Hj 15
Hk–Hz 16	Ia–Iz 17	Ja–Jz 18	Ka–Ko 19	Kp–Kz 20
La–Le 21	Lf–Lz 22	Ma–Me 23	Mf–Mo 24	Mp–Mz 25
Na–Nk 26	Nl–Nz 27	Oa–Oz 28	Pa–Pp 29	Pr–Pz 30
Qua–Quz 31	Ra–Rz 32	Sa–Si 33	Sj–Ss 34	St–Sz 35
Ta–Ti 36	Tj–Tz 37	U–V 38	Wa–Wz 39	X–Y–Z 40

Buchstaben durchstreichen

Alle d, die zwei Striche haben, müssen durchgestrichen werden.
Dabei geht es um folgende d: d d d
d, die mehr oder weniger als zwei Striche haben (oben/unten), dürfen nicht durchgestrichen werden, ebenso wenig wie alle b und q.
Für folgende Zeilen hast du zwei Minuten Zeit.

1. d b q d b q d q d q d q b b b
2. d b d b d b d b d b d b d b d
3. b d b d b d b q d q d q d q d
4. q d q b d d d d d b d d d d d
5. d d d b q d d d d d d d d d q

Rechenkonzentration

Bei folgenden Aufgaben wird die obere Zeile zuerst ausgerechnet. Das Ergebnis darf nicht aufgeschrieben werden, sondern muss „im Kopf behalten" werden. Nun ist die untere Zeile auszurechnen und auch dieses Ergebnis zu merken. Jetzt gilt die folgende Regel: Stets ist die kleinere Zahl von der größeren abzuziehen, und nur dieses Ergebnis ist aufzuschreiben. Es dürfen keine Nebenrechnungen aufgeschrieben oder sonst irgendwelche Notizen gemacht werden.

Beispiel: 2 + 8 – 7
4 + 5 – 2

Lösung: 4

Obere Zeile: Ergebnis 3
Untere Zeile: Ergebnis 7

$7 - 3 = 4$

Nur die 4 darf als Lösung hingeschrieben werden.

Für die folgenden vier Aufgaben hast du zwei Minuten Zeit:

a) $5 - 2 + 9$
$4 + 8 + 6$

b) $9 - 5 + 7$
$4 + 3 + 6$

c) $2 + 8 - 7$
$6 - 5 + 9$

d) $8 - 3 + 7$
$9 - 5 + 3$

Genaues Beobachten

Schau doch bitte mal diese drei Gesichter genauer an.

Zwei sind gleich, das dritte unterscheidet sich von den beiden anderen deutlich in einem Detail (Veränderung, Hinzufügung, Weglassung). **Lösung:** b (der Mund)

Löse in einer Minute möglichst viele Aufgaben.

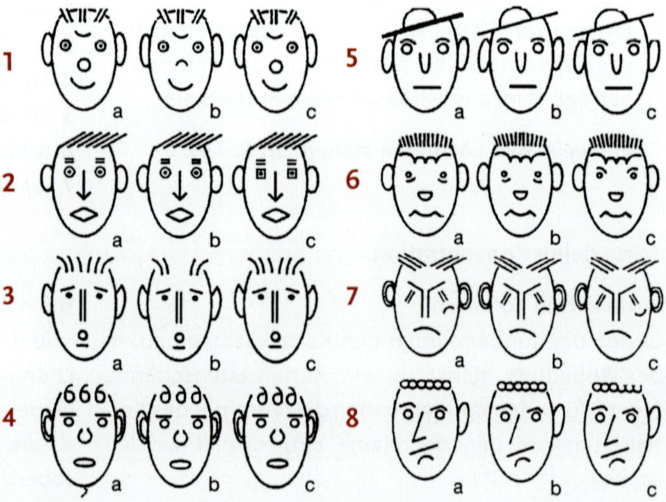

A3 Teste dein logisches Denkvermögen

Zuordnung

Welcher Dominostein aus der rechten Lösungsgruppe in der folgenden Abbildung passt in die linke Dominogruppe? Gesucht wird der Stein, der durch seine Punktzahl oben und unten die linke Dominogruppe sinnvoll ergänzt.

Dazu ein Beispiel (rechts oben):
Jede Reihe Dominosteine hat die Kombination 4-2, 2-4 und einen 0-0-Stein.
Diese Steinkombination wird lediglich unterschiedlich angeordnet. In der ersten Reihe ist der 0-0-Stein in der letzten Position, in der zweiten Reihe in der ersten, in der dritten Reihe in der mittleren Position. (Lösung: e)
Für die nebenstehende, untere Aufgabe hast du 1,5 Minuten Zeit.

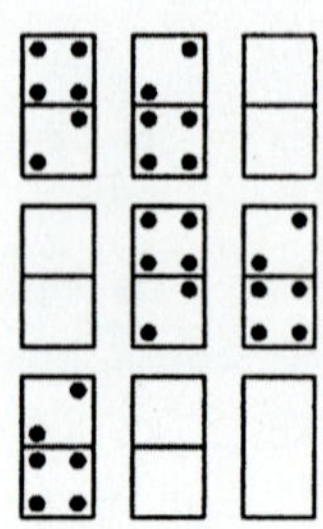

Beispiel

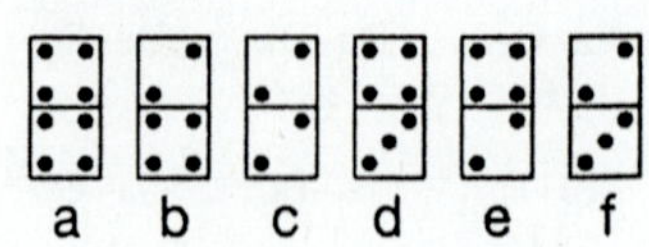

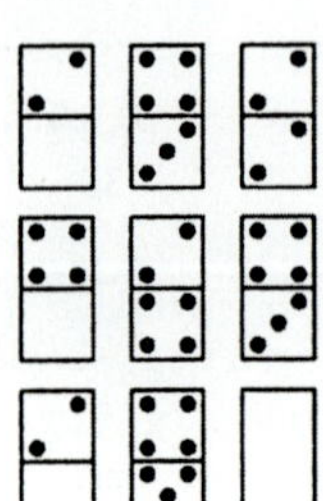

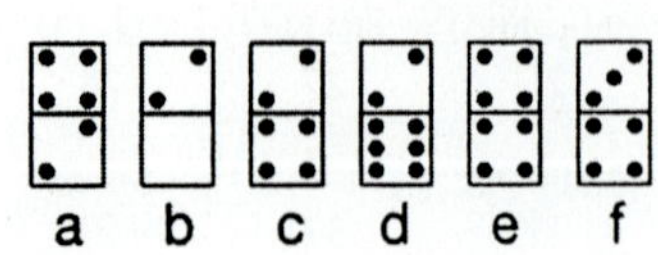

Wortbedeutungen

Hier geht es darum, Wörter zu finden, die in der Bedeutung ähnlich bzw. gleich sind.

Beispiel: **Fahrzeug**
a) Karre
b) Feuerzeug
c) Flugzeug
d) Zeughaus
e) Automobil
f) Roller

Lösung: e)

Für zwei Aufgaben hast du eine Minute Zeit.

1. absurd
a) Theater
b) ungeschickt
c) abstrakt
d) unverständlich
e) widersinnig

2. Delikt
a) Delikatesse
b) Vergehen
c) Überbleibsel
d) Beschlagnahme
e) Gerichtsverhandlung

Wortverhältnisse

In den folgenden Sätzen fehlen jeweils das Anfangs- und das Endwort. Deine Aufgabe ist es, die Sätze mithilfe der aufgeführten Lösungsvorschläge so zu ergänzen, dass sie einen logischen Sinn erhalten.
Beispiel:
... verhält sich zu groß wie Maus zu ...

1 Fernsehen	A hässlich
2 Elefant	B klein
3 Zeitung	C voll
4 Tasche	D langsam

Nur die Wörter „Elefant" und „klein" ergänzen den Satz sinnvoll. Die richtige Lösung ist 2B.
Für zwei Aufgaben hast du zwei Minuten Zeit.

a) ... verhält sich zu faul wie tapfer zu ...

1 dumm	A treu
2 fleißig	B feige
3 sorgsam	C schwach
4 fett	D mutig

b) ... verhält sich zu Neujahr wie Nacht zu ...

1 Weihnachtsfest	A Zeit
2 Silvester	B Sterne
3 Jahresende	C Morgen
4 Anfang	D Tag

Nach: ***Wirtschaftswoche***
Januar 1996

A4 Mechanisch-technisches Verständnis

Welche zwei Räder drehen sich in derselben Richtung wie das Antriebsrad?

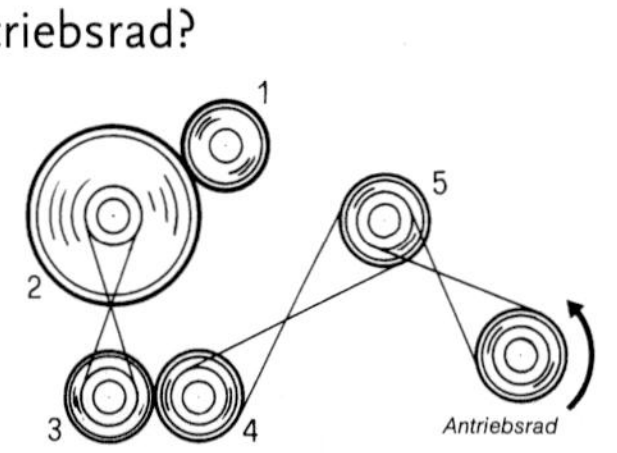

Antworten:
- 1 und 3
- 3 und 4
- 5 und 3
- 4 und 2
- 4 und 1

Aus welchem Schlauch wird das Wasser mit dem stärksten Druck herausfließen?
Besteht kein Unterschied, so markiere „D".

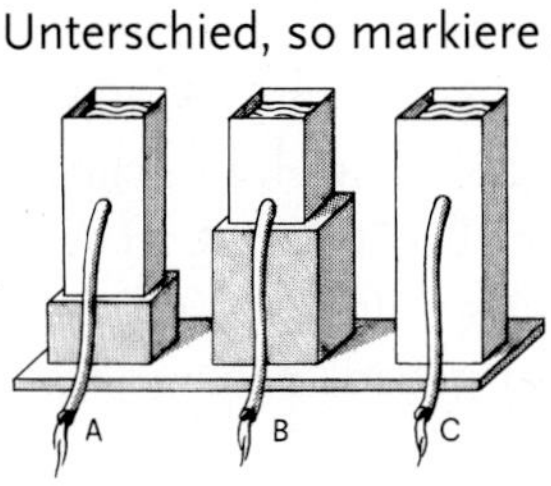

Welches der beiden Schiffe hat mehr geladen? (Beide Schiffe sind gleich groß.)
Besteht kein Unterschied, so markiere „C".

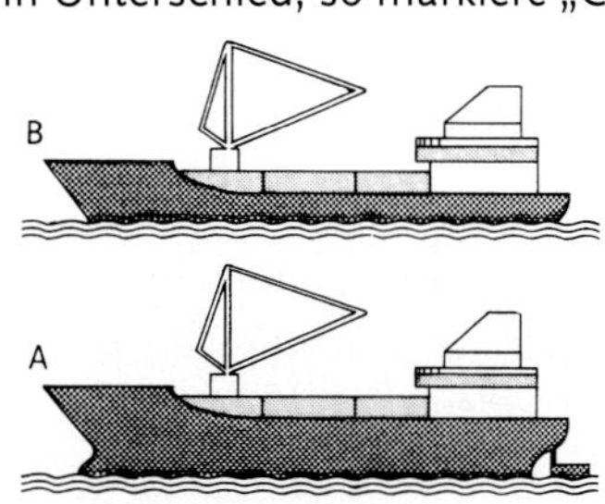

Welches Fass ist das schwerste?
Sind alle Fässer gleich schwer, so markiere „D".

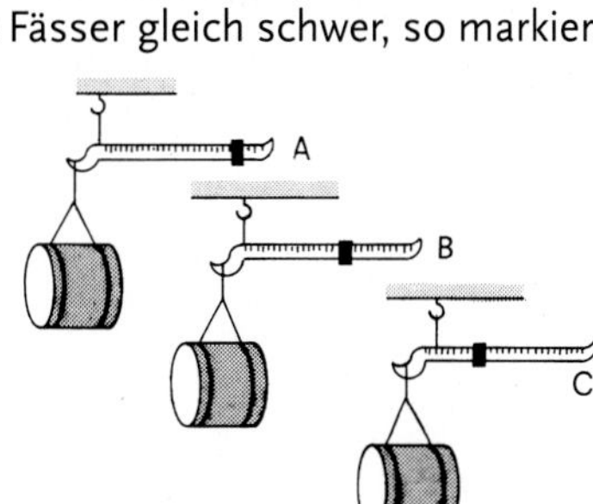

7 Weiterführendes Material

M1 Der Kompetenzstern zur persönlichen Einschätzung

1 Wie gut ist es dir gelungen, Menschen am Praxisplatz anzusprechen?
2 Wie gut hast du die Aufgabenstellung verstanden?
3 Wie selbstständig hast du die Aufgaben gelöst?
4 Wie hoch war deine Motivation?
5 Wie viel Neues hast du erfahren?
6 Wie kreativ warst du bei der Arbeit?

*Nach **Andrea Griese-Pelikan** (Hg.): Projektverbund Praxislernen. Handreichung zum Praxislernen, Potsdam 2006, S. 22ff.*
www.praxislernen.de/content/pdf/handreichung.pdf (17.11.2013)

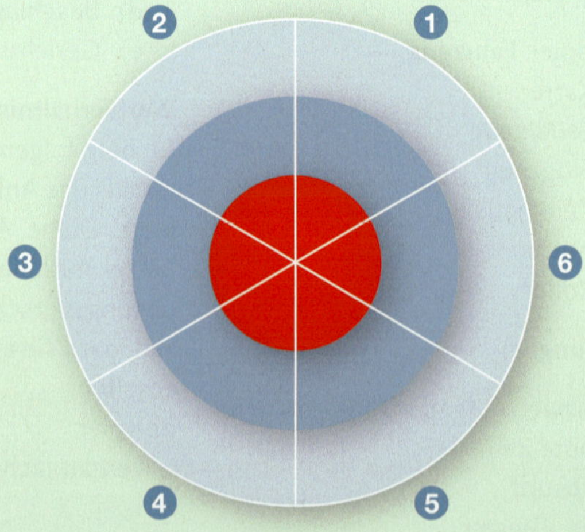

M2 Beispiele für Fragestellungen zur Entwicklung von Praxislernaufgaben

Praxisplatz: *Zoohandlung*
Viele Kunden der Zoohandlung möchten gern ein Haustier kaufen, wissen aber nicht ..., was sie im alltäglichen Umgang mit dem Tier beachten müssen. Wie kann man ihnen weiterhelfen?

Mögliche Bearbeitungsschritte
- Wähle ein Tier aus dem Angebot deines Praxisbetriebes aus und sammle Informationen über die Pflege, Ernährung und Haltung.
- Erarbeite gemeinsam mit einem Mitschüler ein Verkaufsgespräch (Rollenspiel), in dem du einem Kunden alles Wissenswerte über die Haltung dieses Haustieres erläuterst.

Fertige eine Mind Map zum Thema Haustiere an. Entwickle daraus eine Sammlung von Fragen, die dir zum Thema Haustiere einfallen. (Du musst diese nicht beantworten können!)

Praxisplatz: *Friseur*
Friseurläden haben Preislisten, auf denen steht, was ... Dienstleistungen kosten.
Kann eine Inhaberin/ein Inhaber so viel verdienen, dass sie/er davon leben kann?

Mögliche Bearbeitungsschritte
Erstelle eine Liste der Dienstleistungen, die im Praxisbetrieb erbracht werden. Füge die Preise hinzu.
- Erstelle eine Liste von möglichen Ausgaben des Salons, z. B. Kosten für Wasserverbrauch. Frage die Inhaberin/den Inhaber des Salons, wie viel Geld monatlich für die Positionen aufgebracht werden muss.
- Addiere alle Ausgaben.
- Stelle eine Modellrechnung auf: Wie viele Kunden müssen im Monat mit welchen Leistungen bedient werden, um die Summe der Ausgaben zu verdienen? Z. B. 10 Kunden/Tag, die sich für je 30 € die Haare schneiden lassen, erbringen bei 20 Tagen, an denen der Salon monatlich geöffnet ist, 6000 €.
- Vergleiche Ausgaben und Einnahmen.

Praxisplatz: *Baumarkt*
Viele Baumärkte bieten Kunden die Möglichkeit, Holz zuzuschneiden. Wozu wird dieses benötigt und was ist dabei zu beachten?

Mögliche Bearbeitungsschritte

- Begleite einen Tag lang die Mitarbeiterin/den Mitarbeiter, die/der Zuschnitte vornimmt.

  Dokumentiere die Arbeitsschritte beim Holzzuschnitt mit Fotos.

- Klebe die Fotos auf ein Plakat und beschrifte die einzelnen Schritte.
- Befrage die Mitarbeiterin/den Mitarbeiter, wozu die Kunden die Zuschnitte am häufigsten benötigen.
- Stelle die Ergebnisse in einem Diagramm dar.
- Berechne für eine Platte Holz von 2,80 m mal 2,10 m, wie viele Platten von 30 cm mal 65 cm sich daraus schneiden lassen.
  Nimm ein DIN-A4-Blatt und stelle die Zuschnitte im Maßstab 1 : 10 dar.

*Nach **Projektverbund Praxislernen** Potsdam 2011, www.praxislernen.de ▶ Download ▶ Information (17.11.2013)*

M3 Quellen für Informationen zum Berufswahlprozess

- **Arbeitgeberverbände**
  Beispiele: Gesamtmetall mit Infos zu Berufen der Metall- und Elektroindustrie
  www.me-vermitteln.de (17.11.2013) und
  www.it-berufe.de (17.11.2013)
- **Bundesagentur für Arbeit (Hg.)**
  www.arbeitsagentur.de ▶ berufeTV ▶ berufeNET (17.11.2013)
  Welche Berufe passen zu dir? Check deine Talente. *www.planet-beruf.de* ▶ Schüler ▶ Meine Talente ▶ BERUFE-Universum
- **Bundesinstitut für Berufsbildung**
  www.bibb.de ▶ Berufe ▶ Neue und modernisierte Berufe (17.11.2013)
- **Bundesinstitut für Berufsbildung**
  Sammlung von bewerteten Internetangeboten zum Thema „Informationsquellen für Jugendliche"
  www.bibb.de/ ▶ Berufe ▶ Informationen für Jugendliche (17.11.2013)
- **Bundes-/Landesministerien für Schule/Bildung**
  www.bildungsserver.de ▶ Übergreifende Informationen ▶ Landesbildungsserver (17.11.2013)
- **Gewerkschaften**
  DGB und Einzelgewerkschaften wie IG Metall, Infos über Berufe und Rechte Auszubildender
  www.dgb.de ▶ Über uns ▶ Gewerkschaften im DGB
  www.dgb-jugend.de ▶ Schule ▶ Berufsorientierung ▶ 150 Ausbildungsberufe (17.11.2013)
- **Industrie- und Handelskammern/ Handwerkskammern**
  Internetangebote; Verzeichnis ausbildender Unternehmen, Ausbildungsberater
  www.dihk.de ▶ IHK-Finder (17.11.2013)
  www.zdh.de ▶ Handwerksorganisationen ▶ Handwerkskammern (17.11.2013)
- **Beruf Aktuell: Lexikon der Ausbildungsberufe**
  http://www.arbeitsagentur.de/zentraler-Content/Veroeffentlichungen/Ausbildung/Lexikon-Ausbildungsberufe.pdf (17.11.2013)
- **Wirtschaftsgesellschaft des Kraftfahrzeuggewerbes** mit Infos zu Berufen rund um das Auto
  www.autoberufe.de (17.11.2013)

Methode Assessment-Center

Darum geht es

- Anforderungen, die Betriebe an Bewerber stellen, werden euch verdeutlicht.
- Als Lernende bekommt ihr einen Eindruck über die Wichtigkeit von Schlüsselqualifikationen.
- Dadurch, dass Situationen, wie sie bei einem Bewerbungsverfahren vorkommen können, nachgestellt werden, erschließen sich euch diese Erfahrungsfelder und fördern eure Sicherheit im Verhalten.
- Die unterschiedliche Rolle als Bewerber und die des Personalverantwortlichen bei Bewerbungsverfahren kann hinterfragt werden.

Ein Assessment-Center wird bei Einstellungsverfahren verwendet, um passende Mitarbeiter oder Auszubildende zu finden.
Ihr könnt hier anhand einer typischen Aufgabe ausprobieren, wie so etwas durchgeführt werden kann.

So läuft es ab

Vorbereitung

Für das Assessment-Center einschließlich Nachbesprechung sollte eine Doppelstunde eingeplant sein.
Ihr solltet ehrlich im Klassenverband darüber sprechen, dass hier nur erkennbares Verhalten sowie Aussagen von Bewerbern im Mittelpunkt stehen.
Besprecht mit eurem Lehrer genau, was Verhalten ist, und überlegt gemeinsam, wie ihr Verhalten schriftlich festhalten könnt.

- Beispiel: Kolja unterbricht und lässt die anderen nicht ausreden.
- Beispiel: Kolja bringt begründet verschiedene Vorschläge ein.

Lest euch die Aufgaben zum Assessment-Center genau durch und besprecht Unklarheiten.
Bildet 5er-Gruppen. In jeder Gruppe muss einer der Beobachter sein, die anderen sind die Bewerber.
Wenn die Schülerzahl nicht aufgeht, sind auch drei Schüler pro Bewerberteam möglich.
Bildet Gruppentische mit möglichst viel Abstand voneinander. Eventuell könnt ihr auch auf andere Räume ausweichen.
Bereitet euer Material vor und verteilt es auf die Teams (siehe Übersicht Folgeseite).

Durchführung

Diese erfolgt nun immer im jeweiligen Team!
Der Beobachter liest die Aufgabe vor und ihr besprecht auftretende Fragen, evtl. auch mit dem Lehrer. Es ist wichtig, dass ihr alle die Aufgabe versteht.
Die Bewerber führen die Aufgabe durch, weder der Beobachter noch der Lehrer mischen sich in die Durchführung der Aufgaben ein.
Der Beobachter macht sich Notizen.
Ist die Bearbeitungszeit abgelaufen, beendet der Beobachter die Aufgabenbearbeitung seines Teams, auch wenn nicht alles erledigt wurde.
Die Beobachter teilen ihrem Team freundlich und ohne persönliche Bewertung mit, was sie beobachtet haben und wie sie die Situation gesehen haben.
Wichtig ist, dass sich die Bewerber nicht angegriffen fühlen und beleidigt reagieren.

Auswertung

Besprecht im Klassenverband eure Beobachtungen.
Was sind Verhaltensweisen, die euch weiterhelfen bei einer Bewerbung? Welche solltet ihr ändern?
Besprecht Ideen, wie man seine Kompetenzen verbessern könnte.
Wie haben sich die Bewerber gefühlt? Was war schwer, was war einfach?

TIPP:

Setzt euch selbst einfache und klar erkennbare Ziele, z. B. „Ich lasse andere in Diskussionen aussprechen.“. Sucht euch jemanden, der über einen Zeitraum auf eure Bemühungen achtet, und bittet um Rückmeldung.

Übersicht und Aufgaben zum Assessment-Center

Material pro Gruppe:
Dieses Schülerbuch mit Arbeitsanleitung und Schreibmaterial (Block und Stifte), Präsentationsmaterialien wie Plakate, farbige Filzstifte/Marker, Tafel, Magnete, verschiedenfarbige Moderationskarten, Karteikarten, Klebstoff, Schere usw.

Lehrer:
Die Lehrkraft stellt sicher, dass alle die Aufgaben verstanden haben. Sie hilft nicht bei der Durchführung. Sie bricht aber die Beobachtung ab, wenn die Durchführung aus mangelndem Arbeitsverhalten unmöglich erscheint.

Beobachter:
Stell dir vor, du wärst der Chef und würdest einen geeigneten Mitarbeiter für deine Firma suchen.
Du hast die Aufgabe, das Team zu beobachten und dabei Notizen anzufertigen.
Dabei ist besonders wichtig, dass du unterscheidest zwischen Dingen, die du siehst bzw. hörst, und Dingen, die du nur vermutest.

Beispiel: Wenn jemand eine Grimasse zieht, siehst du das, weißt aber nicht genau, was er damit meint. Wenn jemand aber sagt, er habe keine Lust, dann ist das eine eindeutige Äußerung, die du entsprechend notieren solltest.

Du kannst natürlich nicht alles, was die Bewerber bei ihrer Aufgabe tun, notieren. Du hast aber die wichtige Aufgabe, möglichst viel von dem, was sie an Verhalten zeigen oder nicht zeigen, zu entdecken und in Stichworten aufzuschreiben.
Dinge, die jemand mehrfach macht, kannst du auch einfach mit Ausrufezeichen kennzeichnen, dann hast du nicht so viel Doppeltes aufzuschreiben.
Nimm dir vor der Beobachtung ein Blatt, das du in vier Kästchen einteilst. Schreibe in jedes Kästchen einen Bewerbernamen. Nun hast du eine gute Übersicht für deine Beobachtungsnotizen.

Denke daran: Es geht nicht darum, beleidigende oder peinliche Dinge an deinen Mitschülern zu entdecken, zu bewerten und öffentlich zu machen.

Nina	*Tom*
Esra	*Julius*

Wenn ihr im Team zusammen seid, liest du (der Beobachter) die Einführung vor:

Bei eurer Aufgabe geht es darum, dass ihr zeigt, wie ihr im Team arbeitet. Ich beobachte euch und achte darauf, wie ihr miteinander sprecht, euch gegenseitig zuhört oder kritisiert. Es geht auch darum, dass ihr zeigt, wie eure Arbeitsplanung aussieht, also wer welche Aufgaben übernimmt und ob eure Zeitplanung gelingt. Schließlich präsentiert ihr eure Resultate und könnt zeigen, wie ihr eure Arbeitsergebnisse darstellt und eure Körpersprache einsetzt.

Bewerberauftrag:
Ihr sollt eine Party für euren Schulabschluss planen.

Bedenkt dabei, was es alles geben soll (Essen, Trinken, Musik usw.), welche Kosten entstehen würden und wie ihr die Kosten decken könntet.

Präsentiert eure Partyplanung und nutzt dafür das vorhandene Material.

Jeder soll einen Teil präsentieren.

Für Ausarbeitung und Präsentation stehen euch 40 Minuten zur Verfügung.

Berufliche Ausbildung und Weiterbildung

1 Ausbildungsplatz oder weiter zur Schule?

Ein Teil von euch strebt nach der 10. Klasse ins Berufsleben, andere gehen weiter zur Schule, um die Hochschulreife zu erlangen. Es gibt verschiedene Wege:

- die duale Ausbildung durch Betrieb und Schule,
- berufsqualifizierende Bildungsgänge im Vollzeitunterricht an einer berufsbildenden Schule,
- besondere Bildungsgänge an der beruflichen Schule, die auf eine Berufsausbildung oder ein Arbeitsverhältnis vorbereiten oder für einen Beruf qualifizieren.

Ihr erhaltet auch Informationen zur Bedeutung der Weiterbildung.

Teilt die angestrebten Bildungsgänge der Jugendlichen ein nach den Abschlussarten:
- berufsqualifizierend,
- berufsvorbereitend und
- weiterführend allgemeinbildend.

Das könnt ihr lernen

Ihr könnt
- euch damit auseinandersetzen, wie ihr eure Berufswahlperspektiven verbessern könnt.
- Berufsbildungsgänge nach Voraussetzungen und Abschlüssen unterscheiden.
- Aufgaben von Schule und Betrieb bei der Ausbildung begründen.
- Voraussetzungen, Möglichkeiten und Bedeutung des Studiums beschreiben.
- die Bedeutung von Weiterbildung begründen.

2 Berufliche Bildungsgänge

Eure Möglichkeiten nach der allgemeinbildenden Schule hängen vom erreichten Schulabschluss, den eigenen Interessen und dem Angebot an qualifizierten Ausbildungsstellen ab. Dazu könnt ihr eine berufsbildende Schule besuchen.

Berufsschule (BS) im dualen System
Sie ist für Auszubildende, die eine Berufsausbildung (siehe Folgeseiten) absolvieren. Die BS vermittelt allgemeinbildende und berufsbezogene Ziele. Die Ausbildung in Schule und Betrieb dauert 2 bis 3½ Jahre. Der Abschluss kann als gleichwertig mit einem allgemeinbildenden Abschluss, z. B. Realschulabschluss, anerkannt werden.

Berufsfachschule (BFS)
Sie setzt den Hauptschulabschluss voraus. Die Berufsbildung findet in der Schule statt, schließt aber Praktika ein. Wichtige Formen sind die
- einjährige BFS, Berufsgrundbildung;
- zweijährige und dreijährige BFS, die teilweise (mit Praktika) einen Berufsabschluss ermöglicht, z. B. kaufmännischer Assistent, Altenpflegerin. Der mittlere Bildungsabschluss bzw. Sekundarabschluss/Realschulabschluss oder der erweiterte Sekundarabschluss I sind möglich.

Berufseinstiegsschule
Hier können Schüler ohne Hauptschulabschluss ihre Kenntnisse und Fähigkeiten für eine Berufsausbildung bzw. Berufstätigkeit verbessern und den Hauptschulabschluss erwerben. Auch Schüler mit Hauptschulabschluss werden aufgenommen, wenn das für sie als förderlich angesehen wird. Diese Schüler können bei entsprechendem Leistungsstand ihren Hauptschulabschluss verbessern.

Fachoberschule
Diese kann in verschiedenen Fachrichtungen besucht werden. Die Ausbildung dauert mit mittlerem Bildungsabschluss zwei Jahre, ein Jahr davon mit hohem Anteil Betriebspraxis, nach der Berufsausbildung ein Jahr und führt zur Fachhochschulreife.

Fachschule
Sie bieten Fachkräften mit abgeschlossener Berufsausbildung und Erfahrungen Abschlüsse, die für Führungsaufgaben befähigen. Auch die Fachhochschulreife ist möglich.

Berufsbildendes/berufliches Gymnasium
Schüler mit entsprechenden Leistungen können in drei Jahren die allgemeine Hochschulreife erlangen. Nach Fachrichtungen, z. B. Technik, ist der Unterricht differenziert.

Mehr zu den beruflichen Bildungsgängen

Bremen: *www.bildung.bremen.de*
▶ Bildung ▶ Berufliche Bildung (11.11.2013)

Hamburg: *www.hibb.hamburg.de*
▶ Bildungsangebote für Jugendliche (14.01.2014)

Niedersachsen: *www.mk.niedersachsen.de*
▶ Schule ▶ Unsere Schulen (11.11.2013)

Schleswig-Holstein:
www.schleswig-holstein.de ▶ Schulen
▶ Berufliche Bildung (11.11.2013)

1 Was schlagt ihr in folgenden Fällen vor?
a) MIRKO hat keinen Hauptschulabschluss und noch kaum Ideen zum Beruf.
b) ALEX hat den erweiterten Sekundarabschluss I. Er fand keine Ausbildungsstelle.

2 Informiert euch über regional verfügbare schulische Berufsbildungsgänge, die teilqualifizierend sind. Nutzt dazu das Internet.

3 Mareike erhält eine Berufsausbildung an den Lernorten Betrieb und Schule

Ein Gespräch zwischen der Ausbildungsleiterin von Textil MOHR, Frau Pukies, und Mareike

MAREIKE: „Ich bin so happy. Endlich einen Ausbildungsplatz als Verkäuferin – und dann hier!"

Frau PUKIES: „Du hast im Betriebspraktikum gezeigt, dass dir Verkaufen liegt. Du bist kontaktfähig und freundlich, du passt zu uns!"

MAREIKE: „Können Sie mir mehr zur Ausbildung bei Ihnen sagen?"

Frau PUKIES: „Du lernst hier im Betrieb und in der Berufsschule. Dieses Zusammenwirken der Lernorte heißt duales System. In unseren Abteilungen geht es nach einem betrieblichen Ausbildungsplan vorwiegend um den Erwerb berufspraktischer Fähigkeiten, also z. B. um Wissen zum Bekleidungssortiment, Umgang mit Kunden. Mehr steht im Ausbildungsberufsbild" (siehe rechte Spalte).

MAREIKE: „Was läuft in der Berufsschule?"

Frau PUKIES: „Dort geht es stärker um die systematische Vermittlung beruflichen Handlungswissens, z. B. zur Preiskalkulation und zu Verkaufsgesprächen. Daneben hast du allgemeinbildenden Unterricht, z. B. zu politischen Themen.

Die Berufsschule soll ihren Unterricht in Lernsituationen an Anforderungen beruflicher Arbeit orientieren. Gemeinsames Ziel für Schule und Betrieb ist, dass du lernst, selbstständig zu handeln.

Der Unterricht findet an ein bis zwei Tagen pro Woche oder im Block von drei bis fünf Wochen statt. Betrieb und Schule wirken bei der Ausbildung zusammen. Die Schule lädt uns Ausbilder zu Absprachen ein."

Überbetriebliche Ausbildung

Nicht alle Betriebe können für die Breite eines Berufes ausbilden. Sie fassen Auszubildende für bestimmte Teile der Ausbildung in überbetrieblichen Ausbildungsstätten zusammen oder bilden im Verbund mit anderen Betrieben aus.

Wenn Ausbildungsstellen fehlen, bilden auch Berufsschulen in Verbindung mit Praktika teil- und vollqualifizierend aus (siehe BFS, Vorseite).

Aus der Verordnung über die Berufsausbildung Verkäufer/Verkäuferin

... Die Fertigkeiten und Kenntnisse sollen im Betrieb so vermittelt werden, dass sie Auszubildende zur qualifizierten beruflichen Tätigkeit befähigen, die selbstständiges Planen, Durchführen und Kontrollieren einschließt. ...

§ 8 Ausbildungsberufsbild (Auszug)

(1) Gegenstand der Berufsausbildung sind:

1. Der Ausbildungsbetrieb:

1.1 Bedeutung und Struktur des Einzelhandels

1.2 Stellung ... am Markt

1.3 Organisation des Ausbildungsbetriebes

1.4 Berufsbildung, Personalwirtschaft, arbeits- und sozialrechtliche Vorschriften

1.5 Sicherheit und Gesundheitsschutz ...

1.6 Umweltschutz

2. Information und Kommunikation:

2.1 Informations-, Kommunikationssysteme

2.2 Teamarbeit, ... Arbeitsorganisation

3. Warensortiment

4. Grundlagen von Beratung und Verkauf: ...

4.1 Kunden- und dienstleistungsorientiertes Verhalten

4.2 Kommunikation mit Kunden

4.3 Beschwerde und Reklamation

5. Servicebereich Kasse ...

6. Marketinggrundlagen ...

7. Warenwirtschaft ...

7.3 Wareneingang, Warenlagerung

8. Grundlagen des Rechnungswesens ...

*Nach **Verordnung über die Berufsausbildung im Einzelhandel vom 16.07.2004:** www2.bibb.de.tools/aab/ao/einzelhandel.pdf (23.09.2013)*

Lernfelder des Rahmenlehrplans

Diese enthalten die Ziele und Inhalte der Berufsschule für den Unterricht in Lernsituationen.

1 Das Einzelhandelsunternehmen repräsentieren
2 Verkaufsgespräche kundenorientiert führen
3 Kunden im Servicebereich betreuen
4 Waren präsentieren
5 Werben und den Verkauf fördern
6 Waren beschaffen
7 Waren annehmen, lagern und pflegen
8 Geschäftsprozesse erfassen und kontrollieren
9 Preispolitische Maßnahmen durchführen
10 Besondere Verkaufssituationen bewältigen
11 Geschäftsprozesse erfolgsorientiert steuern
12 Mit Marketingkonzepten Kunden gewinnen
13 Personaleinsatz planen und Mitarbeiter führen
14 Ein Einzelhandelsunternehmen leiten

Nach ***KMK:***
Rahmenlehrplan Kaufmann im Einzelhandel/ Kauffrau im Einzelhandel, Verkäufer/Verkäuferin v. 17.06.2004, S. 8, http://www.kmk.org/fildeadmin/pdf/Bildung/ BeruflicheBildung/rlp/kfmEinzelhandel.pdf (23.09.2013)

Der Berufsausbildungsvertrag

Er ist der Kammer vor der Ausbildung einzureichen. Diese prüft, ob der Betrieb ausbilden darf. Die Ausbildungsberater der Kammern sollen die Betriebe beraten und kontrollieren. Jeder fünfte neu abgeschlossene Ausbildungsvertrag wird vorzeitig gelöst. Die **Prüfung** wird vor einem Prüfungsausschuss der Kammer abgelegt.

Inhalte des Berufsausbildungsvertrages

- Namen und Anschriften der Vertragspartner
- Bezeichnung des Ausbildungsberufs
- Dauer der Ausbildung
- außerbetriebliche Ausbildungsmaßnahmen
- Dauer der täglichen Ausbildungszeit
- Dauer der Probezeit
- Höhe der Ausbildungsvergütung
- Zahl der Urlaubstage je Ausbildungsjahr
- Sonstiges (z. B. ein Hinweis auf Tarifverträge)
- Unterschriften der Vertragspartner

1 Beschreibt Berufsbildungsgänge, die an euren Schulabschluss anschließen könnten.

2 Welche Bedeutung hat es, dass die Berufsbildung durch Gesetze und Verordnungen geregelt ist? Begründet eure Antworten.

3 Beschreibt die Aufgaben des Betriebs und der Schule bei der Ausbildung von Mareike (s. Vorseite).

4 Sprecht über die Bedeutung der Fertigkeiten und Kenntnisse für eine von einer Verkäuferin selbstständig ausgeführten Arbeit.

5 Befragt Auszubildende zu ihren Erfahrungen in Schule und Betrieb. Entwickelt dazu Fragen in Partnerarbeit.

6 Besprecht mit einem Partner:
A: „Betriebe richten teilweise die Ausbildung zu sehr auf eigene Interessen aus. Sie berücksichtigen zu wenig die von Auszubildenden. Darunter kann die Qualität leiden."
B: „Die Ausbildung in der Schule führt nicht immer zur beruflichen Handlungsfähigkeit."

7 Lest im Berufsbildungsgesetz nach:
- Anforderungen an Ausbildungsbetriebe
- Rechte und Pflichten im Ausbildungsverhältnis

Sprecht in Gruppen über die Bedeutung. Besorgt dazu vom BMBF: „Ausbildung und Beruf":
www.bmbf.de ▶ Service ▶ Publikationen (auch als PDF: *www.bmbf.de/pub/Ausbildung_und_beruf.pdf*) (23.01.2014)

8 Formuliert Erklärungen für die Begriffe: Auszubildender, Ausbildender und Ausbilder.

4 Probleme der betrieblichen und schulischen Ausbildung

Azubis sprechen Klartext In welchen Berufen gibt es die qualitativ beste Ausbildung? In welchen Branchen und Regionen herrschen gute Arbeitsbedingungen? In welchen Branchen und Regionen läuft es nicht so gut? Der **DGB-Ausbildungsreport** verschafft die Übersicht. Die Ausbildungsqualität haben diejenigen bewertet, die am besten wissen, unter welchen Umständen sie tagtäglich lernen und arbeiten – die Auszubildenden selbst. Um zu erfahren, wie lange sie täglich arbeiten, was sie dabei lernen und ob sie dabei gut betreut werden, befragt der DGB jedes Jahr mehrere tausend Azubis. Die Ergebnisse ... bieten den SchulabgängerInnen eine Orientierung bei der Berufswahl. ...

DGB-Bundesvorstand, Abteilung Jugend und Jugendpolitik *http://jugend.dgb.de/themen/++co++19ad6af6-6bb5-11e2-11e2-a7e1-5254004678b5 (24.09.2013)*

Ausbildungsreport 2013 „Die Ergebnisse zeigen ..., dass der überwiegende Teil der befragten Auszubildenden mit der Qualität seiner Ausbildung zufrieden ist. Dies ... darf aber nicht davon ablenken, dass es nach wie vor auch gravierende Mängel gibt. Die Entwicklung der Ausbildungsqualität ... zeigt, dass gerade in den Ausbildungsberufen, in denen die Probleme besonders groß sind, die Betriebe ihrer Verantwortung nicht nachkommen, die Qualität ihrer Ausbildung nachhaltig zu verbessern. So ist das Ausmaß der ... Probleme, wie etwa das Verrichten von ausbildungsfremden Tätigkeiten, das Ableisten von Überstunden ohne Ausgleich oder die fehlende Betreuung durch AusbilderInnen, beinahe unverändert. ... Denn um geeignete BewerberInnen ... gewinnen zu können, müssen auch die Ausbildungsbedingungen für die Auszubildenden stimmen ... .
Es ist dringend erforderlich, Missstände in den betroffenen Betrieben besser und schneller zu erkennen und zu beseitigen. ..."

DGB Bundesvorstand, Abteilung Jugend ... *(Hg.) Ausbildungsreport 2013 (Auszug S. 4,5): http://www.dgb.de/presse/ ++co++2e341cbe-156e-11e3-af23-00188b4dc422 (24.09.2013)*

1 Sprecht mit einer Partnerin/einem Partner über die Bedeutung des Ausbildungsreports.

2 Schätzt die in den beiden Texten genannten Probleme ein. Zieht dazu die Anforderungen an Ausbildungsbetriebe und die Pflichten der Auszubildenden und Ausbildenden aus dem Berufsbildungsgesetz, s. Vorseite, Aufg. 7, Ausbildung und Beruf sowie den **WEBCODE**, heran.

3 Sprecht über die Bedeutung der Beseitigung von Mängeln der Ausbildung durch Ausbildungsberater, Gewerbeaufsichtsamt, Jugend- und Auszubildendenvertretung (s. S. 33, 34, 41, 42) und Betriebsrat. Nutzt auch den **WEBCODE** zur Auswahl von Problemstellungen.

5 Anforderungen der Arbeitswelt steigen – das Studium

Wer das Abitur oder die Fachhochschulreife erreicht hat, kann einen weiteren Weg in den Beruf finden – über ein Studium. Der Begriff kommt aus dem lateinischen „studium" und steht für eifriges Streben, sich wissenschaftlich betätigen. Dies kann an Universitäten, Fachhochschulen und Berufsakademien erfolgen.

Das Studium dauert je nach Studiengang drei bis sechs Jahre. Hier gibt es verschiedene Möglichkeiten: Staatsexamen, Diplom- oder Bachelor/Master-Abschluss. Da es viele Wege und Studiengänge gibt, ist eine vielseitige Informationssuche einschließlich individueller Beratung sehr wichtig. Dies bietet z. B. die Arbeitsagentur im Internet und im Berufsinformationszentrum mit Einzelgesprächen. Teilweise wird eine Berufsausbildung direkt mit einem Studium verbunden.

So kompliziert, wie man sich ein Studium vorstellt, ist es gar nicht. Gute Informationen gibt es auf den unten rechts aufgeführten Internetseiten und bei den Studienberatungen der Arbeitsagentur sowie der Hochschulen.

Vorteile eines Studiums

Wer nach zwölf oder dreizehn Jahren die Schule erfolgreich absolviert und die Fachhochschul- oder Hochschulreife erworben hat, kann zwischen vielen beruflichen Möglichkeiten wählen. Für einige Berufe ist das Studium zwingend erforderlich (das sind z.B. Ärzte, Lehrer, Rechtsanwälte). In anderen Berufen ist der Einstieg auch mit einer Ausbildung möglich, bessere Aufstiegschancen bieten sich aber nach der Uni (= Universität) oder FH (= Fachhochschule).

Akademiker sind im Vergleich seltener arbeitslos und verdienen meist mehr. Studienkosten und fehlende Verdienste dieser Zeit gleichen sich durch das höhere Einkommen im Beruf i.d.R. mehr als aus. Die persönliche Entfaltungsmöglichkeit im Studium ist teilweise ein Vorteil gegenüber einer stärker reglementierten Ausbildungsordnung.

Wie kann ich durchstarten?

Für sehr begehrte Studienplätze erfolgt die Bewerbung bei der Stiftung für Hochschulzulassung. Ansonsten bewirbt man sich direkt an der Hochschule seiner Wahl. Neben dem Schulabschluss werden teilweise weitere Voraussetzungen erwartet, z.B. ein Betriebspraktikum, ein bestimmter Notendurchschnitt (Numerus Clausus = NC) oder für künstlerisch/musische Fächer das erfolgreiche Absolvieren einer Aufnahmeprüfung.

1 Verdeutlicht die Vorteile eines Studiums. Erstellt dazu eine Tabelle.

2 Sucht euch einen Studiengang aus, über den ihr mithilfe des Internets einen Steckbrief mit folgenden Schwerpunkten erstellt:
- Bewerbung und Voraussetzungen,
- Studienart (FH und/oder Uni),
- Studiendauer,
- Abschluss.

Studentenportal:
http://www.studserv.de (24.09.2013)
Bundesagentur für Arbeit:
http://www.abi.de (24.09.2013)

6 Mit Weiterbildung die berufliche Zukunft sichern

Viele *Arbeitsplätze* verändern sich, andere fallen weg, neue entstehen. Wissen und Können veralten. Berufstätige müssen sich dem Wandel stellen und zur Weiterbildung oder Umschulung bereit und fähig sein. Mit lebenslangem Lernen können sie ihre Kompetenzen entwickeln und sich Zukunftsberufe erschließen. Eine gute Ausbildung bereitet darauf vor.

Möglichkeiten der Weiterbildung
- Erweiterung/Vertiefung der beruflichen Handlungsfähigkeit durch Betriebswechsel
- Nutzung von Fachliteratur, des Internets
- Besuch von Fachmessen
- Weiterbildungsseminare, z. B. im Betrieb, von Kammern und Verbänden
- Fachschulen für Techniker/Fachwirte/Meister
- (Fach-)Hochschulreife und Studium

Vielfach schließt die Weiterbildung bereits an die Ausbildung bei der Einarbeitung an einem Arbeitsplatz an. Sie ist Voraussetzung für beruflichen Aufstieg. Oft ist eine interessantere, aber auch verantwortungsvollere Tätigkeit zu erreichen. Meist steigt der Verdienst.

2011 wurden ca. 102 000 Fortbildungs- und Meisterprüfungen bestanden. In manchen Gewerken dürfen nur Meister einen Betrieb leiten, sich selbstständig machen und ausbilden. Auch sie müssen sich ständig fortbilden.
Für weiterführende Bildungsgänge, insbesondere zur Meisterprüfung und zum Studium gibt es staatliche **Fördermaßnahmen**.

1 Begründet die Notwendigkeit beruflicher Weiterbildung (siehe auch S. 93). Berücksichtigt dabei die Arbeitssituation in eurer Region.

2 Vergleicht die Beteiligung an der Weiterbildung zwischen den Gruppen. Welche Probleme können für Beschäftigte mit einfachen Tätigkeiten entstehen?

3 Erkundet für euren Berufswunsch Weiterbildungs- und Aufstiegsmöglichkeiten. Ermittelt den Verdienst als Facharbeiter/Fachangestellte und Meister/Fachwirt.

Rückgang an Jobs für geringer Qualifizierte hält an: 2005[1]: 22 %; 1996: 33 %
der Beschäftigten. Die Tätigkeiten werden meist ersatzlos gestrichen oder höher qualifizierten zugeschlagen. Diesen Trend zu besseren Qualifikationen können die Arbeitnehmer nur mit aktivem Einsatz für mehr Allgemeinbildung, Ausbildung und Weiterbildung beantworten.

IG-Metall *(Hg.): Beschäftigung, Arbeitsmarkt, Qualifikation, Neueinstellungen, Ausbildung, Übernahme und Weiterbildung 2005. www.igmetall-wap.de/publicdownload/IAB_Betriebsp_2005_Metall.pdf*

[1] *Das Institut für Arbeitsmarkt- und Berufsforschung geht 2009 noch von einem Anteil von 22% aus.*

Die Arbeitsagentur fördert bei Arbeitslosigkeit nach dem Arbeitsförderungsgesetz die berufliche Weiterbildung und Umschulung. Nicht immer sind Teilnehmer den Anforderungen gewachsen.
Die Weiterbildung ist besonders wichtig für:
- nicht ausreichend oder falsch Qualifizierte,
- Langzeitarbeitslose, Berufsrückkehrer (z. B. nach Kinderbetreuung),
- Migranten.

Teilnahme an beruflicher Weiterbildung

Gesamt	2001	2005	2009	2011
Alle Beschäftigte	18 %	21 %	25 %	31 %
Qualifizierte Besch.	21 %	23 %	32 %	40 %
Besch. in einfachen Tätigkeiten	6 %	8 %	12 %	15 %

Bundesinstitut für Berufsbildung (BIBB) *(Hg.): Datenreport zum Berufsbildungsbericht 2013, Bonn 2013, S. 305*

Der DGB beklagt eine „Zwei-Klassen-Gesellschaft in der Weiterbildung". Hoch Qualifizierte bilden sich erheblich häufiger weiter wie solche ohne Berufsabschluss. Gefordert wird die stärkere Förderung des Nachholens von Abschlüssen.

Süddeutsche Zeitung vom 07.10.2013

Arbeit, Beschäftigung und Berufsbildung im Wandel

1 Wohin entwickelt sich die Arbeit?

Bildungspolitikerin:
Berufsarbeit fordert verstärkt Team- und Kommunikationsfähigkeit. Meist geht es um ein Bündel von Fähigkeiten. So sollte der Monteur heute vor einer Reparatur den Kunden beraten können, ob ein Neukauf günstiger ist. Zur Chancengerechtigkeit gehört eine gute Allgemeinbildung und Berufsbildung für alle.

Moderatorin:
Meine Damen, meine Herren, willkommen bei ‚Talk zu Arbeit und Beruf'.
Ich freue mich, hier einen Vertreter eines Unternehmens, eine Gewerkschafterin, einen Wissenschaftler und eine Bildungspolitikerin zu begrüßen …
Bitte nehmen Sie doch zuerst Stellung zur Leitfrage.

Wissenschaftler:
Die Beschäftigung nach Auftragslage nimmt zu.
Neue Arbeitsformen, wie Telearbeit, befristete Anstellung, werden für viele normal sein – leider auch Zeiten von Arbeitslosigkeit. Am Arbeitsplatz gewinnt selbstständiges Handeln und Weiterbildung an Bedeutung. Unqualifizierte finden schwerer bezahlte Arbeit.

Gewerkschafterin:
Der Druck durch Rationalisierung und Automatisierung nimmt zu. Wir sollen flexibel arbeiten – sind aber auch Eltern! Der Profit und nicht der arbeitende Mensch steht im Mittelpunkt. Unternehmen müssen mehr in Aus- und Weiterbildung investieren. Wir brauchen selbstständig arbeitende Fachkräfte.

Unternehmer:
Selbstständig arbeitende Mitarbeiter müssen gut ausgebildet sein und sich weiterbilden – auch in der Freizeit. Der Arbeitsablauf ist rationeller zu gestalten. Sie müssen, je nach Arbeitsanfall, flexibel in ihrer Arbeitszeit sein. Nur so sind wir auch in Zukunft wettbewerbsfähig. Es geht um den Standort Deutschland.

1 Welche Interessen werden deutlich?

2 Wie schätzt ihr die Antworten ein?

3 Spielt den Talk im Rollenspiel weiter.

Das könnt ihr lernen

Ihr könnt

- Arbeitsanforderungen, die selbstständiges Handeln erfordern, beschreiben und erklären, wie Ausbildung darauf vorbereiten kann.
- Forderungen zur Flexibilisierung der Arbeit und zu neuen Tätigkeitsformen begründen.
- die Bedeutung einer qualifizierten Berufsbildung für alle Jugendlichen begründen.
- Zusammenhänge zwischen Ausbildung, Beschäftigungssituation und Verdienst reflektieren.

2 Qualifizierte Berufsarbeit erfordert handlungsfähige Mitarbeiter

Betriebe müssen ihre Güter nach dem ▶ **wirtschaftlichen Prinzip** erstellen. Dazu gehört auch die passende ▶ **Betriebsorganisation**. Diese ist unterschiedlich, je nachdem, ob z. B.

- Küchenmöbel nach individuellem Kundenauftrag gefertigt werden,
- die Isolierung in einem Altbau verbessert wird,
- eine Telefonanlage repariert wird,
- ein Kranker versorgt wird.

Entsprechend haben sich die Anforderungen an die Beschäftigten geändert.

Früher wurde stärker vorgegeben, was der Mitarbeiter wie und wann zu tun hat. Er musste direkt nach Anweisungen arbeiten. Die Erstellung eines Gutes dauerte oft lange, weil die Fertigung an verschiedenen Arbeitsplätzen arbeitsteilig erfolgte. Der Mitarbeiter hatte nicht gelernt, einen Auftrag selbstständig zu planen, flexibel durchzuführen und zu prüfen, ob das Arbeitsergebnis der geforderten Qualität entspricht.

Heute ist die Fähigkeit zum eigenverantwortlichen Handeln wichtiger, um anspruchsvolle Güter günstig zu erstellen. Darauf wird die ▶ **Arbeitsorganisation** und die Berufsbildung ausgerichtet. Der Einzelne ist – teilweise im Team – verantwortlich für die Tätigkeiten im Aufgabenbereich.

Beispiel 1: Integrierte Facharbeit bei der Produktion von Metallpulver

MECHANIKER: „Diese Produktionsanlage wurde im letzten Jahr in Betrieb genommen. Damit wird Metallpulver zur Beschichtung von Elektronik-Bauteilen hergestellt. Die Arbeit bei der Überwachung und Steuerung ist anspruchsvoll. Früher haben wir bei einer Störung den Meister benachrichtigt. Der beauftragte dann den Betriebshandwerker. Dieser besorgte die Ersatzteile und erledigte die Reparatur – wenn er es konnte und Zeit hatte. Das gab viel Stillstand bei der Produktion, den wir uns nicht mehr erlauben können. Heute tauschen wir vorsorglich Verschleißteile aus. Störungen können wir einschätzen und schnell beseitigen. Die Anlage steht selten still. Wir sind auch Dienstleister bei Wartung und Reparatur. Die Arbeit ist abwechslungsreicher, aber oft stressiger."

Beispiel 2: Integrierte Sachbearbeitung bei der Kfz-Haftpflichtversicherung

KUNDE: „Für die Reparatur meines durch Unfall beschädigten Autos veranschlagt die Werkstatt eine Woche. Kann ich für diese Zeit einen Leihwagen nehmen?"

SACHBEARBEITER: „Bei der Reparatur können wir wahrscheinlich nur drei Tage zahlen. Das entscheidet der Gutachter. Ansonsten regele ich alles für Sie – von der Schadensaufnahme bis zur Prüfung und Abrechnung Ihrer Ansprüche."

Beispiel 3: Arbeit bei der ganzheitlichen Pflege auf einer Krankenhausstation

KRANKENPFLEGERIN: „Guten Morgen. Ich heiße Sonja Baum. Ich bin für Sie hier im Krankenhaus in allen pflegerischen und beratenden Angelegenheiten zuständig. Für die Zeit danach empfehle ich Ihnen die Betreuung durch ein ambulantes Diabeteszentrum. Den Kontakt kann ich bereits jetzt herstellen. Hier bei uns lernen Sie mit meiner Unterstützung das Spritzen von Insulin und die regelmäßige Blutzuckerkontrolle."

PATIENT: „Und wie sieht das zukünftig mit dem Essen aus? Vermitteln Sie mir doch bitte eine Ernährungsberatung."

Beispiel 4: Gastorientiertes Handeln im Restaurant

KUNDE: „So habe ich mir das Filetsteak nicht vorgestellt. Total durch und zäh."

KELLNER: „Es tut mir leid, Herr Münning, dass Sie nicht zufrieden sind. Leider habe ich Ihre Aussage ‚gut gebraten' mit durchgebraten interpretiert. Selbstverständlich erhalten Sie Ersatz. Bitte haben Sie Verständnis, dass das einige Minuten in Anspruch nehmen wird. Bei Ihnen ist mir das besonders peinlich, weil Sie doch einer unserer Stammkunden sind."

KELLNER: später beim Abräumen des Geschirrs: „Darf ich Ihnen für die Unannehmlichkeiten einen kleinen Ausgleich anbieten? Einen Nachtisch oder Kaffee?"

1 Erklärt am Beispiel 1
 a) den Begriff Arbeitsorganisation;
 b) wie sich der Arbeitsablauf verändert hat;
 c) Auswirkungen integrierter Facharbeit auf
 - die Qualität und Kosten der Waren und Dienstleistungen sowie
 - Befriedigung/Belastung durch die Arbeit.

2 Zieht für folgende Aufgaben das Schaubild S. 90 und die Erläuterungen dazu heran.
 a) Erklärt für Beispiel 2 den Begriff der Überschrift. Begründet erforderliche Kompetenzen.
 b) Nennt Vorteile einer Pflege, die wie im Beispiel 3 organisiert ist. Welche Fähigkeiten fordert diese?
 c) Sprecht mit jemandem, der Patient im Krankenhaus war, über Anforderungen an Pflegekräfte. Ordnet diese den Teilkompetenzen zu. Zieht auch das Berufsbild Gesundheits- und Krankenpfleger/-in heran.
 www.berufenet.arbeitsagentur.de
 d) Das Leitziel im Beruf Kellner/-in ist gastorientiertes Handeln. Erklärt für das Beispiel 4 Kompetenzen, den Gast zu bedienen. Lest auch nach in Beruf Aktuell zum Berufsbild Restaurantfachfrau/-mann.

3 Setzt euch in Gruppenarbeit mit der zukünftigen Bedeutung von beruflicher Facharbeit auseinander. Dazu überlegt, ob ihr auch den **WEBCODE** und die **Methode Reziprokes Lesen** (S. 165) nutzen möchtet.

3 Anforderungen werden geprüft

Wie wichtig es ist, für einen Ausbildungsplatz eine sehr gute Bewerbung zu erstellen, weiß inzwischen jeder. Darüber hinaus habt ihr sicherlich auch schon viel über Einstellungstests (siehe auch S. 71–75) gehört. Üben kann man sie ganz einfach auch auf verschiedenen Seiten im Internet oder ihr lasst euch vom Berufsberater Unterlagen dazu aushändigen.

Immer häufiger wird mit den zukünftigen Mitarbeitern ein Assessment-Center durchgeführt (s. S. 78). Das Wort „assess" kommt aus dem Englischen und heißt beurteilen, einschätzen, bewerten und feststellen. Damit ist schon gesagt, warum dieses Verfahren eingesetzt wird – man will euch einschätzen. Nun geht es um euer Verhalten und eure Fähigkeiten, auch Kompetenzen genannt. Ihr kennt das aus euren Zeugnissen, wo auch von Arbeits- und Sozialverhalten die Rede ist (S. 78, 79).

Im Assessment-Center werden verschiedene Bereiche von Kompetenzen überprüft. Besonderen Wert legen die Personalchefs auf Kommunikationsfähigkeit, Teamfähigkeit und Kritikfähigkeit.

Was versteht man unter Handlungskompetenz?
Beim Betrachten der Grafik fällt auf, dass die verschiedenen Teilkompetenzen miteinander verflochten sind und aufeinander aufbauen. Die inneren Bereiche sind Grundlage für die Entwicklung weitergehender Kompetenzen in den äußeren Bereichen.
Besonders die **kommunikative Kompetenz** ist neben der **Lern- und Methodenkompetenz** Voraussetzung für das Entwickeln weiterer Kompetenzen. Das bedeutet, dass ihr u. a. Methoden nutzt, um zu lernen und auch Inhalte an andere zu vermitteln.
Dadurch können sich neue Fähigkeiten entfalten.

Die **Fach- und Sachkompetenz** bedeutet, dass ihr Wissen und Können in dem betreffenden Gebiet besitzt, das ihr einsetzen, erweitern und in weiteren Bereichen anwenden könnt.
Die **Humankompetenz** bedeutet u. a., dass ihr Verantwortung für euch übernehmt, euch an Situationen anpassen und bei Aufgaben motivieren könnt. Ihr engagiert euch, könnt euer Verhalten selbst einschätzen und beeinflussen.
Die **Sozialkompetenz** hat mit eurer Teamfähigkeit zu tun. Das bedeutet, dass ihr euch in Gruppen einfügen und dabei Verantwortung für das Handeln in der Gruppe übernehmen könnt. Außerdem ist es bedeutsam, Kritik annehmen und ebenso höflich äußern zu können, ohne jemanden als Menschen negativ zu bewerten.
Wenn ihr diese Fähigkeiten schrittweise entwickeln konntet, dann besitzt ihr berufliche **Handlungskompetenz**. Das heißt, dass ihr euch in verschiedenen Situationen angemessen verhalten und auch selbstständig handeln könnt. Ihr findet Lösungen bzw. Lösungshilfen und könnt diese einsetzen.

1 Warum führen immer mehr Unternehmen ein Assessment-Center durch? Begründe deine Antwort.

2 Betrachtet in Partnerarbeit die oben abgebildete Grafik. Findet Beispiele für berufliche Situationen, in denen Kompetenzen gut erkennbar sind.

3 Führt die Methode Kugellager (S. 142) durch und nennt abwechselnd Beispiele für berufliche Situationen und dafür erforderliche Kompetenzen.

4 Nenne Situationen (z. B. Praktikum, außerschulische Aktivitäten), in denen du bestimmte Kompetenzen fördern könntest.

4 Ziel: der flexible Arbeitnehmer

Erwerbstätige nach Erwerbsform in Deutschland 2012 in Mio.
Erwerbstätige insgesamt 36,3
Selbstständige 4,3
Abhängig Beschäftigte 32,1
davon
- Normalarbeitnehmer 24,2
- atypisch Beschäftigte 7,9
  darunter
  - befristet beschäftigt 2,7
  - Teilzeit 5,0
  - geringfügig beschäftigt 2,5
  - Zeitarbeit 0,7

Mikrozensus, Alter 15 – 64, ohne Bildung und Ausbildung, Bundeswehr, Zivildienst, Statistisches Bundesamt, Pressemitteilung Nr. 285, 2013

Viele Betriebe führten Maßnahmen der ▶ **Rationalisierung** durch, um Kosten zu sparen, und erwarteten steigende Leistungen. Dazu wurde die Flexibilisierung der Arbeitszeit genutzt. Nach Auftragslage wird mehr oder weniger gearbeitet und ein Arbeitszeitkonto geführt. Dieses nutzen viele Branchen, z. B. Bauunternehmen: Im Sommer wird mehr als im Winter gearbeitet. Flexible Arbeitszeiten sind Eltern wichtig, die Kinder betreuen. Viele Betriebe fördern familienfreundliche Arbeitszeiten.
Zunehmend werden Mitarbeiter befristet eingestellt. Dies ist für bis zu zwei Jahren möglich. Auch für Hobbys und Ehrenämter, z. B. Trainer, sind sie wichtig.

Arbeitsort nach Auftragslage
Auf kurzfristigen Bedarf reagieren Betriebe auch mit der Beschäftigung von Leiharbeitnehmern. Diese arbeiten bei Zeitarbeitsunternehmen und werden an Kundenbetriebe ausgeliehen. Nur wenige werden übernommen. Teilweise zahlen die Betriebe nur für einen Werkvertrag an den Subunternehmer, der oft Billiglöhne bezahlt. Solche Arbeitsverhältnisse werden missbraucht, um Verdienste zu drücken.

LeiharbeiterInnen verdienen die Hälfte
LeiharbeiterInnen mit einer Vollzeitstelle verdienten im Durchschnitt 2012 nur etwa die Hälfte von Vollzeitbeschäftigen. 60 000 (7 %) der Leiharbeitskräfte waren trotz sozialversichertem Job noch auf Hartz IV angewiesen. Das sind dreimal so viele wie im Durchschnitt.
*Nach **DGB:** 07. 02. 2011, http://www.dgb.de/themen/++co++cd43e51c-1f7a-11e3-9309-00188b4dc422 (19.03.2014)*

Leiharbeit: Löhne steigen
Abgeschlossene Tarifverhandlungen sehen vor, dass in Westdeutschland der Mindestlohn auf 8,50 € (ab 01.01.2014) und bis Juni 2015 auf 9 € steigt.
*Nach **DGB:** http://www.dgb.de/themen/++co++cd43e51c-1f7a-11e3-9309-00188b4dc422 (24.01.2014)*

Im Februar 2011 haben Gewerkschafter und Politiker vor dem Bundeskanzleramt in Berlin für die Gleichbehandlung von Leiharbeitern demonstriert.

1 Befragt Eltern und Bekannte nach ihren Erfahrungen mit Leiharbeit.

2 Vergleicht Interessen von Arbeitnehmern und Arbeitgebern an flexibler Arbeitszeit.

3 Vergleicht die Situation einer befristet beschäftigten Mitarbeiterin mit der einer fest angestellten Mitarbeiterin.

4 Nehmt Stellung: Befristung der Arbeit umgeht den Kündigungsschutz.

5 Wann kann Leiharbeit Sinn machen? Welche Arbeitnehmerrechte sind dabei in Gefahr?

Alles klar?

Projekt Berufsorientierung

1 Welche Bedeutung hat die Planung des Prozesses der Berufswahl für dich?

2 Warum ist es sinnvoll, Zwischenschritte im Berufswahlprozess zu dokumentieren?

3 Vergleiche das Lernen im Unterrichtsfach mit dem Lernen an einer Praxisaufgabe.

4 Welchen Anforderungen sollte ein Praktikumsbetrieb für gute Lernmöglichkeiten genügen?

5 Erkläre an einem Beispiel aus deinem Praktikum: Warum ist die Beachtung von Vorschriften zum Unfallschutz bedeutsam?

6 Sortiere folgende Symbole zum Unfallschutz und erkläre ihre Bedeutung: Verbotszeichen, Gebotszeichen, Warnzeichen.

7 Worin unterscheidet sich die Arbeit in der Schule von der im Praktikum?

Projekt Berufswahl

8 Wo kannst du Ausbildungsplatzangebote finden?

9 Welche Bedeutung hat die Vorbereitung einer Bewerbung? Wie sollte sie erfolgen?

10 Zähle auf, aus welchen Bestandteilen eine Bewerbung besteht.

11 Nenne fünf Punkte, die du bei einer Bewerbung beachten solltest.

12 Nenne mindestens sechs Fragen, die dir ein Ausbildungsbetrieb im Vorstellungsgespräch stellen könnte.

13 Welche Fragen könntest du im Vorstellungsgespräch stellen? Erkläre, warum du sie stellst.

14 Warum setzen Unternehmen zur Auswahl von Ausbildungsbewerbern Tests ein?

15 Was wird in Berufseignungstests gefragt?

Berufliche Ausbildung und Weiterbildung

16 Erkläre, was ein berufsqualifizierender Bildungsgang ist.

17 Nenne Merkmale des betrieblichen und schulischen Teils der Berufsausbildung.

18 Warum ist die Fähigkeit zum selbstständigen Planen, Durchführen und Kontrollieren bei beruflicher Facharbeit wichtig?

19 Nenne wichtige Rechte und Pflichten
- des Auszubildenden,
- des Ausbildenden

aus einem Berufsausbildungsvertrag.

20 Warum ist es wichtig, dass ein Berufsausbildungsvertrag geschlossen wird?

21 Welche Bedeutung hat das Forschungsergebnis (s.u.) für die Ausbildungsqualität?

„Bei den ausbildungsfremden Tätigkeiten ... geben 15,1 Prozent der Auszubildenden aus Firmen mit unter fünf Beschäftigten an, ‚immer' oder ‚häufig' zu Aufgaben herangezogen zu werden, die nicht in ihren Ausbildungsplänen zu finden sind."

DGB-Bundesvorstand, Abteilung Jugend und Jugendpolitik: *Ausbildungsreport 2013, S. 25 www.jugend.dgb.de ▶ Themen ▶ Thema suchen (16.10.2013)*

22 Wer kann bei Konflikten während der Ausbildung helfen?

23 Welche Rolle hat die Jugendvertretung, wenn im Betrieb gegen den Berufsausbildungsvertrag verstoßen wurde?

24 Warum ist berufliche Weiterbildung wichtig?

25 Bei AUTO BLITZ werden die Mitarbeiter für die Wartung eines neuen Modells weitergebildet. Begründe, welche Formen aus dem Schaubild infrage kommen.

Kosten und Nutzung von Formen[1] der betrieblichen Weiterbildung, Jahr 2010	Kosten pro Mitarbeiter in Euro	Anteil Unternehmen mit Weiterbildung in %
Insgesamt	1035	83
Davon (Spalte Kosten):		
Externe Veranstaltungen	350	63
Eigene Lehrveranstalt.	321	65
Lernen bei der Arbeitssit.	112	68
Informationsveranstalt.	103	69
Weiterbildungspersonal	97	
Selbstständiges Lernen mit Medien, z.B. Video	43	63
Sonstige Weiterbildung	9	

[1] teilweise Mehrfachnennungen

© 2012, IW Medien · iw-trends 1 (S. 40) vom 31.01.2012; Institut der deutschen Wirtschaft Köln Medien GmbH

Arbeit, Beschäftigung und Berufsbildung im Wandel

26 Nenne jeweils zwei Gründe für die Bedeutung einer guten Ausbildung aus Sicht der
a) Betriebe,
b) Beschäftigten.

27 Beschreibe die Bedeutung der integrierten Facharbeit für die Berufsbildung.

28 Erkläre am Beispiel deines Wunschberufs den Begriff Sozialkompetenz.

29 Schreibe auf, was ein Berufstätiger können muss, um handlungskompetent zu sein?

30 Nenne und begründe je zwei Vorteile der flexiblen Arbeitszeit für den
a) Betrieb,
b) Arbeitnehmer.

31 Erläutere für Berufstätige ein Problem durch geforderte flexible Arbeitszeit.

32 Begründe, welche Gruppen
- Probleme bei der Suche eines Ausbildungsplatzes haben.
- von der demografischen Entwicklung profitieren. Siehe Ausbildungsumfrage.

DIHK-Ausbildungsumfrage 2013

... „Ab 2014 gibt es ... nur noch einen Trend: Die Zahl der Schulabgänger und damit auch der Ausbildungsverträge wird stetig zurückgehen. Schon im nächsten Jahr werden 65 000 junge Leute weniger die Schulen verlassen." Der Run auf die Hochschulen tue ein Übriges, sodass 2012 allein die Unternehmen im IHK-Bereich für 70 000 Lehrstellen keine geeigneten Bewerber finden konnten.

***DIHK Deutscher Industrie- und Handelskammertag e.V.:** http://www.dihk.de/themenfelder/aus-und-weiterbildung/ausbildung/ausbildungspolitik/umfragen-und-prognosen/dihk-ausbildungsumfrage (24.01.2014)*

33 Führe zwei Gründe dafür an, dass nur ein Teil der Betriebe ausbildet.

34 Begründe, warum Auszubildende nach dem Abschluss teilweise nicht übernommen werden.

35 Erkläre, warum Verdienste unterschiedlich hoch sind?

Nachhaltig handeln – Gestaltungkräfte einer ökosozialen Marktwirtschaft

1 Nachhaltig rational handeln

Für eine nachhaltige Entwicklung des ▶ **Lebensstandards** sind die Gestaltung der Dimensionen Ökonomie, Ökologie, Soziales, Gesundheit, Politik und Technik wichtig. Diese sind voneinander abhängig (Abb. S.95).

Ziel des Wirtschaftens sollte die bestmögliche Entscheidung über knappe Mittel sein, die uns zur Befriedigung der Bedürfnisse zur Verfügung stehen. Diese Knappheit gibt es auch in einer „Überflussgesellschaft". Wer möchte nicht eine Weltreise unternehmen, mit seinem Traumauto abends zum reichhaltig gedeckten Tisch am Meer fahren und dann in der Disco DJ Supermann miterleben? Alles, was diese Wünsche erfüllt, was unsere Bedürfnisse befriedigt, sind „Güter", sowohl Waren, wie das Auto oder die Languste, als auch Dienstleistungen, wie die Unterhaltung in der Disco und die Bedienung im Hotel oder auch eine ärztliche Behandlung.

Weil nicht allen alle diese Güter zur Verfügung stehen, nennen wir sie „knappe" Güter.

Bei knappen Gütern ist – im Gegensatz zu „freien" Gütern – Wirtschaften notwendig. Es wäre weder in einem Schlaraffenland nötig, über die Lebensmittelverteilung zu entscheiden, noch in der Sahara über den Sand für den Sandkasten. Das Leben in der realen Welt steht jedoch meist unter dem „kalten Stern der Knappheit", der überall anzutreffen ist. So formulierte es der Ökonom Erich Schneider bereits im Jahr 1956. Das ist nicht nur ein Problem „armer" Personen oder Völker.

- Der Staat klagt ständig über knappe Mittel und kann nicht alle wünschbaren Aufgaben erfüllen.
- Der Schüler hat nicht die Zeit, um Schularbeiten zu machen, das Kino zu besuchen, den Garten zu pflegen und mit Freunden Fußball zu spielen. Er muss planen und entscheiden.

Das wichtigste Mittel zur Verbesserung des Lebensstandards ist die ▶ **Rationalisierung**. Sie ist das planvolle, vernünftige (rationale) Handeln zur Erreichung eines Zieles. Darin beziehen wir aber auch rational abwägend ein, was uns emotional wichtig ist.

1 Nenne zwei rationale Verfahren, um knappe Güter zu verteilen.

2 Wodurch unterscheidet sich eine Ware von einer Dienstleistung?

Das könnt ihr lernen

Ihr könnt
- Chancen dafür erkennen, wie Rationalisierung zur nachhaltigen Steigerung des Lebensstandards führen kann.
- Zielkonflikte zwischen Ökonomie, Ökologie, Soziales, Gesundheit, Politik und Technik erkennen und diese an Beispielen erläutern.
- Auswirkungen des Strukturwandels auf den Lebensstandard einschätzen.
- die Ziele der ökosozialen Marktwirtschaft und Maßnahmen zu der Realisierung beschreiben.

2 Wirtschaftliches Handeln – Chancen, Grenzen, Entwicklungspotenziale

Wenn wir die Chancen einer durch Wachstum und Strukturwandel nachhaltigen Entwicklung ausnutzen wollen, müssen wir den Gestaltungskräften der ökosozialen Marktwirtschaft vertrauen. Dazu gehört im Wirtschaftsprozess:

- **Spezialisierung** der Produzenten, d.h. Arbeitsteilung und ▶ **Mobilität**, denn ich arbeite nicht mehr nur für mich.
- Eine gut funktionierende **Organisation**, die auch eine gute Kommunikation voraussetzt. ▶ **Mechanisierung** und **Automation** entlasten und ersetzen menschliche Arbeit („Ohne Landmaschinen würden die Menschen heute verhungern").
- **Forschung:** Sie trägt auf allen Gebieten von der Ernährung über Gesundheit bis zu Kunst und Technik zur Steigerung des Lebensstandards bei. Sie brachte den Buchdruck und die Glühlampe bis zum Smartphone und zur Raumfahrt; ohne **Bildung** gibt es keine Forschung.

Gestaltungskräfte einer ökosozialen Marktwirtschaft
Nachhaltigkeit in Ökonomie + Ökologie + Politik + Technik

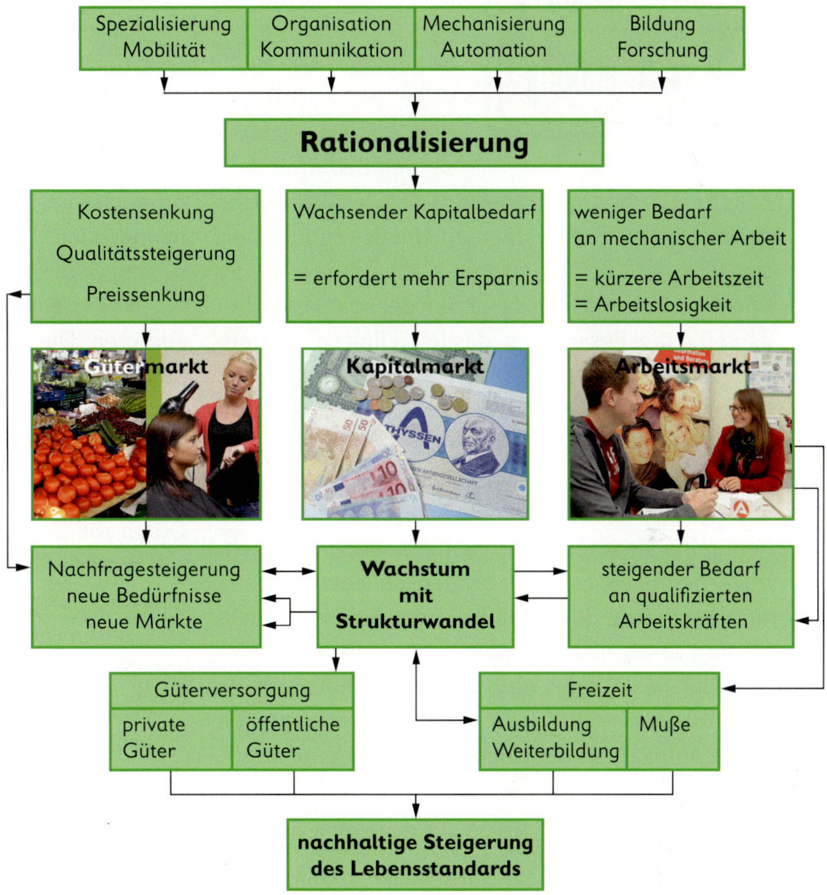

Dies alles soll zur ständigen Verbesserung unseres Lebens beitragen. Wir wissen, dass es dabei viele Fehlentwicklungen und leider auch Entwicklungen zur Schädigung der Lebensverhältnisse gibt. Diese gilt es dann zu bekämpfen. Ein typisches Beispiel sind die „Apps" von Smartphones, die viel zur Verbesserung beitragen, aber auch gravierende Probleme aufwerfen. Doch ohne die Gestaltungskräfte der Rationalisierung gibt es keine nachhaltige Steigerung des Lebensstandards durch Verbesserung von Güterversorgung und Freizeit.

1 Beschreibt die Bedeutung der Gestaltungskräfte (s. Schaubild) und den Begriff Rationalisierung.

2 Verfolgt in der Grafik die Pfeile von Rationalisierung bis Lebensstandard und sucht Beispiele zu den dort dargestellten Zusammenhängen. Sprecht in Partnerarbeit darüber.

3 Diskutiert in der Gruppe über die Konsequenzen des beschriebenen Wirtschaftsablaufs auf den drei Märkten für Arbeitnehmer, Unternehmer und Konsumenten. Was würdet ihr jeweils als Politiker der Regierungspartei anregen?

Gütermarkt

Technik und Ökonomie haben in der Vergangenheit zunächst zum Güterreichtum beigetragen. Die Bevölkerungsvermehrung und die wachsenden Bedürfnisse bzw. Ansprüche gingen aber zulasten des Verbrauchs der in Millionen von Jahren entstandenen Ressourcen.

Wichtige Ziele müssen daher nun der sparsame Umgang mit den Ressourcen, das Recycling von Materialien und der Einsatz erneuerbarer Energien sein. Die Ökonomie und Ökologie müssen – und dies ist rational – ein generelles Ressourcen-Recycling anstreben. Viele „▶ **Perpetuum mobiles**“ sind zu schaffen, zu denen uns die unbegrenzte Energie der Sonne zur Verfügung steht. Dazu können aber auch wir Nachfrager beitragen. Es ist ein Umdenken notwendig, da viele Menschen durch die Ergebnisse der Rationalisierung Knappheit nur noch verspüren, wenn der Nachbar ein größeres Auto oder der Schulfreund ein Trikot hat, das mehr „in“ ist. Dies zu ändern ist eine große Aufgabe, an der jeder mitarbeiten kann.

Kapitalmarkt

Rationalisierung ist meist mit hohen Ausgaben für Investitionen verbunden. Diese sollen zu einer besseren Versorgung der Konsumenten führen. Die Produktionskapazitäten müssen daher immer zwischen Investitions- und Konsumgüterproduktion aufgeteilt werden.

Das Einkommen, das alle Arbeitnehmer und Unternehmer durch diese Produktion erhalten, ist das → **Volkseinkommen**. Dieses darf nicht nur für Konsumgüter ausgegeben werden. Die Arbeitnehmer beteiligen sich durch Sparen daran, das heißt durch Verzicht auf Ausgaben für Konsum. Sie sparen für die Alterssicherung, leisten Bausparbeiträge usw. Dieses Geld geht als Kredit zu den Unternehmen und dem Staat für Investitionen. So funktioniert eine gute Volkswirtschaft. Wenn aber alle Menschen ihre Einkommen nur für Konsum ausgeben, funktioniert es nicht. Dann druckt evtl. die Zentralbank zusätzliches Geld und sorgt dafür, dass die Unternehmen und der Staat Kredite bekommen. Aber dann stimmt das Verhältnis von Gütermenge und Geldmenge nicht mehr. Es gibt mehr Geld, als produzierte Güter vorhanden sind. Die Preise steigen und es kann zu einer ▶ **Inflation** kommen. Dies zu verhindern ist die wichtigste Aufgabe der Europäischen Zentralbank, weil Inflation ein Grundübel für die Bevölkerung ist.

Arbeitsmarkt

Durch die Rationalisierung sinkt der Bedarf an Arbeitskräften für einfache Tätigkeiten, die von Maschinen und Computern übernommen werden. Die Arbeitszeiten werden kürzer. In den letzten 150 Jahren von 70 auf oft 35 Stunden/Woche. Es kommt durch Strukturwandel auch zu Arbeitslosigkeit, vor allem für die wenig qualifizierten Beschäftigten. Aber es kommt durch den Strukturwandel auch zu einem steigenden Bedarf an qualifizierten Arbeitskräften. Sie können ein durchaus gutes Entgelt und humane Arbeitsbedingungen erwarten. Daher ist die gute Aus- und Weiterbildung eine der wichtigsten Aufgaben am Arbeitsmarkt.

4 Nehmt Stellung zu den beim Gütermarkt angegebenen Zielsetzungen. Wie könnte eure Mitarbeit an der Erreichung dieser Ziele aussehen?

5 Der Bedarf an qualifizierten Arbeitskräften nimmt im Strukturwandel am Arbeitsmarkt ständig zu. Was erwartet man von so einem qualifizierten Mitarbeiter (siehe auch S. 90)?

3 Marktwirtschaft – so viel Freiheit wie möglich, so viel Staat wie nötig

Im vorigen Jahrhundert erlebte unsere Bevölkerung zwei der schlimmsten Wirtschaftssituationen: eine katastrophale **Inflation** (1923) und eine **Massenarbeitslosigkeit** in der Weltwirtschaftskrise (1929 bis 1933).

Preis für 1 Frühstücksei 1923	
Datum	**Preis/Reichsmark**
06.06.1912	0,07
07.08.1923	932
27.08.1923	177.500
17.09.1923	2.100.000
15.10.1923	227.000.000
05.11.1923	22.700.000.000
03.12.1923	310.000.000.000

Ursprungsquelle unbekannt. Die Tendenz stimmt aber mit vielen Literaturangaben überein, u.a. **Westdeutscher Rundfunk Köln** *http://www.planet-wissen.de/* politik_*geschichte/deutsche_* politik/*weimarer_republik/* hyperinflation.*jsp (06.02.2014)*

Wirtschaftskrise in Deutschland (in %)			
Jahr	**BIP Wachstum**	**Arbeitslose**	**Preisniveau**
1928	−4,4	6,2	−2,7
1929	−0,4	8,3	+1,3
1930	−1,4	13,4	−3,8
1931	-7,7	19,7	-8,0
1932	−7,5	24,5	−11,6
1933	+6,3	21,2	−2,2

Statistisches Bundesamt *www.destatis.de*, Wirtschaft und Statistik 3/2009, S. 203 ff. *(06.02.2014)*

Hinzu kam, dass die Regierung der Nationalsozialisten eine staatlich gelenkte Planwirtschaft aufbaute. Es gab aber schon damals einige Wissenschaftler, die eine politische und wirtschaftliche Freiheit anstrebten und ein marktwirtschaftliches Konzept für die Wirtschaftspolitik für die Zeit nach dem Zweiten Weltkrieg (1939–1945) entwarfen. Es sollte den Menschen eine marktwirtschaftliche Freiheit geben, die durch staatliche Regeln gesichert und sozialen Ausgleich gestützt wird.

1946 wurde zum ersten Mal von der „Sozialen Marktwirtschaft" gesprochen, die von Alfred Müller-Armack entwickelt und von Ludwig Erhard, dem ersten Wirtschaftsminister der Bundesrepublik Deutschland, nach der Einführung der D-Mark (1948) verwirklicht wurde.

Das Konzept hat sich in über 60 Jahren weiter entwickelt und verfolgt folgende Ziele:

1. Wettbewerbspolitische Ziele
Wettbewerb bringt die Gefahr mit sich, dass er sich selbst vernichtet. Der bessere Unternehmer gewinnt, der schlechtere gibt auf. Letztlich bleibt nur einer übrig. Daher muss der Staat dafür sorgen, dass kein ruinöser Wettbewerb erfolgt und dass der Verbraucher, der zumeist schwächere Marktpartner, geschützt wird.

2. Stabilisierungspolitische Ziele
Im Wirtschaftsablauf gibt es mal schlechte und mal gute Zeiten. Unter den schlechten Zeiten leiden am stärksten die Menschen, die arbeitslos werden. Daher muss sich der Staat bemühen, den Wirtschaftsablauf zu stabilisieren.

3. Sozialpolitische Ziele
Die Marktwirtschaft regt an, dass Leistungen erbracht werden. Es gibt aber Menschen, die körperlich oder geistig benachteiligt sind. Der Staat muss dafür sorgen, dass der Starke den Schwachen unterstützt. Dies geschieht durch höhere Steuern für die Starken und Unterstützungen für die Schwachen.

4. Ökologische, auf Nachhaltigkeit bezogene Ziele
Milliarden von Menschen überfordern zurzeit die Natur. Die Ressourcen dürfen nicht durch Konsum vernichtet, sondern müssen nach dem Prinzip der Nachhaltigkeit sparsam verwendet und recycelt werden. Nur dies sichert auch die zukünftigen Lebensgrundlagen.

1 Berechnet, wie viele Eier man im Jahr 1912 für den Preis von einem Ei am 7.8.1923 bekommen hätte.

2 Berechnet, wie hoch das BIP des Jahres 1932 war, wenn es im Jahr 1928 70 Mrd. Reichsmark betrug.

3 Informiere dich über Maßnahmen zur Verfolgung von jeder der vier Ziel-Kategorien und berichte hiervon in der Klasse.

4 Lebensstandard – ist dieser messbar?

Seit vielen Jahren werden wirtschaftliche Erfolge durch das „Sozialprodukt“ (genauer: BIP = Bruttoinlandsprodukt) gemessen. Dieser Maßstab ist die offizielle Orientierung für das wirtschaftliche Wachstum. So schreiben „Die Fünf Wirtschaftsweisen“, die seit 50 Jahren ihr Gutachten für Deutschland vorstellen, im Jahr 2013: „Aufgrund des schwachen Jahresbeginns wird das Bruttoinlandsprodukt des **Euro-Raums** im Jahr 2013 voraussichtlich eine Veränderungsrate von −0,4 % aufweisen. Für das Jahr 2014 wird eine Zuwachsrate von 1,1 % erwartet. ...“

Sachverständigenrat *http://www.sachverstaendigenrat-wirtschaft.de/50jahre.html (15.11.2013)*

Natürlich ist den Experten klar, dass das BIP ein sehr einseitiger Maßstab für Wohlstand oder Lebensstandard eines Volkes ist. Einst schuf allerdings die Industrialisierung durch eine enorme Erweiterung der materiellen Lebensgrundlagen bessere Möglichkeiten, auch andere als rein ökonomische Ziele zu verfolgen, wie Arbeitszeitverkürzung, Bildungsförderung, Stadtentwicklung usw.

Blick auf Hannovers City

Mit der Rodung von Wäldern, Betonierung von Grünflächen und dem Bau von Kohlekraftwerken ist jedoch – aufgrund des globalisierten Klimas – heute selbst in unterentwickelten Gebieten keine Erhöhung der Lebensqualität zu erreichen.

Industriekomplex

Allerdings gab es schon vor Jahrzehnten sozialwissenschaftliche Ansätze, durch ▶ **Soziale Indikatoren** die Messung von Wohlstand auf eine breitere Basis zu stellen, z. B.: Bildungsstand, Lebensdauer, Gesundheit, Umweltschädigung.

Inzwischen gibt es eine Vielzahl von Versuchen, Wohlstands- oder Lebensqualität mithilfe von sozialen Indikatoren zu messen. Dies geht von der ▶ **UNO** über ▶ **OECD** und ▶ **EU** (s. S. 146, 147) bis zu den Statistischen Ämtern von Ländern und Städten.

Ein solcher Versuch der EU ist „Europa 2020“. Die Ziele zu nachhaltigem und integrativem Wachstum werden durch Indikatoren in allen EU-Ländern gemessen und elf Indikatoren miteinander verglichen.

Beispiele sind:
- 75 % der Bevölkerung im Alter von 20 bis 64 Jahren sollten in Arbeit stehen.
- 3 % des BIP sollte für Forschung und Entwicklung aufgewendet werden.
- Der Anteil frühzeitiger Schul- und Ausbildungsabgänger sollte unter 10 % abgesenkt werden.

Damit kann man für die Länder der EU zwar Vergleiche anstellen, ob die erwünschten Werte erreicht sind (Nachhaltigkeit) und bei welchen Ländern evtl. Hilfen bereitzustellen sind (Integration), aber ein weltweiter Maßstab wie das BIP ist nicht gegeben, denn
- gleiche Zahlenwerte können eine ungleiche Bedeutung haben (10 m^2 Wohnraum je Person sind im Norden Europas eher wenig, im Süden viel),
- es werden nur einzelne Faktoren verglichen, nicht die Lebensqualität.

Die OECD erkundete 2013 in ihren 34 Staaten die Lebensqualität der Bürger mit der Frage: „Haben Sie täglich mehr positive Erfahrungen/Erlebnisse als negative?“ Die Deutschen bestätigten dies zu 81 %, während der Durchschnitt der OECD es zu 80 % tat. Solche Ergebnisse sind sicher unbefriedigend, aber dennoch geht die Suche nach einer Ergänzung des Indikators BIP weiter, weil dieser die Lebensqualität mangelhaft beschreibt. Mehr Einkommen schützt nicht vor Smog und fördert u.U. psychische Leiden. Steigende Einkommen bringen bei ungleicher Verteilung Unzufriedenheit. Solche Indikatoren waren früher unwesentlich gegenüber der Befriedigung von Existenzbedürfnissen, die sehr vom Einkommen abhing. Zu bedenken ist auch, dass es weltweit Menschen gibt, deren Vorstellungen von Lebensqualität völlig anders sind als die der Bevölkerung in den OECD-Ländern.

Eine Befragung von arbeitslosen Empfängern von Leistungen nach SGB II in Deutschland (Grundsicherung für Arbeitssuchende) ergab, was die Menschen sich hier besonders wünschen. Allerdings wurden ihnen 26 Güter, die für Deutschland relevant sind, zur Auswahl vorgegeben. In anderen Ländern gibt es andere Wünsche und andere Bedürfnisse. Indikatoren zu finden, die für alle Menschen Gültigkeit hätten, um den Lebensstandard zu bestimmen, ist sehr schwierig. Mit dieser Frage beschäftigen sich sehr viele Wissenschaftler und Organisationen.

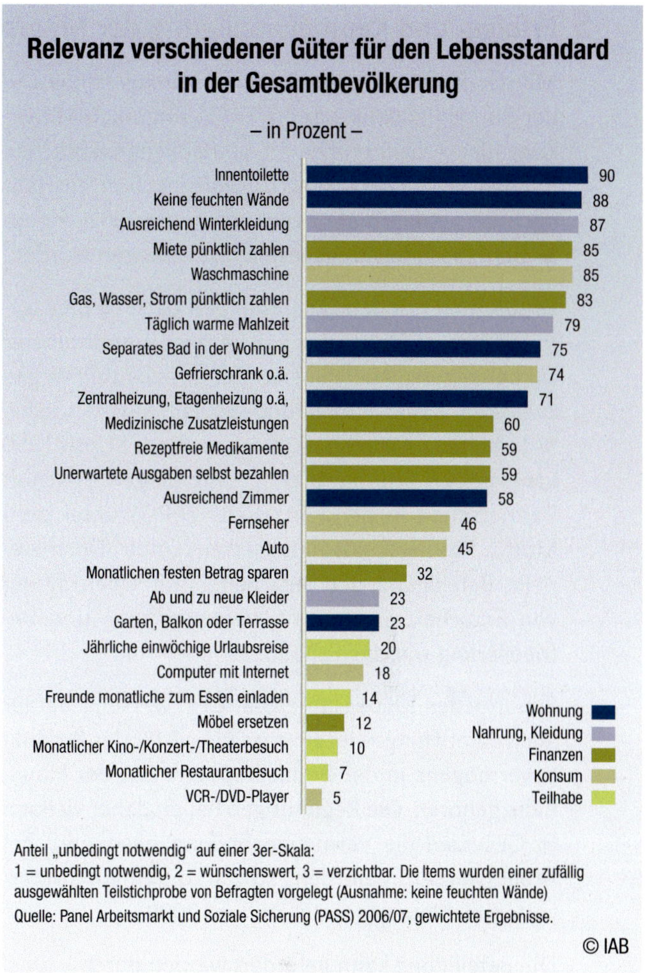

Institut für Arbeitsmarkt- und Berufsforschung der Bundesagentur für Arbeit

Lebensqualität und Soziale Sicherung, http://infosys.iab.de/pass/ergebnisse.aspx (Ergebnisse) (03.02.2014)

Wie lässt sich Wohlstand messen? Eine Frage, die ihr im **WEBCODE** intensiver verfolgen könnt.

1 Erkläre, was das „BIP“ ist.

2 Besprich mit einem Partner, was die Fünf Wirtschaftsweisen meinen.

3 Begründe, warum das BIP früher ein besserer Maßstab zur Messung des Lebensstandards war.

4 Sprecht in der Gruppe darüber, warum das BIP allein kein ausreichender Maßstab zur Messung des Lebensstandards mehr ist.

5 Nenne vier für dich wichtige Indikatoren zur Messung des Lebensstandards. Begründe deine Auswahl.

6 Diskutiert in der Gruppe, welchen Beitrag die von der OECD gestellte Frage zu den „Erfahrungen/Erlebnissen“ zur Beschreibung der Lebensqualität bieten kann. Ihr könnt dazu auch den **WEBCODE** nutzen.

7 Macht Vorschläge für Indikatoren zum Vergleich der Lebensqualität z. B. einer alleinerziehenden Briefzustellerin gegenüber einem unverheirateten kinderlosen Gaststättenwirt.

8 Macht einen Test in eurer Klasse, indem ihr zehn der 26 Indikatoren (s. Grafik) auswählt und diese von jedem nach der individuellen Wichtigkeit ordnet. Schätzt die unterschiedlichen Ergebnisse ein.

WEBCODE: WI650125-099

5 Erfolgs- und Kapitalbeteiligung der Mitarbeiter in der Marktwirtschaft

Mit der Einführung der Sozialen Marktwirtschaft in der Bundesrepublik war die Forderung nach Mitwirkung der Arbeitnehmer an betrieblichen Entscheidungen verbunden. Hierzu gab es schon ein Jahr nach dem Kriegsende Regelungen, die 1952 in dem ▶ **Betriebsverfassungsgesetz** fest verankert wurden.

Zusammen mit den Bestrebungen nach Mitbestimmung gab es aber auch solche nach unmittelbarer Mitbeteiligung. Auch dies war Teil des „Dritten Weges zwischen Kapitalismus und Sozialismus", sodass Mitarbeiter zu Miteigentümern werden. Schon 1950 kam es zur Gründung einer „Arbeitsgemeinschaft Partnerschaft in der Wirtschaft" (APG) unter dem Motto „Partnerschaft statt Klassenkampf". Die materielle Beteiligung der Mitarbeiter mit Übertragung von Entscheidungsfreiheit, Verantwortung und Betriebserfolg war das Leitbild.

Schon in den 1960er-Jahren hatte ein Wissenschaftler auch darauf hingewiesen, dass über 70 % des Produktivvermögens in der Bundesrepublik 2 % der Haushalte gehören. Die Regierungen haben daher vielfach in Gesetzen die Vermögensbildung besonders bei Arbeitnehmern gefördert, so z. B. durch ein „Mitarbeiterbeteiligungsgesetz" im Jahr 2009.

Die Beteiligung kann gefördert werden durch
- Mitarbeiter-Erfolgsbeteiligung und
- Mitarbeiter-Kapitalbeteiligung.

Erfolgsbeteiligung
Sie ist einfach durchzuführen. Die Mitarbeiter erhalten eine (meist jährliche) Zulage zum normalen Entgelt, die vom Gewinn des Unternehmens abhängig ist.

Kapitalbeteiligung
Hier gibt es viele Formen, die beliebteste sind ▶ **Belegschaftsaktien**.
Die Mitarbeiterbeteiligung ist in Deutschland gegenüber anderen Ländern gering. Hier die vereinfachten dargestellten Ergebnisse eines Vergleichs mit Frankreich aus zwei Erhebungen der Jahre 2005 (ganz Europa) und 2009 (nur EU).

Zahl der Unternehmen mit finanzieller Mitarbeiterbeteiligung (in %)*

Land	Erfolgsbeteiligung (EB)	Kapitalbeteiligung (KB)
Deutschland	2005: 5 % 2009: 14 %	2005: 1 % 2009: 3 %
Frankreich	2005: 12 % 2009: 35 %	2005: 5 % 2009: 5 %

Europäisches Gewerkschaftsinstitut *http://de.worker-participation.eu/Nationale-Arbeitsbeziehungen/Quer-durch-Europa/Finanzielle-Mitarbeiterbeteiligung (15.11.2013)*

Als Ursache wird vermutet, dass Deutschland sehr viele kleine und mittelgroße Unternehmen (KMU) hat. Für diese sind Mitarbeiterbeteiligungen nicht so beliebt wie bei den großen Aktiengesellschaften. Hinzu kommt, dass die Gewerkschaften wohl mehr Wert auf direkte Lohnsteigerungen legen als auf Mitarbeiterbeteiligungen.

1 Erläutere, was mit dem „Dritten Weg" bei der Mitarbeiterbeteiligung gemeint sein kann.

2 Welche Vorteile verspricht sich ein Unternehmer, wenn er Mitarbeiter beteiligt? Schätzt den Unterschied zwischen einer Erfolgs- und Kapitalbeteiligung ein.

3 Besprecht, warum viele KMUs die Mitarbeiter nicht gern beteiligen.

4 Begründe, warum Gewerkschaften auf die Beteiligung der Mitarbeiter nicht so großen Wert legen könnten.

5 Welche Vorteile könnte die Mitarbeiterbeteiligung für die Volkswirtschaft haben?

6 Welches Risiko kann mit der Kapitalbeteiligung für den Mitarbeiter verbunden sein?

Soziale Sicherung

1 Soziale Sicherung – eine Verpflichtung des Sozialstaates

Es gibt Lebensrisiken, gegen die sich ein einzelner Mensch oder auch eine Familie alleine nicht oder nicht ausreichend absichern können: das Risiko

- einer langen und schweren Krankheit,
- von Erwerbsunfähigkeit oder
- von Behinderung.

Auch im Alter fehlen Kraft und Möglichkeiten, durch Erwerbsarbeit die Existenz abzusichern.
Notwendig ist Solidarität zwischen

- Jungen und Alten (Generationenvertrag, s. S. 103),
- Gesunden und Kranken,
- Menschen mit hohem Einkommen und Vermögen und solchen, die nur über geringe Mittel verfügen.

Ein Sozialstaat hat die Aufgabe, eine befriedigende soziale Sicherung für alle zu organisieren. Die gesetzliche Sozialversicherung leistet dazu einen bedeutenden Beitrag.

Beschreibt die Abbildungen. Was ist heute anders?

Umgang mit Lebensrisiken vor 1883

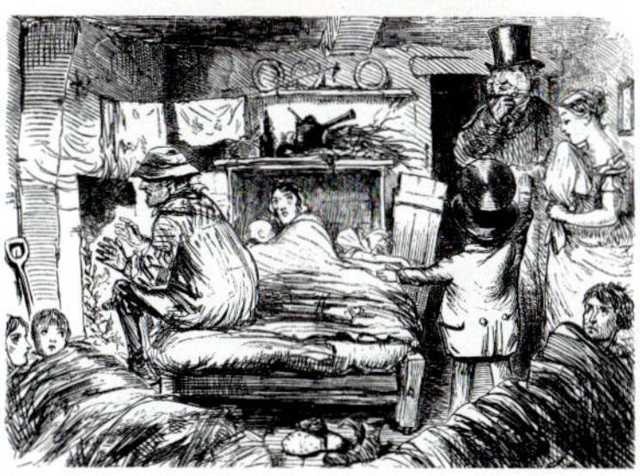

Rosas Heilkräuter sind gut. Einen Arzt können wir nicht bezahlen.

▲ Bei Krankheit

Die Kinder versorgen uns im Alter. *Es ist sicherer, viele zu haben.*

▲ Vorsorge für das Alter

Der Fürst ist so gut zu uns. *Der könnte aber mehr für uns tun.*

▲ Verteilung von Brot an die Armen

Grundsatz des Sozialstaates *(Artikel 20 Grundgesetz)*

„Die Bundesrepublik Deutschland ist ein demokratischer und sozialer Bundesstaat."

Das könnt ihr lernen

Ihr könnt

- wichtige Bestimmungen der gesetzlichen Sozialversicherung benennen und Risiken, die abgesichert werden, beschreiben.
- die Notwendigkeit eines Sozialausgleichs zur sozialen Sicherung erklären.
- euch, bezogen auf die soziale Sicherung, in die Lage von Erwerbslosen versetzen.
- wichtige gesetzliche Bestimmungen zum Schutz zur finanziellen Absicherung von Eltern und Kindern erklären und beurteilen.
- die Bedeutung eines Anspruchs auf Sozialhilfe unabhängig davon, ob jemand seine Notlage selbst verschuldet hat, bewerten.
- euch über aktuelle Probleme der sozialen Sicherung informieren und Ursachen sowie Auswirkungen überprüfen.

2 Krankenversicherung

Alle Bürger müssen versichert sein, damit sie die Behandlungskosten bei Krankheit nicht selbst zu tragen haben. In der gesetzlichen Krankenversicherung (GKV) sind rund 86% der Bevölkerung versichert, u. a. Arbeitnehmer, Erwerbslose, Rentner, Kinder und Ehepartner, denen gegenüber eine Unterhaltspflicht besteht. 2013 gab es 134 Krankenkassen.

Pflichtversicherte

Arbeitnehmer sind dann in der GKV pflichtversichert, wenn sie ein vom Staat festgelegtes Bruttoarbeitsentgelt nicht überschreiten. Im Jahre 2014 liegt diese Versicherungspflichtgrenze bei 4 050 Euro im Monat. Arbeitnehmer, deren Bruttoarbeitsentgelt über dieser Pflichtgrenze liegt, können in eine private Krankenkasse (PKV) wechseln. Das gilt auch für Beamte. Selbstständige können sich in der GKV oder PKV versichern.

Beiträge

Die Höhe der Beiträge in der GKV richtet sich nach der Höhe des Bruttoarbeitsentgelts. 2014 liegt der Prozentsatz bei 15,5%. Arbeitnehmer zahlen 8,2%, Arbeitgeber den Rest.
Die Höhe der Beiträge in der PKV wird weitgehend nach persönlichem Risiko (Vorerkrankung, Alter) berechnet.

Wichtige Leistungen der GKV

- Krankengeld, sofern die Lohnfortzahlung wegen einer längeren Erkrankung entfällt
- Arzt- und Zahnarztbehandlung
- Arznei-, Verbands-, Heil- und Hilfsmittel
- Krankenhausbehandlung
- Rehabilitationsmaßnahmen
- Mutterschaftshilfe

siehe auch **M 8**, S. 110

Solidarausgleich in der gesetzlichen Krankenversicherung

Familienlastenausgleich
Ein Arbeitnehmer mit nicht erwerbstätigem Ehepartner und/oder Kindern zahlt für die Leistungen der GKV bei gleichem Bruttoarbeitsentgelt so viel wie ein alleinstehender Arbeitnehmer.

Ausgleich beim Arbeitsentgelt
Ein Versicherter mit einem geringen Arbeitsentgelt und entsprechend geringerem Beitrag erhält bis auf das Krankengeld die gleichen Leistungen wie ein Versicherter mit einem höheren Arbeitsentgelt.

1 Schätze folgende Meinungen ein. Vergleiche dein Ergebnis mit einem Partner und begründe deine Einschätzung.
JANA: „Warum verlangt der Staat für Arbeitnehmer eine Pflichtversicherung? Jeder sollte das selbst entscheiden können."
ORHAN: „Großverdiener können sich in einer privaten Krankenkasse versichern und tragen nicht zum Solidarausgleich (s. rechte Spalte) bei. Das finde ich ungerecht."
JUDITH: „Privat Versicherte bekommen eher einen Arzttermin. Das ist ungerecht."
SIMON: „Wer mehr zahlt, soll auch eine bessere Leistung erhalten. "

2 Informiert euch zur Entwicklung der Krankenversicherung unter *www.bmg.bund.de*. Bewertet die Ergebnisse aus Sicht der Versicherten.

3 Renten- und Pflegeversicherung

Rentenversicherung
Sie bietet im Alter und bei Erwerbsminderung eine Grundsicherung. Renten werden durch die Erwerbstätigen finanziert (Generationenvertrag). Für eine befriedigende Sicherung ist notwendig, dass die Menschen zusätzlich Ersparnisse bilden. Der Staat fördert die Altersvorsorge durch Steuervergünstigungen.

Versicherungspflicht
Pflichtversichert sind alle Arbeitnehmer. Selbstständige können sich freiwillig versichern.

Beiträge
Die Beiträge zahlen Arbeitnehmer und Arbeitgeber nach der Höhe des Bruttoarbeitsentgelts bis zu einer Bemessungsgrenze (5950 Euro im Jahre 2014 – Beitragssatz 19,3 %). Für Zeiten der Arbeitslosigkeit entsteht kein Rentenanspruch.

Altersrente
Die Höhe der Altersrente hängt ab von
- der Höhe des persönlichen Arbeitsentgelts während der Erwerbszeit,
- der Entwicklung des durchschnittlichen Arbeitsentgelts aller Versicherten und
- der Versicherungszeit.

Die Renten werden an die Entwicklung der Arbeitsentgelte angepasst. Sie sollen nicht sinken.

Kindererziehungszeiten
Müttern und Vätern werden bei der Erziehung von Kindern, die ab 1992 geboren sind, drei Versicherungsjahre angerechnet (Stand 03.02.2014). Eine Ausweitung ist geplant.

Anspruch auf Zahlung der Altersrente
Bis 2012 wurde die Rente ab 65, danach wird sie bis 2029 ansteigend ab 67 Jahren ausgezahlt. Ab 2012 erhöhte sich die Versicherungspflicht um jährlich einen Monat. Wer früher eine Rente beantragt, muss Abschläge hinnehmen.

Rente bei verminderter Erwerbsfähigkeit
erhält, wer bei Krankheit oder Behinderung nicht oder nur teilweise erwerbstätig sein kann.

Rente wegen Todes
Anspruch auf Witwen-/Witwerrente haben überlebende Ehepartner. Kinder erhalten Waisenrente.

Wie Generationen füreinander eintreten

Pflegeversicherung
Die Pflegeversicherung unterstützte 2011 insgesamt 2,5 Mio. Menschen, die ständig auf Pflege angewiesen sind (zu Hause 1,8 Mio., davon ca. 1,2 Mio. durch Angehörige; 0,7 Mio. in Heimen). Beiträge müssen alle zahlen, die in einer Krankenversicherung versichert sind. Arbeitgeber und Arbeitnehmer zahlen die Beiträge. Sie liegen 2014 bei 2,05 %, bzw. 2,2 % für Kinderlose, des Bruttoarbeitsentgelts. Die Beitragsbemessungsgrenze beträgt 4 050 €.
Die Höhe der Leistungen für häusliche oder stationäre Pflege richtet sich nach der Pflegebedürftigkeit.

1 Ein erheblich höherer Anteil Frauen als Männer erhält Renten bis 900 €. Im Bereich von 900 € bis 1 500 € ist es umgekehrt. Notiere Gründe. Tausche dich mit deinem Partner aus.
Vertieftere Informationen enthält der **WEBCODE**.

2 Die Lebenserwartung der Menschen (s. S. 109) steigt ständig an. Nennt Folgen für die Renten- und Pflegeversicherung.

3 In der Renten- und Pflegeversicherung sind weitere Änderungen zu erwarten. Informiert euch unter *www.bmg.bund.de*, *www.bmas.de* und evtl. zusätzlich dem **WEBCODE**.

4 Mutterschutz, Kindergeld, Elterngeld und Elternzeit

Mutterschutz

Nach dem Mutterschutzgesetz besteht während der Schwangerschaft Kündigungsschutz. Schwangere dürfen nicht schwer arbeiten. Sonn- und Feiertagsarbeit sind verboten. Sechs Wochen vor und acht Wochen nach der Entbindung besteht ein Beschäftigungsverbot mit Anspruch auf Lohnfortzahlung.

Kindergeld

Eltern oder andere Bezugspersonen, die mit einem Kind in einem Haushalt leben, erhalten Kindergeld. Für das erste und zweite Kind werden pro Monat 184 Euro, für das dritte Kind 190 Euro und ab dem vierten 215 Euro gezahlt (2014). Das Kindergeld ist unabhängig von der Höhe des Einkommens. Bedürftige erhalten unter bestimmten Voraussetzungen einen Zuschlag bis 140 € (2014). Im Alter von 18 bis 25 Jahren wird es nur gezahlt, wenn der Jugendliche zur Schule geht, eine Berufsausbildung absolviert, ein freiwilliges soziales oder ökologisches Jahr leistet oder studiert.

Elterngeld und Elternzeit

Mütter oder Väter, die wegen der Betreuung eines Kleinkindes ihre Erwerbsarbeit unterbrechen oder auf unter 30 Stunden reduzieren, erhalten 12 Monate lang Elterngeld. Das sind 67 % des bis dahin bezogenen Einkommens, höchstens 1 800 Euro. Erwerbslose erhalten 300 Euro pro Monat. Verringert der voll erwerbstätige Elternteil die Erwerbszeit auf mindestens 30 Stunden, so verlängert sich die Elternzeit auf 14 Monate. Unbezahlt können Eltern bis zu drei Jahre die Erwerbsarbeit unterbrechen. Während dieser Elternzeit besteht ein Kündigungsschutz.

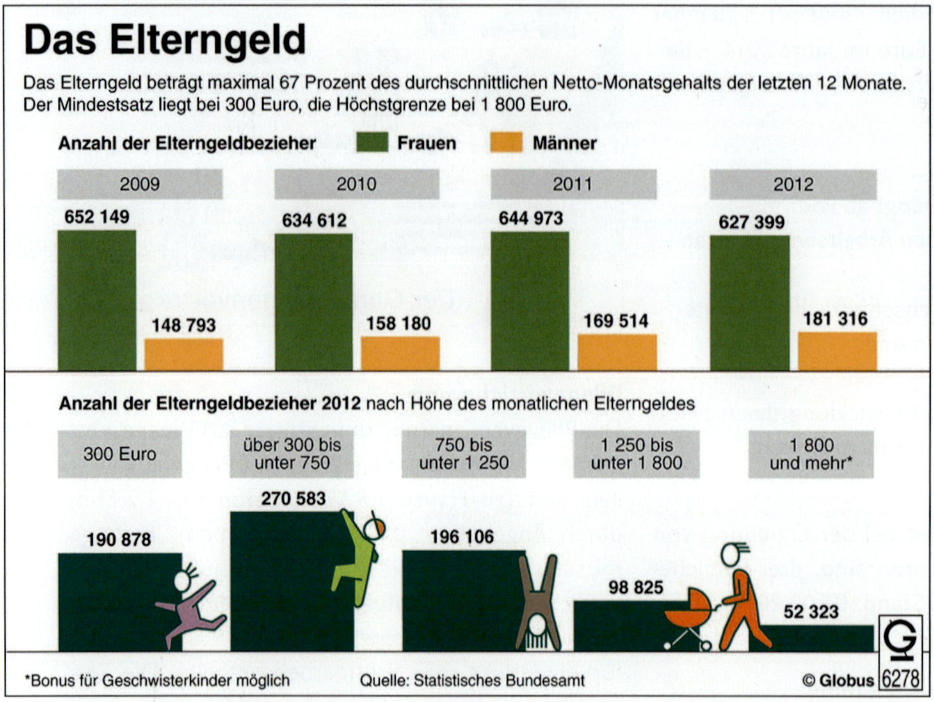

1 Begründet den Schutz der Mutter vor und nach der Geburt ihres Kindes.

2 Schätze folgende Meinungen ein. Vergleiche dein Ergebnis mit einem Partner und begründe deine Einschätzung:

JESSICA: „Ich finde es ungerecht, dass Eltern, die viel verdienen, das gleiche Kindergeld erhalten wie Eltern, die wenig verdienen."

JUDITH: „Alle Kinder sind gleich. Deshalb sollte auch das Kindergeld gleich hoch sein."

TIM: „Beim Elterngeld haben die einen Vorteil, die viel verdienen. Ist das gerecht?"

MIKE: „Ich verstehe nicht, warum der Staat so viel Geld dafür ausgibt, um Eltern- und teilweise Betreuungsgeld zu zahlen. Das Geld sollte lieber für mehr und bessere Kitaplätze ausgegeben werden."

5 Sicherung bei Arbeitslosigkeit

Gegen den Entgeltausfall bei Erwerbslosigkeit sind alle Arbeitnehmer pflichtversichert. Der Beitragssatz beträgt im Jahr 2014 3,0% und die Beitragsbemessungsgrenze 5950 Euro.
Wer arbeitslos wird, hat nach dem Arbeitsförderungsgesetz Anspruch auf Arbeitslosengeld. Nur Erwerbsfähige haben einen Anspruch auf die Leistungen. Erwerbsfähig ist, wer mindestens drei Stunden pro Tag arbeiten kann.

Arbeitslosengeld I und Arbeitsförderung

Die Höhe des Arbeitslosengeldes (ALG) I beträgt für Alleinstehende 60%, für einen Arbeitslosen ab einem Kind 67% des Nettoarbeitsentgeltes. Es wird maximal zwölf Monate gezahlt. Für Arbeitslose über 50 Jahre gelten Altersstufen bis 24 Monate. 2013 erhielten ca. 0,9 Mio. Arbeitslose ALG I. Wird in einem Unternehmen die Arbeitszeit abgesenkt (Kurzarbeit), kann Kurzarbeitergeld Entlassungen vermeiden. Es gleicht einen Teil des geringeren Verdienstes aus. Ergänzend gibt es durch die Arbeitsagentur u.a. Beratung und Arbeitsvermittlung, Fördermaßnahmen zur Berufsausbildung, Fortbildung und Umschulung (s. auch S.128). Bei auswärtiger Arbeitsaufnahme werden Zuschüsse gezahlt. Arbeitgeber können Eingliederungszuschüsse erhalten, wenn sie einen Erwerbslosen einstellen.

Grundsicherung für Arbeitssuchende (Arbeitslosengeld II) und Sozialgeld

Erwerbslose ohne Anspruch auf Arbeitslosengeld (ALG) I im Alter von 15 bis 65 Jahren erhalten ALG II (Hartz IV). Sie müssen erwerbsfähig und hilfsbedürftig sein.
Sozialgeld erhält, wer mit einem Hilfebedürftigen zusammenlebt (Bedarfsgemeinschaft) und nicht erwerbsfähig ist.
Diese Gruppen erhalten angemessene Kosten für Wohnung und Heizung erstattet.

Der Regelsatz für ALG II beträgt (ab 2014)

- für Alleinstehende 391 Euro,
- für Kinder bis zum 6. Lebensjahr 229 Euro,
  von 6–13: 261 Euro,
  von 14–17: 296 Euro,
- für Partner ab 19 Jahren 353 Euro,
- Erwachsene ohne eigenen Haushalt 313 Euro.

Ein Mehrbedarf für Kinder, z.B. bei Klassenfahrten, ist möglich. Daneben erfolgt eine Förderung durch Sachleistungen, z.B. Nachhilfestunden. Bei der Bedürftigkeitsprüfung wird Vermögen angerechnet. 2013 erhielten im Jahresdurchschnitt 4,4 Mio. Menschen ALG II. Davon waren 1,3 Mio erwerbsfähig.

Zumutbare Arbeit

Wer ALG II erhält, muss alles tun, um eine Erwerbsarbeit zu finden. Wer das versäumt oder eine zumutbare Arbeit ablehnt, muss mit Kürzungen rechnen.

„Dieser Betrieb nimmt Sie jetzt als Praktikantin und bei Bewährung nach sieben Monaten als Auszubildende. Stellen Sie sich bitte dort vor."

1 Informiert euch über den Stand der Leistungen bei Arbeitslosigkeit unter *www.bmas.de*.

2 Befragt Erwerbslose, die ihr kennt, wie sie die Erwerbslosigkeit erleben, z.B.:
- Wie hat sich das Zusammensein mit Freunden verändert?
- Wie sind das Arbeitslosengeld II und die möglichen zusätzlichen Leistungen zur Sicherung der Existenz einzuschätzen?
- Wie erleben Kinder die Erwerbslosigkeit des Vaters oder der Mutter?
- Was ist besonders schwer zu ertragen?

Bereitet in Gruppenarbeit eure Ergebnisse als Plakat auf und präsentiert diese.

6 Sozialhilfe einschließlich Grundsicherung im Alter und bei Erwerbsunfähigkeit

Wer in Deutschland in einer Notlage ist und von keiner anderen staatlichen Stelle Anspruch auf Unterstützung hat, hat Anspruch auf Sozialhilfe. Jeder Mensch soll in Würde leben können. Es spielt keine Rolle, ob eine Person die Notlage selbst verschuldet hat oder nicht. Jeder soll sich der Solidarität der Gesellschaft sicher sein. Sozialhilfe soll vor großer Armut und sozialer Ausgrenzung schützen.
Die Stärkung der Selbsthilfekräfte des Menschen ist das erklärte Ziel der Sozialhilfe.

Leistungen der Sozialhilfe

Die Leistungen sind auf den persönlichen Bedarf einer Person abgestellt. Möglich sind Geld- und Sachleistungen sowie Beratung.
Es besteht z. B. ein **Anspruch auf Lebensunterhalt**. Er umfasst den grundlegenden Bedarf an Essen, Kleidung, Wohnung, Hausrat und Körperpflege, Hilfe zur Pflege und Unterstützung bei Krankheit, Krankheitsvorsorge, Obdachlosigkeit und Behinderung.

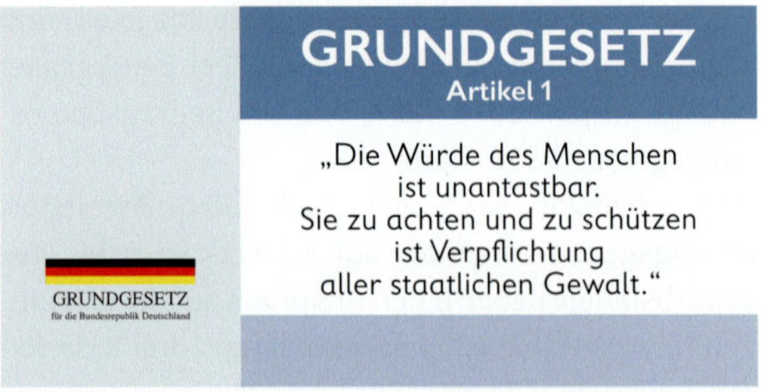

Der Regelsatz ist ähnlich wie ALG II (s. Vorseite). Zusätzlich gibt es Geld für die Wohnung. Es kann ein Mehrbedarf beantragt werden. 2012 erhielten 465 000 Personen Hilfe zum Lebensunterhalt **im Alter**. Sie ist für Menschen, die über eine geringe Rente verfügen bzw. kein Vermögen und keine unterhaltspflichtigen Partner, Eltern oder Kinder mit gutem Einkommen haben. Wegen Erwerbsminderung erhielten 2011 435 000 Personen Grundsicherung. 15 % der Kinder unter 15 Jahren erhalten Leistungen.

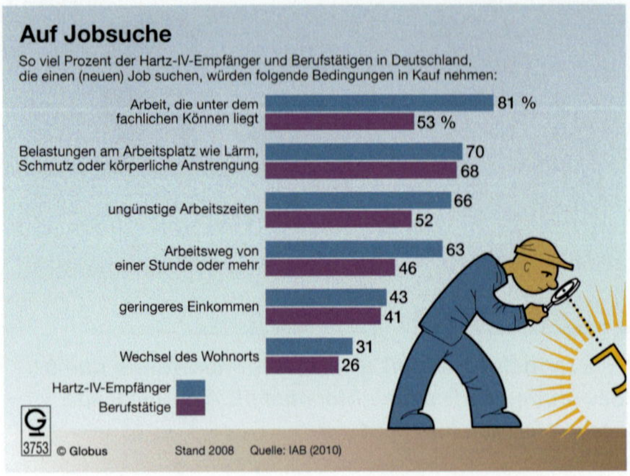

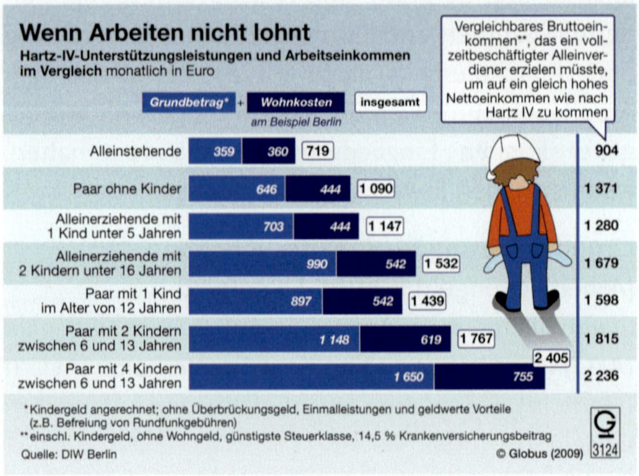

1 Sprecht über die Bedeutung des hohen Anteils von Kindern bei den Empfängern von Sozialhilfe und ALG II.

2 Viele schämen sich, Sozialhilfe zu beanspruchen. Nennt Gründe.

3 Sprecht darüber, wie sich bei der Jobsuche auswirken kann, arbeitslos und Empfänger von sozialen Leistungen zu sein.

4 Nehmt Stellung zu folgenden Meinungen:

ALEX: „Solidarität mit Menschen in Notlage finde ich sehr wichtig. Gut, dass dies im Grundgesetz verankert ist."

TARIK: „Man sollte Sozialhilfe nur als Kredit vergeben. Jeder ist für sich verantwortlich."

7 Unfallversicherung

Die gesetzliche Unfallversicherung schützt bei Arbeitsunfällen, bei Unfällen auf dem Weg zur Arbeit und bei Berufskrankheiten. Versichert sind Arbeitnehmer, Kinder in Kinderbetreuungseinrichtungen, Schüler, Studierende und ehrenamtlich Tätige. Träger sind insbesondere die ▶ **Berufsgenossenschaften** und Unfallkassen. Gegen andere Unfälle, z. B. im Haushalt, kann man sich selbst zusätzlich versichern.

Die gesetzliche Unfallversicherung finanziert Maßnahmen zur Wiederherstellung von Gesundheit und Arbeitskraft (Rehabilitation), sie zahlt Renten bei Minderung der Erwerbsfähigkeit und kümmert sich um die Unfallverhütung.
Darüber hinaus sorgt sie für Maßnahmen zur beruflichen und sozialen Teilhabe, z. B. die Finanzierung einer Haushaltshilfe oder einer Umschulung.

Schülerunfallgeschehen in Deutschland

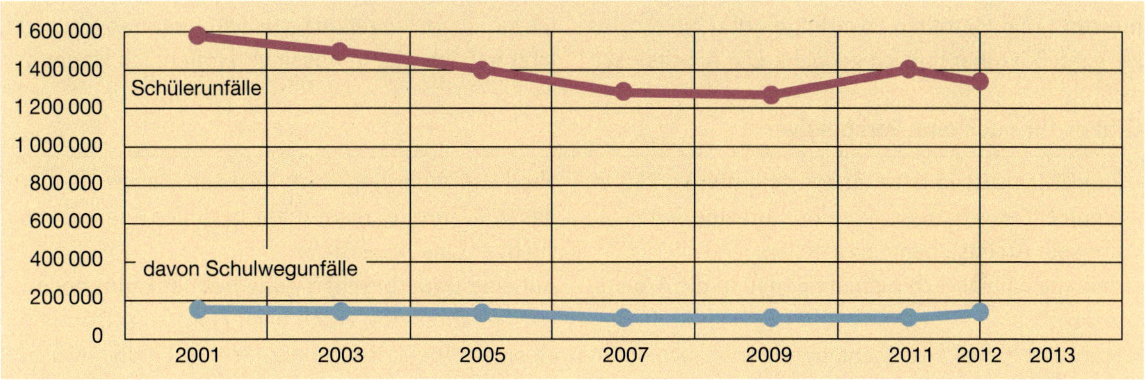

Angezeigte Schülerunfälle nach Schulart (2012)

Schularten	Schulunfälle	Schulwegunfälle
insgesamt[1]	1 229 546	110 908
davon:	**Angaben je 1 000 Schüler**	
Grundschulen	75,6	5,1
Hauptschulen	265,5	20,3
Realschulen	120,6	12,1
Gymnasien	76,0	7,6

Aufteilung der Schulunfälle nach Art der schulischen Veranstaltung 2012 in %

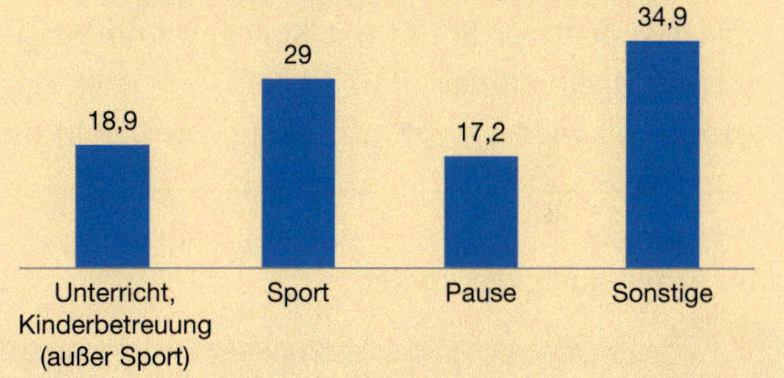

Deutsche Gesetzliche Unfallversicherung (Dez. 2013):
„Statistik Schülerunfallgeschehen 2012" www.dguv.de ▶ Zahlen und Fakten ▶ Broschüren ▶ Broschüren und Veröffentlichungen Schüler-Unfallversicherung (15.01.2013)

[1] Bei der Bewertung der Häufigkeit ist das Alter in den Schulformen zu berücksichtigen.

1 In welchen Schularten passieren pro 1000 Schüler die meisten Unfälle? Woran könnte das liegen?

2 An welchen Orten passieren die meisten Unfälle? Nennt Gründe.

3 Vergleicht die Daten zur Aufteilung der Schülerunfälle mit der Unfallstatistik eurer Schule. Informiert euch zur Unfallverhütung. Überlegt, ob die Maßnahmen ausreichen.

4 Zählt Maßnahmen zur Unfallverhütung in der Schulküche und im Werkraum auf. Begründet die Bedeutung.

5 Überprüft in eurem Praktikumsbericht, welche Unfallverhütungsmaßnahmen im Praktikumsbetrieb zu beachten waren.

8 Weiterführendes Material

M1 Wie fühlen sich Menschen, die keine Erwerbsarbeit finden?

Michael, 42 Jahre:
„Anfangs habe ich mich kaum aus dem Haus getraut. Da hab ich angefangen zu trinken. Das war schlimm. Meine Frau und die Kinder haben mir geholfen, da herauszukommen. Das Verständnis meiner Kinder hat mich sehr berührt – ich habe sie ganz neu kennen gelernt. Ich hab noch immer damit zu kämpfen, mich nicht als Versager zu fühlen. Ich war 15 Jahre als Werkmeister tätig. Hätte nie erwartet, einmal erwerbslos zu werden. Früher hab ich gedacht: Die Arbeitslosen – das sind faule Drückeberger. Die sind selbst schuld, wenn sie keine Arbeit haben. Ja, heute sehe ich das anders. Es gibt sicher einige solcher Leute, aber die Masse der Erwerbslosen will arbeiten.
Als Mann hast du es besonders schwer. Ich spüre bei einigen Bekannten deutlich, dass sie mich bemitleiden und für einen Versager halten – auch wenn sie das nicht laut sagen. Beides ist gleich unerträglich. Ich hab schon ungefähr 50 Bewerbungen abgeschickt. Jetzt hab ich was in Aussicht. Hoffentlich klappt's."

M2 Gibt es für mich eine Perspektive?

Frank Mainz ist 25 Jahre alt und gelernter Verkäufer. Wenn er Bewerbungen schreibt, wird eine Seite voll, um sein Arbeitsleben darzustellen.
Beinahe halbjährlich rutschte er neu in die Arbeitslosigkeit.
Frank hat Praktika gemacht, bei einer Zeitarbeitsfirma gejobbt, in einer Spedition und in einem Getränkehandel. Dabei lernte er viele Orte und Tätigkeiten kennen.
Teilweise hatte er Stress mit Kollegen und Vorgesetzten, auch mit der Pünktlichkeit.
Ist der Job wieder weg, muss Frank zurück in die elterliche Wohnung nach Sachsen ziehen, weil er das WG-Zimmer nicht mehr bezahlen kann. Dann sucht er eine neue Stelle.
Auf eine Dauerbeschäftigung hofft er kaum noch.
Mit 16 Jahren zog Frank nach Hamburg. Dort gab es einen Ausbildungsplatz für ihn. Flexibel war er bei der Arbeitssuche, jobbte für weniger als 700 Euro Monatslohn. „Genutzt hat es nicht."
Das Arbeitslosengeld reicht zum Leben, nicht für Hobbys oder eine Freundin. Arm und isoliert fühle er sich, sagt er.

M3 Was Arbeitslosigkeit kostet

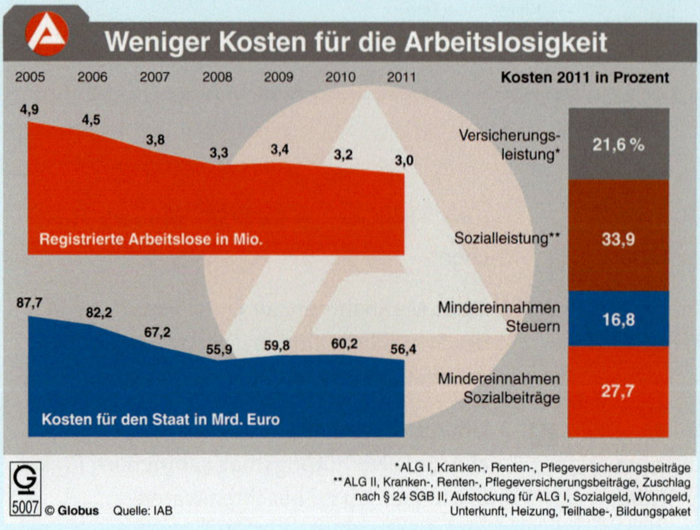

M4 Kritik an den Leistungen für Empfänger von ALG II und der Sozialhilfe

Vertreter der Wohlfahrtsverbände (z. B. Arbeiterwohlfahrt, Diakonisches Werk, Caritas) kritisieren immer wieder Folgendes:
Der Regelsatz ist zu gering. Er ermöglicht kein Leben in Würde, z. B. Teilhabe an Aktivitäten wie Sport- oder Musikveranstaltungen.
Alleinerziehende mit Kindern sind kaum in der Lage, ihre Kinder gut zu ernähren und ihnen ein kindgerechtes Leben zu ermöglichen.

Bezieher von ALG II sind nicht in der Lage, für unerwartete Ausgaben Rücklagen zu bilden.

Viele Empfänger von Sozialhilfe und ALG II fühlen sich ausgegrenzt und unerwünscht. Das gilt oft auch für die Kinder.

Viele schämen sich z. B., dass sie Nahrungsmittel bei einer „Tafel" annehmen (siehe M5).

M5 Die Tafel – Hilfe für Arme

Tafel ist die Bezeichnung für eine gemeinnützige Hilfsorganisation, die einwandfreie Lebensmittel, die sonst nicht mehr verwendet würden, an Hilfebedürftige austeilt. Spender sind z. B. Gaststätten, Bäckereien, Supermärkte, Metzgereien und Großmärkte. Bei einem Teil der Tafeln gibt es Suppenküchen, die kostenlos warmes Essen ausgeben. Die Verteilung erfolgt durch ehrenamtlich tätige Personen, die für diese Arbeit kein Geld bekommen. Sie achten darauf, dass nur Bedürftige die Waren erhalten.
Die erste Tafel entstand 1993 in Berlin. 2013 gab es bereits mehr als 900 Tafeln. Dort wurden regelmäßig 1 500 000 Personen von 50 000 Helfern ehrenamtlich unterstützt.

M6 Lebenserwartung steigt

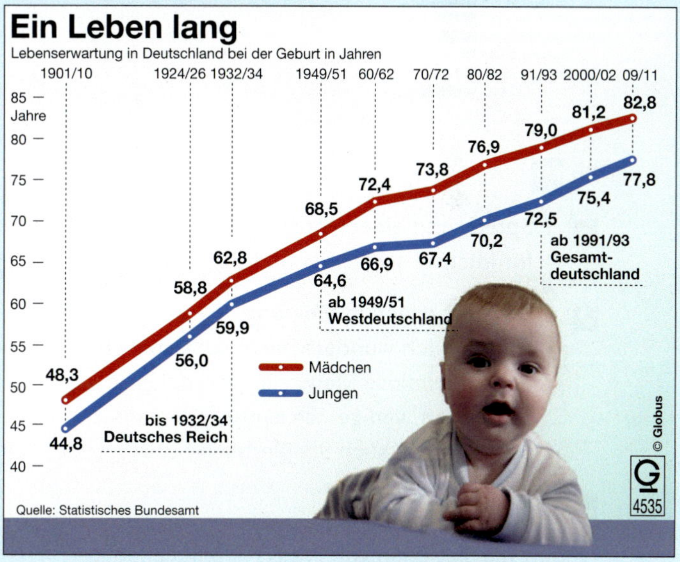

M7 Entwicklung der gesetzlichen Sozialversicherung

1883 Kranken- und Unfallversicherung für Arbeiter
1889 Alters- und Invaliditätsversicherung für Arbeiter
1911 Rentenversicherung für Angestellte
1927 Arbeitslosenversicherung und Arbeitsvermittlung
1957 Rentenreform; die Höhe der Rente hängt u. a. von der wirtschaftlichen Entwicklung und den eingezahlten Beiträgen ab. Das Modell geht von einem Generationenvertrag (s. S. 103) aus.
1957 Lohnfortzahlung im Krankheitsfall
1969 Arbeitsförderungsgesetz zur Förderung eines hohen Beschäftigungsstandes, der angemessen qualifiziert ist.
1972 Rentenversicherungsberechtigung erweitert, z. B. für Selbstständige und Hausfrauen; flexible Altersgrenze für den Rentenbeginn
1995 Pflegeversicherung
2001 Staatliche Förderung privater Altersvorsorge
2005 Arbeitslosengeld II ersetzt Arbeitslosenhilfe und Sozialhilfe
2007 Reform der Krankenversicherung; Versicherungspflicht für alle
2007 Rentenbeginn (ohne Abschlag) steigt ab 2012 bis 2029 in Stufen von 65 auf 67 Jahre

M8 Die Gesundheitsgesamtrechnung

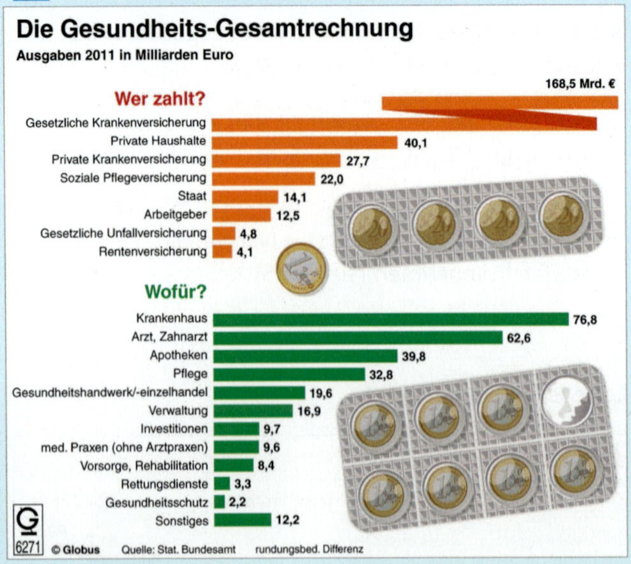

Zu M1

1 Sprecht mit einem Partner darüber, was für Michael schwer ist und was ihn stützt.

2 Beurteilt folgende Meinung.
ANNA: „Ich wundere mich, dass so viel über arbeitslose Menschen geredet wird. Es gibt nur wenige. Ich kenne jedenfalls keine.“ Siehe auch Schülerbuch S. 127.

Zu M2

Notiert die Stationen von Franks Arbeitsleben. Wie könnte er seine Lage verbessern?

Zu M3

Erklärt den Zusammenhang zwischen der Zahl Arbeitsloser und den Kosten der Arbeitslosigkeit.

Zu M4

1 Informiert euch mit aktuellen Berichten. Fasst einen Bericht in Stichworten zusammen. Nutzt folgende Internetadressen: *www.erwerbslos.de*; *www.caritas.de*; *www.diakonie.de*; *www.awo.org*; *www.igmetall.de* (08.10.2013)

2 Informiert euch über Kontaktstellen für Erwerbslose in eurer Gemeinde bzw. Stadt.

Zu M5

1 Informiert euch zur Tafel unter *www.wikipedia.org* ▶ Suchbegriff: Tafel; *www.tafel.de*

2 Überprüft, ob es in eurer Gemeinde eine Tafel gibt. Wenn ja, befragt Helfer und Nutzer über ihre Erfahrungen. Nutzt die **Methode Befragung**.

3 Nehmt Stellung zur Tafel. Prüft, ob ihr dazu eine **Pro-Kontra-Debatte** durchführen solltet:
JAN: „Die Idee ist großartig. Es ist wichtig, etwas für Arme zu tun und zu verhindern, dass gute Lebensmittel verderben.“
JUDITH: „Die Idee ist gut, aber es wäre besser, wenn Staat und Unternehmen dafür sorgen, dass die Menschen diese Hilfe nicht brauchen. Ist schon demütigend.“

Zu M6

1 Rechnet die Lebensjahre aus, die ein heute geborenes Mädchen sowie ein Junge im Durchschnitt länger leben wird als Kinder, die 1901/1910/1949/51 geboren wurden. Notiert Gründe für diese Entwicklung.

2 Notiert Folgen, die sich für die Kranken- und Rentenversicherung ergeben.

Zu M7

Die Entwicklung der sozialen Sicherung hat viele Jahre zu erheblichen Verbesserungen geführt. Einschnitte bei den Leistungen erscheinen wegen der demografischen Entwicklung (s. S. 109) für unvermeidlich.
Informiert euch über die Entwicklung in euren Geschichtsbüchern oder im Internet, z. B. mit *www.bmg.bund.de* und *www.bmas.bund.de*.

Zu M8

Beurteilt folgende Meinungen:
LYDIA: „Dass die privaten Haushalte so viel zahlen, liegt daran, dass sie auf die Werbung der Arzneimittelunternehmen hereinfallen.“
MAGNUS: „Wieso zahlen die Arbeitgeber?“
ANKE: „Rehabilitation ist wichtig. Sie hilft, die Menschen wieder arbeitsfähig zu machen.“

Private Versicherungen

1 Versicherungen schützen vor finanziellen Risiken

In einer Gesellschaft, in der die Menschen überwiegend in Kleinfamilien und alleine leben, ist eine Vorsorge gegen bestimmte Risiken des Lebens besonders notwendig.
Eine Versicherung gegen finanzielle Risiken bei Krankheit, Erwerbslosigkeit, zur Alterssicherung, gegen Arbeitsunfälle und Pflegebedürftigkeit ist für die meisten Menschen vorgeschrieben (gesetzliche Sozialversicherung, s. vorhergehendes Kapitel).
Wegen der großen Schäden, die sich im Straßenverkehr ereignen können, hat der Staat auch allen Kraftfahrern (Pkw, Lkw, Mofa-, Mokick- und Mopedhaltern) eine Haftpflichtversicherung vorgeschrieben (für Pedelecs wird sie empfohlen). Sie schützt Dritte, d. h. Personen, die von einem Fahrer geschädigt wurden.
Andere Risiken, die das Leben der Menschen ebenfalls stark betreffen, können privat abgesichert werden, z. B.

- Fahrraddiebstahl,
- Unfälle in der Freizeit, beim Sport oder im privaten Haushalt,
- Diebstahl, Einbruch, Feuer und Wasserrohrbruch im privaten Haushalt,
- rechtliche Auseinandersetzungen,
- verursachte Schäden an Sachen anderer, z. B. als Fahrradfahrer,
- Berufsunfähigkeit.

Wie funktionieren private Versicherungen?

Eine Versicherung soll das Risiko, das ein einzelner Mensch nicht alleine tragen kann, durch eine große Anzahl Versicherter absichern.

Mithilfe der ▶ **Wahrscheinlichkeitsrechnung** können die Versicherungsunternehmen das Risiko für bestimmte Schadensfälle ermitteln. Die Grundlage sind die Schadensfälle in der Vergangenheit. Berechnet werden kann z. B. die Wahrscheinlichkeit von Autounfällen, Fahrraddiebstählen, Wasserrohrbrüchen. Diese Berechnungen bestimmen die Beitragshöhe. Weitere Gesichtspunkte sind z. B. bei Kfz-Versicherungen der Autotyp und das Alter der Fahrer. Bei der privaten Krankenversicherung sind es Eintrittsalter und Gesundheitszustand.

Die Versicherungsunternehmen stehen im Wettbewerb zueinander. Da die Leistungen sehr unterschiedlich sind und es viele Anbieter gibt, können Verbraucher die Leistungen und Preise schwer bewerten. Eine genaue Prüfung ist wichtig.

Begründet die Versicherungspflicht der gesetzlichen Sozialversicherung sowie z. B. von Pkw sowie Motorrädern und die Freiwilligkeit der privaten Versicherung, z. B. von Fahrrädern.

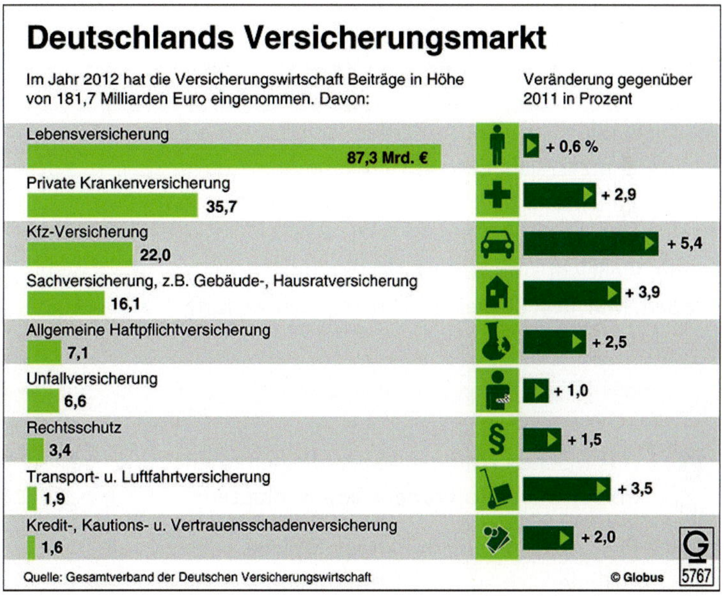

Das könnt ihr lernen

Ihr könnt

- erkennen, was Versicherungen leisten.
- verstehen, wie Versicherungen kalkulieren.
- wichtige Versicherungen für den Berufseinstieg unterscheiden und ihre Bedeutung einschätzen.

2 Welche Versicherungen brauchen wir?

Eine Befragung

Schüler der Klasse 9 befragten Verwandte, Nachbarn und Freunde nach den Gründen für einen Versicherungsabschluss.

Claudia, 30 Jahre: „Mein Bedürfnis nach Sicherheit ist gestiegen, nachdem die beiden Kinder geboren wurden. Eine Berufsunfähigkeitsversicherung war uns wichtig, falls uns etwas passiert. Der Rentenanspruch ist noch gering. Auch eine Haftpflichtversicherung ist wichtig. Die Kinder können ja alles Mögliche anstellen."

Anke, 28 Jahre: „Ich bin nicht der Versicherungstyp, habe nicht viel Angst. Die Pkw-Haftpflicht ist Pflicht. Außerdem habe ich eine private Haftpflicht- und eine Hausratversicherung."

Jens, 18 Jahre: „Ich habe vor einem Jahr meine Berufsausbildung begonnen. Ich bin in der gesetzlichen Sozialversicherung und überlege, ob ich eine private Unfallversicherung abschließen soll. Ich treibe viel Sport. Da ich bei meinen Eltern wohne, brauche ich sonst noch keine Versicherung."

Simon, 64 Jahre: „Ich habe im letzten Jahr meine Hausratversicherung erhöht. Ich habe mehr Angst vor Diebstahl als früher. Außerdem schloss ich eine Rechtsschutzversicherung ab. Ich habe Angst davor, dass mich jemand bei Rechtsstreitigkeiten über den Tisch zieht. Vielleicht macht mich das Alter unsicherer. Vielleicht sind auch die Zeiten unsicherer geworden. Man liest so viel Schlechtes in der Zeitung."

Anna, 52 Jahre: „Neulich wollte mir ein Vertreter eine Risikolebensversicherung verkaufen.
Glücklicherweise klingelte eine Nachbarin und hat mich vor einem Vertragsabschluss gewarnt. ‚Pass auf', hat sie gesagt, ‚die wollen Geschäfte mit der Angst machen.' Ja, ich werde in Zukunft sehr vorsichtig sein."

Jürgen, 39 Jahre: „Ich habe vor ein paar Monaten meine Hausratversicherung erhöht.
In den letzten Jahren hatte sich der Wert des Hausrats doch spürbar erhöht. Ich war froh, dass es die Zeitschrift ‚Finanztest' von der Stiftung Warentest gibt. Die habe ich im Internet eingesehen. Die Stiftung Warentest ist unabhängig und informiert bestens. Ich habe die Versicherung gewechselt und bezahle jetzt weniger Geld für eine bessere Leistung. Das hätte ich alleine nie herausgefunden."

Gesichtspunkte bei der Entscheidung

- Höhe eines möglichen Schadens oder des Risikos
- Höhe des Einkommens und der Ersparnis
- Vermögen
- Lage der Wohnung oder des Hauses
- Familienstand
- Alter
- mögliche Unterstützung durch Familie, Freunde oder Nachbarn im Schadensfall

Versichert gegen Hundebisse jeder Art; ausgenommen sind lediglich
a) Bisse von männlichen Hunden,
b) Bisse von weiblichen Hunden.
Kastrierte Hunde fallen nicht unter den Begriff Hund.

1 Aus welchen Gründen haben die befragten Personen Versicherungen abgeschlossen?

2 Diskutiert mit einem Partner: Welche Gründe, sich zu versichern, findet ihr selbst sehr wichtig bzw. weniger wichtig?

3 Führt eine Befragung bei Eltern, Nachbarn und Freunden durch zu Risiken, die diese versichern, und Gründen dafür. Schätzt die Ergebnisse ein.

3 Die Berufsausbildung beginnt – wie versichere ich mich?

Art der Versicherung Pflicht oder freiwillig	**Auszubildende**	**Berufseinsteiger**
Fahrradversicherung freiwillig	Versicherung gegen das finanzielle Risiko Diebstahl. Dieser muss bei der Polizei gemeldet werden. Zur Schadensmeldung sind Angaben über Hersteller, Marke und Rahmennummer notwendig. Das Fahrrad muss durch ein Schloss gesichert gewesen sein.	
Mofa- oder Moped-Haftpflichtversicherung Pflicht	Die Mofa- oder Moped-Haftpflichtversicherung sichert gegen Personen- und Sachschäden ab, die bei einem Unfall Dritten zugefügt werden. Freiwillig ist eine Kaskoversicherung bzw. Teilkaskoversicherung gegen Schäden am eigenen Mofa/Moped.	
Kfz-Haftpflichtversicherung Pflicht	Die Kfz-Haftpflichtversicherung sichert gegen Personen- und Sachschäden ab, die bei einem Unfall Dritten zugefügt werden. Freiwillig ist eine Kaskoversicherung bzw. Teilkaskoversicherung gegen Schäden am eigenen Auto.	
Privathaftpflicht (haftet auch für Unfälle des Fahrradfahrers) freiwillig	Wenn die Eltern eine private Haftpflichtversicherung abgeschlossen haben, sind Auszubildende bis zum Ende der Ausbildung mitversichert.	Nach Abschluss der beruflichen Ausbildung oder des Studiums ist eine eigene Privathaftpflichtversicherung nötig.
Hausratversicherung freiwillig	Wenn die Eltern eine private Hausratversicherung abgeschlossen haben, sind Auszubildende teilweise über eine Außenversicherung (die z. B. am Studienort befindliche Gegenstände absichert) bis zum Ende der Ausbildung mitversichert. Police auf diese Möglichkeit prüfen.	Wer dauerhaft von zu Hause auszieht und einen eigenen Haushalt gründet, muss sich nach Ausbildung/Studium selbst versichern.
Auslandskrankenversicherung freiwillig	Der gesetzliche Krankenschutz gilt nicht weltweit. Falls ein Aufenthalt in einem Land vorgesehen ist, in dem die Versicherung keinen Krankenschutz gibt, ist eine Zusatzversicherung sehr wichtig.	
Berufsunfähigkeitsversicherung freiwillig	Erst nach fünfjähriger Berufstätigkeit und Versicherungspflicht zahlt die gesetzliche Rentenversicherung eine Erwerbsminderungsrente.	

1 Mit welcher Versicherung müssen bzw. können Personen sich in folgenden Fällen gegen Risiken schützen?
a) Claudia kauft sich ein Mofa.
b) Arnim möchte sich gegen die finanziellen Risiken schützen, dass er als Fußgänger einen Radfahrer schädigt.
c) Bernhard möchte seine Wohnung vor dem Risiko bei Einbruch und Feuer schützen.
d) Philipp kauft sich einen Gebrauchtwagen.

2 Informiert euch im Internet über ausgewählte Versicherungen. Es gibt Besonderheiten und Voraussetzungen, die nicht alle in dem Schema aufgeführt sind.

3 Vergleicht die Kosten, z. B. für eine Fahrradversicherung gegen Diebstahl und eine Privathaftpflichtversicherung (nach Ende der Ausbildung). Informiert euch bei unabhängigen Beratern, z. B. der Stiftung Warentest mit der Zeitschrift „Finanztest“, über die Kosten.

Alles klar?

Nachhaltig handeln – Gestaltungskräfte einer ökosozialen Marktwirtschaft

1 Warum müssen wir mit den für uns verfügbaren Gütern wirtschaften?

2 Wie würdest du erklären, dass das Leben der Menschen „unter dem kalten Stern der Knappheit" steht?

3 Was versteht man unter der „Überflussgesellschaft", von der oft die Rede ist? Beschreibe diese.

4 Erkläre die verschiedenen Maßnahmen bzw. Gestaltungskräfte zur Rationalisierung im Kopf des Schaubildes auf S. 95.

5 Beschreibe wichtige Konsequenzen der Rationalisierung auf dem Güter-, Kapital- und Arbeitsmarkt.

6 Erläutere an Beispielen,
- was unter „Wirtschaftswachstum" verstanden wird und
- welche Bedeutung dabei der „Strukturwandel der Wirtschaft" hat.

7 Beschreibe an einem Beispiel den Zusammenhang von ökologischer Verantwortung und Zukunftssicherung.

8 Erkläre, was du unter „Lebensstandard" und „Sozialen Indikatoren" verstehst.

9 Nimm Stellung zu Vor- und Nachteilen der
- Erfolgs- und
- Kapitalbeteiligung

der Mitarbeiter in Unternehmen.

Soziale Sicherung

10 Die gesetzliche Sozialversicherung schützt die Würde des Menschen. Begründe.

11 In der gesetzlichen Krankenversicherung gibt es einen Solidarausgleich.
Beschreibe, was damit gemeint ist.

12 Notiere mindestens drei wichtige Leistungen der gesetzlichen Krankenversicherung.

13 Notiere mindestens drei wichtige Maßnahmen zur Sicherung bei Erwerbslosigkeit.

14 Bezieher hoher Einkommen können sich dem Solidarausgleich der gesetzlichen Krankenkasse entziehen. Begründe diese Möglichkeit und bewerte sie.

15 Schreibe Maßnahmen auf zur Unfallverhütung bei Sportunfällen, in der Holzwerkstatt, in der Schulküche und auf dem Schulweg.

16 Der Kinderanteil bei den Empfängern von Sozialhilfe/ALG II ist hoch. Schreibe Gründe dafür auf.

17 Nimm Stellung zu folgenden Meinungen:
a) **ANNIKA:** „Beim Elterngeld ist im Vorteil, wer viel verdient. Das ist ungerecht."
b) **FABIAN:** „Keiner sollte zu einer Versicherung gezwungen werden. Das
- schränkt die Freiheit ein,
- kostet unnötig Geld."

c) **SONJA:** „Ich verstehe nicht, dass sich Menschen schämen, Sozialhilfe in Anspruch zu nehmen. Wo das Grundgesetz doch die Würde des Menschen schützen soll."

18 Im Jahr 2012 betrugen die Gesamtkosten des Sozialstaats 782 Mrd. Euro. Sie teilten sich, wie im Kreisdiagramm verdeutlicht, auf: Errechne den Anteil am BIP (s. S. 143).

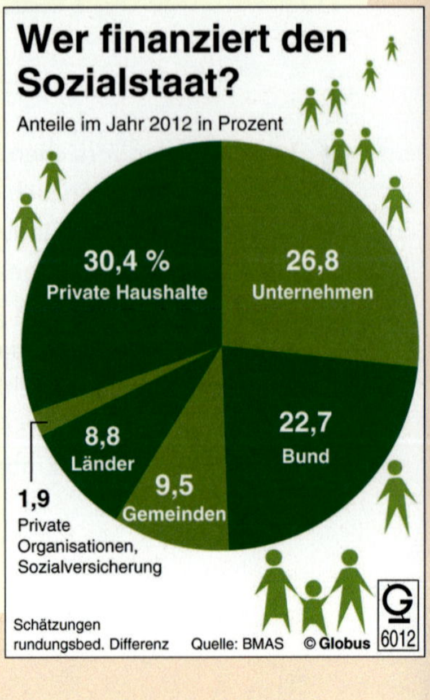

19 Betrachte Folgendes aus der Sicht
- der geringer werdenden Anzahl jüngerer Beitragszahler.
- der Frauen, die mit der Aufstockung der Mütterrente noch immer nicht gleichgestellt sind.

Begründe deine Einschätzung.

Rentenpaket der neuen Bundesregierung

In der Vergangenheit stieg wegen der demografischen Entwicklung der Beitrag zur Rentenversicherung. Das wird auch für die Zukunft erwartet. Im Januar 2014 wurde von der neuen Bundesregierung beschlossen:

a) Für alle Frauen, deren Kinder vor dem Jahr 1992 geboren sind, wird die Rente um ca. 25 € pro Monat und Kind erhöht. Damit sollen die Mütter belohnt werden, die damals für ihre Kinder mehr Zeit aufwenden mussten, weil es noch zu wenige Betreuungshilfen gab. Bisher erhielten nur Mütter jüngerer Kinder einen Ausgleich – auch jetzt noch um 1/3 mehr.

b) Wer schon mindestens 45 Jahre in der Rentenversicherung ist, darf mit 63 anstatt mit 67 Jahren „in Rente gehen".
Bisher wurde für jeden Monat, den man vorzeitig ging, 0,3 % von der Rente abgezogen.

c) Die Erwerbsminderungsrente wird verbessert: Diese Rente erhielt, wer vor dem 60. Lebensjahr krankheitsbedingt nicht mehr arbeiten konnte. Man bekam dann eine Rente, als wenn man bis zum 60. Lebensjahr gearbeitet hätte. Die Verbesserung ist nun, dass die Rente so hoch ist, als hätte man bis zum 62. Jahr gearbeitet.

d) Auch Leistungen, die alle Rentenversicherten erhalten, wenn sie während der Zeit, in der sie noch berufstätig sind, Rehabilitation in Anspruch nehmen müssen, wurden verbessert. Ca. 100 Mio. € zusätzlich zu den bisherigen ca. 130 Mio. € stehen jährlich zur Verfügung. 59 % der Bürger waren im Januar 2014 nach einer Umfrage des Tagesspiegel der Ansicht, dass die neue Bundesregierung hier eine Politik zulasten der jüngeren Generationen macht. Jedoch halten 78 % z. B. die Mütterrente für wichtig.

Die Kosten für die Rentenreform stoßen auf Kritik. Sie summieren sich bis 2030 auf etwa 160 Milliarden Euro – jährlich neun bis elf Milliarden Euro. Bezahlt werden soll alles aus der derzeit mit Beiträgen gut gefüllten Rentenkasse und später auch aus Bundesmitteln.

Private Versicherungen

20 Notiere Unterschiede zwischen der Sozialversicherung und privaten Versicherungen.

21 Begründe Gesichtspunkte, die für die Wahl einer privaten Versicherung eine Rolle spielen.

22 Erkläre für fünf Versicherungen, gegen welche Risiken sie versichern.

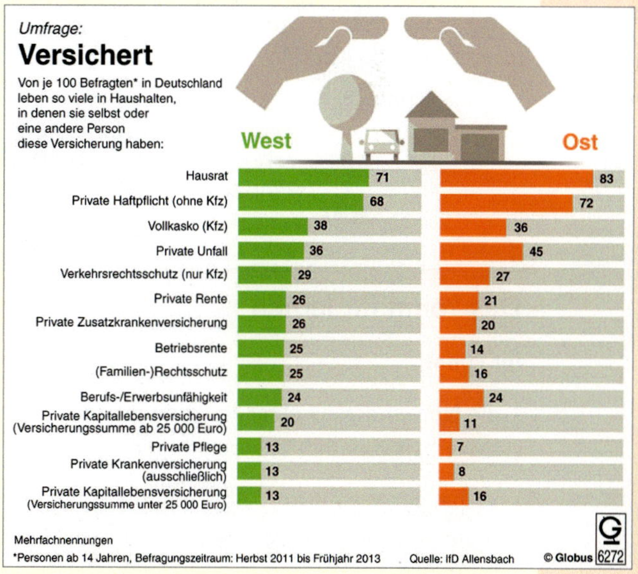

23 Welche Versicherungen sind für dich besonders wichtig?

Markt und Wettbewerb

1 Warum Wettbewerb?

Wettbewerb wurde nicht von Wirtschaftspolitikern erfunden, sondern von Menschen, die es lieben, besonders gute Leistungen zu erbringen. Er ist daher in unserem Leben überall zu finden, wenn es darum geht, eine Auslese zwischen Personen für eine bestimmte Tätigkeit zu treffen, und auch, um Menschen zu motivieren, sich Mühe zu geben.

Wettbewerbe gibt es in vielen Lebensbereichen, z.B. in der Schule, im Breitensport, in der Fußball-Bundesliga oder in der Musik (z. B. Eurovision Song Contest).

Beim Wettbewerb streben zwar Menschen nach dem gleichen Ziel (z. B. Goldmedaille, „Treppchen"), aber nicht rücksichtslos, sondern nach gemeinschaftlich vereinbarten Regeln.

So wie es Regeln beim Judo oder Fußball gibt, so gibt es auch Regeln in der Marktwirtschaft.

Durch den Wettbewerb in der Wirtschaft sollen Unternehmen ihren Kunden preiswerte Waren und Dienstleistungen in guter Qualität anbieten. Das ist die Idee einer funktionierenden Marktwirtschaft.

Da es einigen Menschen schwer fällt, die Spielregeln einzuhalten und sich den Mitbewerbern (Konkurrenten) gegenüber fair zu verhalten, ist eine Kontrolle wichtig, z. B. durch Schiedsrichter oder eine Jury.

Wodurch unterscheiden sich die Wettbewerbsarten auf den drei Bildteilen? Beschreibe in Stichworten.

Tankstelle A: Preise für Kraftstoffe am 1.2.2014 in Berlin
Tankstelle B: Preise für Kraftstoffe am 1.2.2014 in Berlin

1

Schülerkochpokal der Schülerköche®
www.schuelerkochpokal.org

2

3

Das könnt ihr lernen

Ihr könnt

- die Notwendigkeit eines funktionierenden Wettbewerbs auf dem Markt begründen.
- Verhaltensweisen von Anbietern, die einen funktionierenden Wettbewerb beeinträchtigen, beschreiben.
- an Beispielen erklären, wer bei Verstößen gegen Wettbewerbsregeln wie geschädigt wird.
- die Grenzen der Leistungsfähigkeit des Marktes beschreiben und die Notwendigkeit eines Angebots öffentlicher Güter begründen.
- Unterschiede bei der Preisbildung von privaten und öffentlichen Gütern erklären.
- eine Erkundung zum Wettbewerb im Lebensmitteleinzelhandel durchführen.

2 Wenn es keinen Wettbewerb gäbe ...

Miteinander – Gegeneinander

Damit der Wettbewerb funktioniert, sind Regelungen notwendig, für deren Einhaltung die Regierungen sorgen müssen. Dies ist sehr kompliziert, denn Wettbewerb ist immer eine Mischung aus Rivalität und ▶ **Kollegialität** (Gemeinschaftlichkeit). Beides muss gewährleistet sein, damit Wettbewerb funktioniert.

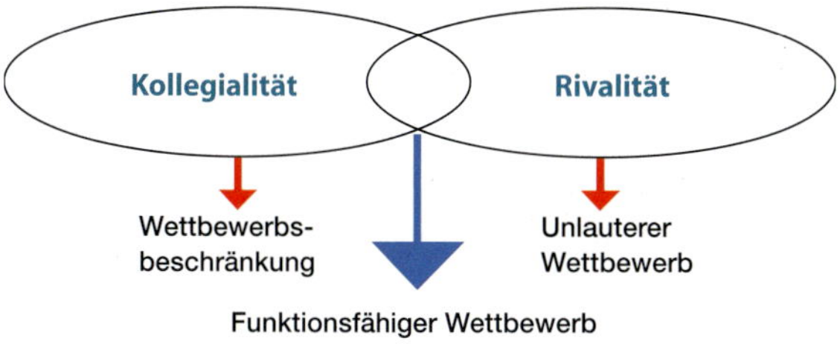

Überwiegt die Kollegialität, z. B. durch Absprachen und ▶ **Kartelle**, dann werden keine besonderen Leistungen mehr erbracht, weil die Motivation fehlt. Der Wettbewerb ist beschränkt. Überwiegt die Rivalität, dann werden die Regeln nicht mehr eingehalten! Der Wettbewerb wird unfair und die Ergebnisse beruhen auf Macht oder Betrug.

Wofür funktionsfähiger Wettbewerb sorgt

- Nachfrager kaufen bei preiswerten Anbietern, die i.d.R. auch niedrige Kosten haben. Andere Unternehmen werden gezwungen, sich anzupassen. Die Kosten der Güterproduktion sinken durch ▶ **Rationalisierung**.
- Nachfrager meiden Unternehmen, in denen sie nicht zufriedenstellend und höflich bedient werden. Der Wettbewerb stärkt die Nachfrager.
- Anbieter, die sich um Rationalisierung, Verbesserung der Leistung und Erfüllung der Kundenwünsche bemühen, werden belohnt.
- Unternehmen, die ihre Kosten und Preise senken, haben einen höheren Absatz.
- Die Stellung der Nachfrager am Markt wird gestärkt.
- Unternehmen, die sich keine Mühe geben, müssen aus dem Markt ausscheiden.

Folgen für die Verbraucher

Für eine funktionierende Marktwirtschaft ist es notwendig, dass ausreichend viele Anbieter um die Kunden konkurrieren. Ist nur ein Anbieter am Markt (ein Monopolist), dann besteht die Gefahr, dass der Anreiz zu guten Leistungen fehlt – zulasten der Verbraucher.

Ein Monopolist kann z. B. seine Waren zu überhöhten Preisen oder in unbefriedigender Qualität anbieten. Dies gilt auch für Dienstleister, z. B. in öffentlichen Einrichtungen.

Es kann auch sein, dass ein Unternehmer ohne Konkurrent keine neuen oder verbesserten Produkte in sein Sortiment aufnimmt.

Da der Wettbewerb für die Anbieter mühevoll ist, suchen sie oft Möglichkeiten, ihn zu beschränken oder gar auszuschalten. Es gibt dazu zwar viele Möglichkeiten, aber die Regierungen bemühen sich ständig, dies durch Gesetze und Kontrollen zum Wohl der Verbraucher zu verhindern.

1. Was heißt funktionsfähiger Wettbewerb?
2. Findet verschiedene Beispiele für die Fortsetzung der Überschrift oben.
3. Berichtet über eigene Erfahrungen mit Waren oder Dienstleistungen, bei denen der Anbieter keine Konkurrenz hatte.
4. Diskutiert über den Nutzen von Wettbewerbsregeln im Sport und in der Wirtschaft.
5. Erwägt eine Teilnahme am Schülerkochpokal.

3 Schutz des Wettbewerbs

Zuständigkeit der Kartellbehörden

Wettbewerb sorgt in der Marktwirtschaft nicht nur für gute ökonomische Ergebnisse, sondern auch für Freiheit bei der wirtschaftlichen Betätigung. Es darf aber nicht jeder tun und lassen, was er will. Der Staat bemüht sich darum, Wettbewerbsbeschränkungen und unlauteres Verhalten zu verhindern.

In der Bundesrepublik hat jedes Bundesland eine Landeskartellbehörde, die sich um alle Fälle kümmert, die auf dem eigenen Gebiet anfallen (wenn z. B. die Friseure in einer Stadt den Preis für Haarschnitte absprechen). Verletzungen des Wettbewerbs durch Unternehmen mehrerer Länder verhindert oder bestraft das Bundeskartellamt in Berlin und bei internationalen Fällen wird der EU-Kommissar für Wettbewerb tätig.

Schwerpunkte der Wettbewerbssicherung

Die wichtigsten rechtlichen Grundlagen für die Ämter sind das Gesetz gegen Wettbewerbsbeschränkungen (GWB) und Artikel 102 des Vertrages über die Arbeitsweise der Europäischen Union (AEUV).

→ Kartellverbote
→ Verbote von Absprachen
→ Missbrauchsaufsicht
→ Fusionskontrolle

Diese vier Aufgabenbereiche stehen im Mittelpunkt der Tätigkeit einer Kartellbehörde. Sie kann anordnen, dass Verstöße durch Unternehmen oder Personen unterbleiben, und hohe Bußgelder festsetzen (siehe S. 119).

1 Welche beiden Ziele soll der Wettbewerb in der Marktwirtschaft erfüllen?

2 Wer hätte Nachteile, wenn die Friseure in einer Stadt die Preise absprechen?

3 Welches sind die vier wichtigsten Aufgabenbereiche der Kartellbehörden?

4 Wie können Monopole entstehen und warum sind sie schädlich?

Wettbewerb und Struktur der Märkte

Die Tätigkeit der Kartellbehörden ist sehr davon abhängig, wie viele Konkurrenten auf einem Markt vorhanden sind. Dabei teilt man ein in:

→ Polypole
→ Weite Oligopole
→ Enge Oligopole
→ Monopole

In einem Polypol gibt es viele, in einem Oligopol wenige Anbieter und ein Monopol ist ein Markt mit nur einem Anbieter. Ein solcher Markt ist für die Nachfrager nicht günstig. Sie haben keine Auswahl. Gibt es nur einen Nachfrager und viele Anbieter (z. B. beim Kauf von Polizeiuniformen für das Land Niedersachsen), dann nennt man die Marktform „Nachfragemonopol". In diesem Fall haben es die Anbieter schwer.

Sehr lange war man der Ansicht, dass eigentlich ein Polypol als Gegensatz zum Monopol die besten Chancen für Verbraucher bietet. Doch dies ist nach Analysen nicht der Fall.

Sind auf einem Markt viele Anbieter, dann handelt es sich meist um kleine Unternehmungen, die höhere Betriebskosten – und damit auch höhere Preise – als große Unternehmen haben. Daher sind Märkte mit weniger Anbietern (Oligopole), die größere Mengen eines Produkts anbieten, günstiger. Sie sind auch besser in der Lage, ihre Konkurrenz zu beobachten, und bemühen sich ständig, der Erste zu sein. Ein Polypol wird dagegen oft als ► **„Schlafmützenkonkurrenz"** betrachtet, weil die vielen kleinen Konkurrenten sich gegenseitig nicht gefährlich werden.

Allerdings sollte ein Oligopol nicht so wenige Unternehmen umfassen, dass leicht Absprachen zur Beschränkung des Wettbewerbs erfolgen können (enges Oligopol). Daher sieht man i.d.R. das „weite Oligopol" als die ideale Marktform an.

5 Wettbewerb gibt es nicht nur in der Wirtschaft (s. S. 116). Nenne zwei Organisationen, die im Sport den Wettbewerb sichern.

4 Kartelle und Absprachen

Kartellstrafen in Millionenhöhe

Magda K.: Fernsehen berichtet von Strafen wegen Preisabsprachen. Wer bekommt das viele Geld?

Professor Müller: Nach dem Bericht des Bundeskartellamtes sah es in den letzten Jahren so aus:

Verhängte Bußgelder je Jahr				
Jahr	**2010**	**2011**	**2012**	**2013**
Mio. €	267	190	316	240

Dabei waren die höchsten Strafen 2012/2013 für Lieferungen von Löschfahrzeugen der Feuerwehr mit 50,5 Mio. € und für Schienen bei der Deutschen Bahn mit 134,5 Millionen €. So hohe Geldbußen sollen abschreckend wirken. Es wird aber auch berücksichtigt, dass die Unternehmen nicht dadurch ▶ **insolvent** werden. Das Geld fließt in den Bundeshaushalt, sodass es der Bevölkerung wieder zugute kommt.

*Zahlen aus **Bundeskartellamt:***
http://www.bundeskartellamt.de/SharedDocs/Meldung/DE/Pressemitteilungen/2013/27_12_2013_Jahresrückblick.html (27.12.2013)
*und **Hamburger Abendblatt** vom 01.01.2014*

Frühstückskartell in Fittig

Absprache im Baugewerbe

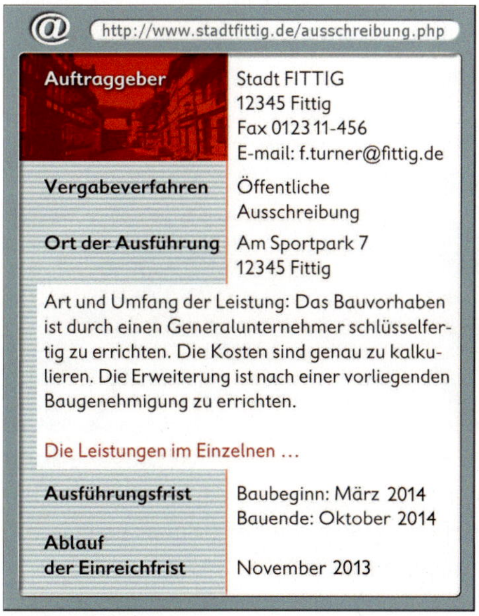

http://www.stadtfittig.de/ausschreibung.php

Auftraggeber	Stadt FITTIG 12345 Fittig Fax 0123 11-456 E-mail: f.turner@fittig.de
Vergabeverfahren	Öffentliche Ausschreibung
Ort der Ausführung	Am Sportpark 7 12345 Fittig

Art und Umfang der Leistung: Das Bauvorhaben ist durch einen Generalunternehmer schlüsselfertig zu errichten. Die Kosten sind genau zu kalkulieren. Die Erweiterung ist nach einer vorliegenden Baugenehmigung zu errichten.

Die Leistungen im Einzelnen …

Ausführungsfrist	Baubeginn: März 2014 Bauende: Oktober 2014
Ablauf der Einreichfrist	November 2013

Die Stadt hofft, dass sich viele Unternehmer an der Ausschreibung beteiligen. Der Unternehmer, der die Bedingungen erfüllt und am preiswertesten ist, erhält den Auftrag. Die Stadt hat für das Jahr 2014 im Haushaltsplan 700 000 Euro bereitgestellt.

Die drei Bauunternehmer Rudi, Erich und Kalle sitzen im „Café Eintracht". Sie haben ihre Angebote kalkuliert. Erich hat 680 000 Euro, Rudi 690 000 Euro und Kalle 698 000 Euro errechnet.

RUDI: „Die Gewinnspanne ist bei uns allen zu niedrig. Wir sollten uns nicht gegenseitig unterbieten. Das schadet uns allen."

KALLE: „Wir sind wahrscheinlich die einzigen Unternehmer, die ein Angebot machen. Wir sollten in Zukunft unsere Angebote vor der Abgabe immer absprechen. Jeder kommt abwechselnd dran. Die anderen kalkulieren so, dass sie höher liegen."

RUDI: „Das ist super. Ich weiß, dass die Stadt nächstes Jahr die Bürgerhalle umbauen will und auch eine neue Kita plant. Das passt genau für uns drei."

ERICH: „Alles klar! Einverstanden, dass ich zuerst drankomme? Ich mache ein Angebot über 720 000 Euro und ihr über 740 000 und 750 000."

1 Beurteilt das Verhalten der Bauunternehmer. Wen schädigen sie?

2 Was müssen sie befürchten?

3 Wie wirken Bußgeldzahlungen?

5 Missbrauchsaufsicht und Zusammenschlusskontrolle

Missbrauchsaufsicht (§§ 19 ff. GWB)

Voraussetzung zum Eingreifen sind zwei Tatbestände:

- Die Existenz einer „marktbeherrschenden Stellung".
- Die „missbräuchliche Ausnutzung" dieser marktbeherrschenden Stellung.

Dies bedeutet, dass ein Unternehmer seine Preise verdoppeln könnte, ohne belangt zu werden. Wenn er **keine marktbeherrschende Stellung** hat, wird der Markt es allein regeln. Der Unternehmer verliert seine Kunden, weil die Konkurrenten preisgünstiger anbieten.

Was eine marktbeherrschende Stellung ist, wird im GWB beschrieben; z. B. wenn auf einen Unternehmer mehr als 1/3 des gesamten Umsatzes auf dem Markt entfällt. Eine solche wirtschaftliche Machtstellung zu erlangen oder innezuhaben, ist aber nicht verboten. Solange das Unternehmen die Marktstellung **nicht missbraucht**, wird die Kartellbehörde nicht eingreifen.

Es gibt aber zwei große Schwierigkeiten bei der Arbeit der Kartellämter:

- Wie kann der Markt abgegrenzt werden?
- Wie kann „Missbrauch" festgestellt werden?

Über diese Fragen entscheiden Gerichte.

Fusionskontrolle = Zusammenschlusskontrolle (§ 36 GWB)

Eine ▶ **Fusion** kann zu einer Beschränkung des Wettbewerbs führen. Zwei oder mehr Unternehmen schließen sich zusammen, bis in einer Branche nur noch wenige Unternehmen übrig bleiben. Die Kartellbehörden machen hier eine vorbeugende Fusionskontrolle. Solange noch ausreichend Unternehmen vorhanden sind (weites Oligopol), ergibt sich oft ein besonders intensiver Wettbewerb. Dies wird befürwortet. Sobald aber die Gefahr besteht, dass der Wettbewerb durch die Fusionen Schaden nimmt, wird eingegriffen. Wenn durch die Fusion ein Marktanteil von 20 % oder mehr erreicht wird, muss die Fusionsabsicht angezeigt werden. Das Kartellamt muss innerhalb von vier Monaten entscheiden, ob die Fusion akzeptabel ist. Bei Fusionen, bei denen Umsätze von mehr als 500 Mio. € jährlich erzielt werden, ist eine Anmeldung und ausführliche Prüfung verbindlich.

Bundeskartellamt entscheidet: IhrPlatz-Filialen zu Rossmann
25.07.2012 NDR-Nachrichten

90 von 490 Filialen von „Ihr Platz" hat Drogerie-Rossmann übernommen. Damit ist ein wichtiger Teil der Schlecker-Hinterlassenschaft mit mehr ca. 2 000 Mitarbeitern weiter beschäftigt.

Norddeutscher Rundfunk *http://www.ndr.de/regional/niedersachsen/hannover/rossmann161.html (15.09.2012)*

1 Warum wird bei dem Missbrauch im Wirtschaftsleben nicht eingegriffen, wenn es um Unternehmen in polypolistischen Märkten geht?

2 Welche Faktoren muss man beachten, wenn man einen Markt abgrenzt?

3 Diskutiert, welche Vor- und Nachteile Fusionen für die Nachfrager haben.

4 Überlegt, warum das Bundeskartellamt der Übernahme von 90 Filialen durch Rossmann zugestimmt hat, obwohl Rossmann schon ca. 36 000 Mitarbeiter und ca. 2500 Filialen hat.

6 Grenzen des Marktes: Öffentliche Güter

Sollen die Eintrittspreise für das Hallenbad erhöht werden? – Stadträte diskutieren

FRAU REIS: „Die Erhöhung der Eintrittspreise ist notwendig. Bei Kosten in Höhe von 100 Euro trägt die Stadt 60 Euro. Das ist zu viel."

HERR ROLEF: „Ein öffentliches Hallenbad muss nicht alle Kosten durch die Einnahmen decken. Eine Erhöhung der Eintrittspreise trifft vor allem die Bürger mit geringem Einkommen.
Das ist ungerecht."

FRAU RUNDE: „Schwimmen ist gesund und muss für Erwerbslose und Familien bezahlbar bleiben. "

HERR RINKEL: „Die Preise für Energie sind mächtig gestiegen, aber die Steuereinnahmen sind gesunken. Wie sollen wir das finanzieren?"

FRAU REDER: „Wir reden hier über öffentliche Güter. Da ist die Preisbildung anders als bei privaten. Wir streben keinen Gewinn an."

Es kommt zu folgender Preiserhöhung

	Die alten Preise in €	Die neuen Preise in €
Einzelbesucher		
Erwachsene	2,00	2,50
Kinder	1,30	1,40
Familienkarte	5,50	5,50
Jugendgruppen/Vereine		
Erwachsene	2,00	2,50
Kinder und Jugendliche	1,10	1,10
Mehrfachkarten		
6er Karten		
Erwachsene	11,00	12,00
Kinder	6,00	6,00
25er Karten		
Erwachsene	42,00	45,00
Kinder	23,00	23,00

Kinder unter 6 Jahren haben freien Eintritt

Öffentliche Güter

Es gibt Güter, die nicht von privaten Anbietern am Markt angeboten werden. Das sind die ▶ **öffentlichen Güter**. Sie werden vom Staat (Städte, Gemeinden, Bundesländer, Bund) angeboten, z. B. bei Schwimmbädern, Stadtbüchereien, Theatern oder Volkshochschulen. Zum Teil ist die Nutzung kostenlos, z. B. bei Spielplätzen oder Schulen. Bei der Nutzung anderer öffentlicher Güter müssen Gebühren bezahlt werden, z. B. für die Ausleihe von Büchern in Stadtbüchereien. Kinder, Schulklassen, Rentner und Erwerbslose zahlen oft weniger.
Wichtige Ziele der Preisfestsetzung sind Chancengerechtigkeit und Teilhabe aller Bürger an der Nutzung wichtiger Güter. Es geht auch um das Gemeinwohl.

Kostendeckung der Aufgaben in Gemeinden von Nordrhein-Westfalen durch Benutzungsgebühren im Jahr 2010, davon:

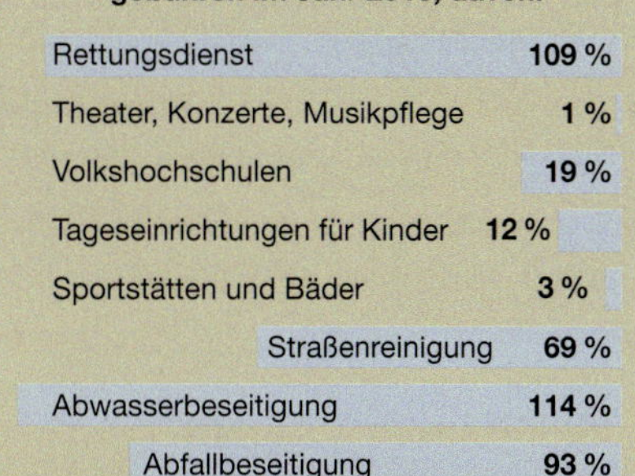

IT NRW: Finanzrechnungsstatistik der Gemeinden/GV, Einzahlungen und Auszahlungen, Düsseldorf 2013, eigene Berechnungen

1 Stellt die Gesichtspunkte zusammen, die bei der Entscheidung des Stadtrates wichtig sind.

2 Wie haben sich die neuen Eintrittspreise für das Schwimmbad verändert? Was würdet ihr ggf. anders entscheiden?

3 Was ist bei der Preisbildung bei privaten Gütern anders?

4 Betrachtet die Grafik: „Kostendeckung der Aufgaben in Gemeinden ...". Nennt Gründe für die unterschiedliche Höhe der Zuschüsse.

5 Was spricht für und was spricht gegen die Privatisierung der Güter? Nenne auch Beispiele.

7 Weiterführendes Material

M1 Wichtige Kartellarten

Preiskartell: Absprache der Kartellmitglieder über die Höhe der Verkaufs- bzw. Angebotspreise. Die Absprache ist verboten.

Konditionenkartell: Absprachen über Liefer- und Zahlungsbedingungen. Das Kartell ist genehmigungspflichtig.

Quotenkartell (Mengenkartell): Absprache, dass jedes Kartellmitglied nur eine bestimmte Menge anbietet. Das ist verboten.

Gebietskartell: Absprache der Kartellmitglieder über die Zuteilung fester Bereiche, in denen sie anbieten. Die Absprache ist verboten.

M2 Absprachen im Buchhandel erlaubt?

JONAS: „Das Buch ist hier aber teuer. Vielleicht ist es in der großen Buchhandlung billiger."

MUTTER: „Bücher und Zeitungen kosten überall das Gleiche. Diese Preisbindung ist gesetzlich festgelegt. Sie verhindert, dass große Buchhandlungen mit Filialen die Preise drücken und sich kleine Läden auf dem Land nicht halten können. Alle Bürger sollen sich gut informieren können. Das ist wichtig für eine funktionierende Demokratie."

M3 Bundeskartellamt fördert Markttransparenz

Seit Anfang Dezember 2013 müssen die ca. 14 000 deutschen Tankstellen ihre Preise für Benzin und Diesel an das Kartellamt melden, das sie an Internet-Portale, ADAC u.a. weiterleitet. Alle Auto- und Motorradfahrer haben nun über Internet und Navi einen guten Überblick.

Andreas Mundt, der Präsident des Bundeskartellamtes sagt dazu: „Je mehr Autofahrer das neue Instrument nutzen, um gezielt die jeweils preiswerteste Tankstelle anzusteuern, umso stärker wird der Druck auf die Anbieter, wettbewerbskonforme Preise zu setzen." **Bundeskartellamt:** *http://www.bundeskartellamt.de/SharedDocs/Meldung/DE/Pressemitteilungen/2013/27_12_2013_Jahresr%C3%BCckblick.html (11.03.2014)*

Zu M1

1 Sucht Beispiele für die Kartellarten.

2 Drei der vier oben genannten Kartelle sind verboten. Das Konditionenkartell ist nicht verboten, es kann genehmigt werden. Was könnte der Grund dafür sein, es zu genehmigen?

3 Im § 5 des Gesetzes gegen Wettbewerbsbeschränkungen werden u.a. Kooperationserleichterungen für kleine und mittlere Unternehmen erwähnt, die durch das Kartellamt gefördert werden sollen. Widerspricht dies nicht geradezu der Aufgabe, Kartelle zu verhindern? Nimm dazu Stellung.

Zu M2

Diskutiert, ob die Argumente der Mutter für die Preisbindung haltbar sind.

Zu M3

1 Warum will das Bundeskartellamt die Markttransparenz fördern? Wer hat einen Nutzen davon?

2 Sehr viele Regierungen unterstützen durch Verbraucherberatung, Verbraucherschutz-Maßnahmen und Verbraucheraufklärung die Haushalte. Ist dies ungerecht gegenüber den Unternehmungen? Nimm Stellung.

M4 EDEKA-Fusionen

Jahr 2005: Fusion genehmigt

Der größte deutsche Lebensmittelhändler EDEKA darf die Handelskette SPAR und die Discountkette NETTO SÜD übernehmen. Das Bundeskartellamt hat die Fusion genehmigt, da dies zu keiner marktbeherrschenden Stellung führe. Der SPAR-Vorstandschef stellte fest, dass die Übernahme der langfristigen Sicherung der selbstständigen Händler und ihrer 15 000 Stellen diene.

*Nach **Frankfurter Rundschau** vom 30.08.2005/ RTR/Edeka darf Spar kaufen*

Jahr 2010: Fusion gebremst

Die EDEKA-Zentrale will von Firma RATIO, Münster, zehn SB-Warenhäuser, einen Fachmarkt und acht Cash&Carry-Großhandelsmärkte übernehmen. Dies wird von EDEKA im Jahr 2010 dem Bundeskartellamt gemeldet. Dieses stellt fest, dass der Zusammenschluss mit RATIO zu einer marktbeherrschenden Stellung von 90% in den Räumen Münster, Osnabrück und Limburg führen würde. EDEKA nimmt die Anmeldung zurück.

*Nach **Fallberichte des Bundeskartellamtes** vom 20. April 2010 und Febr./März 2011*

Jahr 2012: Fusion genehmigt

EDEKA darf RATIO-Märkte übernehmen. Die EDEKA-Gruppe übernimmt sechs SB-Warenhäuser, fünf C+C-Großmärkte und einen Baumarkt. Im zweiten Anlauf bewilligte das Bundeskartellamt jetzt das Vorhaben, da keine marktbeherrschenden Stellungen entstehen.

***Der Handel** http://www.derhandel.de/news/unternehmen/pages/Lebensmittelhandel-Edeka-darf-Ratio-Maerkte-uebernehmen-7183.html (16.09.2012)*

M5 Zusammenschlüsse von Unternehmen

Bonn, 8. August 2012: Das Oberlandesgericht Düsseldorf hat heute die Entscheidung des Bundeskartellamts bestätigt, mit der die Gründung eines Gemeinschaftsunternehmens durch RTL und ProSiebenSat.1 für den Aufbau und den Betrieb einer Online-Video-Plattform untersagt wurde.

Andreas Mundt, Präsident des Bundeskartellamts: „Die Entscheidung des Oberlandesgerichts ist ein wichtiges Signal für den Wettbewerbsschutz im Bereich der neuen Medien. Die Dynamik dieser Märkte schließt nicht aus, dass marktmächtige Unternehmen versuchen, ihre Marktstellung in angestammten Märkten abzusichern bzw. auf neu entstehende Märkte zu übertragen." [...]

***Pressemeldung des Bundeskartellamtes** vom 08.08.2012 http://www.bundeskartellamt.de/wDeutsch/aktuelles/presse/2012_08_08.php (15.09.2012)*

Zu M4

- Begründe die drei Entscheidungen über Fusionen. Warum genehmigte und bremste jeweils das Bundeskartellamt die Fusionen von EDEKA (siehe auch S. 120)?

Zu M5

- Befürwortest du die Entscheidung von Kartellamt und Gericht? Betrifft sie unter Umständen auch dich persönlich? Tauscht euch in der Gruppe dazu aus.

Zu M6

- Was versteht man unter einem „Frühstückskartell"? Nutzt die Grafik als Erklärungshilfe.

M7 Lieferanten im Würgegriff

Um ihren Kunden immer billigere Waren bieten zu können, pressen Supermarktketten das Letzte aus den Herstellern heraus. Gefeilscht wird um Konditionen – Preisnachlässe und direkte Zahlungen. Das „Listengeld" – eine Einmalzahlung bei Vertragsabschluss – entscheidet, welche Produkte in die Regale kommen. Das Risiko, das mit der Einführung neuer Produkte verbunden ist, trägt der Hersteller. Bleibt das Produkt im Regal liegen, muss es der Hersteller wieder abholen. Die Verbraucherzentrale beklagt diese Praktiken. Die Listengelder sind eine hohe Barriere für den Markteintritt kleinerer Anbieter – zum Schaden der Verbraucher.

*Nach **Die Zeit/Andrea Exler** vom 04.05.2005*

M8 Bundeskartellamt verhängt 240 Millionen Euro Bußgeld

Bonn. Mehr Durchblick der Verbraucher bei Spritpreisen, eine scharfe Funktionskontrolle und hohe Bußgelder bei Kartellverstößen: Das Bundeskartellamt pocht auf die Einhaltung von Spielregeln im Wettbewerb und zeigt sich bei Verstößen unerbittlich. 2013 verhängten die Bonner Kartellwächter wegen illegaler Absprachen rund 240 Millionen Euro Bußgelder gegen Unternehmen und Privatpersonen.

***Hamburger Abendblatt** 1.1.2014*

M9 Die Großen 10 im Lebensmittelhandel

Unternehmen	Umsatz 2013 in Deutschland in Mio. Euro			
	Insgesamt etwa	Lebensmittel	Sonstiges	Lebensmittel in %
Edeka-Gruppe	49 267	44 567	4 700	90
Rewe-Gruppe	36 766	26 225	10 541	71
Metro-Gruppe	30 362	11 311	19 051	37
Schwarz-Gruppe	29 700	24 084	5 616	81
Aldi-Gruppe	25 525	20 931	4 594	82
Lekkerland	8 265	8 182	83	99
Tengelmann-Gruppe	7 351	2 052	5 299	28
dm	5 112	4 601	511	90
Globus	4 552	2 504	2 048	55
Rossmann	4 450	4 005	445	90

*Quelle: **Trade Dimensions**, März 2013, in: Lebensmittelzeitung.net (04.01.2014)*

Die größten deutschen Lebensmittelgeschäfte unterscheiden sich dadurch, dass einige

- außer Lebensmitteln auch andere Produkte anbieten (für Haus und Garten, Freizeit und Kosmetik und auch Ferienreisen),
- nur an bestimmte Kundengruppen verkaufen (an gewerbliche Kunden, freie Berufe, Selbstständige, Wiederverkäufer),
- Einzelkaufleuten oder Familien gehören und andere
- aus einer Genossenschaft mit mehreren Tausend Mitgliedern bestehen und
- in Deutschland und im Ausland Filialen haben.

Die größten haben mehr als 300 000 Mitarbeiter, bis zu 18 000 Auszubildende und mehr als 15 000 Märkte.

Zu M7

1 Erkläre Folgen von „Lieferanten im Würgegriff" für Hersteller und Verbraucher.

2 Begründe, warum das „Listengeld" den Markteintritt kleiner Anbieter erschwert.

Zu M8

Schätze ein, ob Bußgelder die richtige Strafe sind? Welche anderen ‚Buß-Methoden' könntest du dir vorstellen?

Zu M9

1 Bildet drei Gruppen von Unternehmen:
Gruppe A = Weniger als die Hälfte ist Lebensmittelangebot.
Gruppe B = 10 % oder weniger werden sonstige Produkte angeboten.
Gruppe C = Welche Unternehmen bleiben hierfür übrig?

2 Die Metro-Gruppe verlangt von den Kunden einen Ausweis, dass es sich um gewerbliche Kunden handelt. Welche Folgen hat dies für das Angebot?

3 Bei der Metro-Gruppe können die Auszubildenden zwischen mehr als 15 Berufen wählen. Warum ist dies bei Leckerland oder „dm" nicht möglich?

Arbeitsmarktpolitik: Ein starker Sozialstaat ist notwendig

1 Was kennzeichnet den Arbeitsmarkt?

Der Arbeitsmarkt braucht den Staat. Der Mensch, der seine Arbeitskraft auf dem Arbeitsmarkt anbietet, braucht staatlichen Schutz.

Das Prinzip von Angebot und Nachfrage, das auf Gütermärkten teilweise zu funktionierendem Wettbewerb führt, genügt nicht.

Es geht um Menschenwürde und Existenzsicherung, um ein auskömmliches Einkommen, gesunde Arbeitsbedingungen und befriedigende soziale Bedingungen am Arbeitsplatz.

Notiert Unterschiede zwischen dem Arbeits- und dem Gütermarkt.

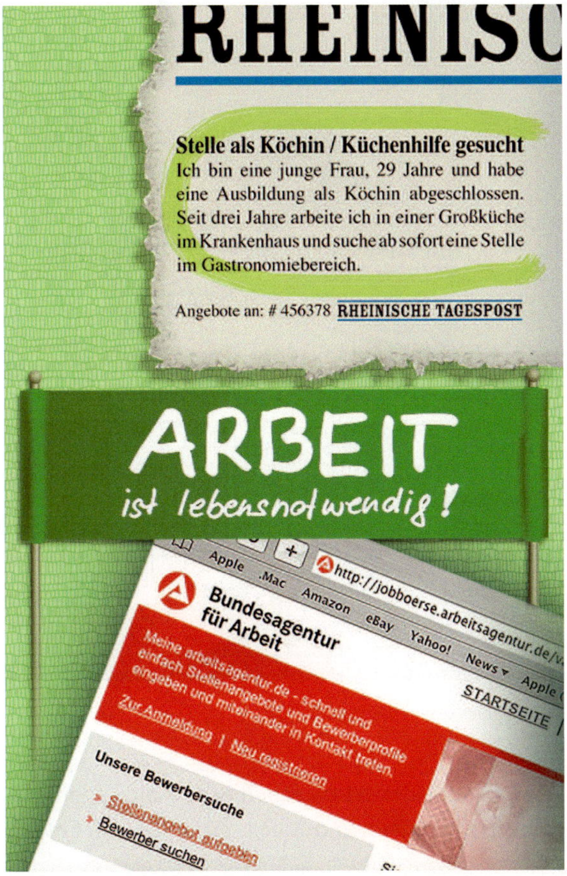

Das könnt ihr lernen

Ihr könnt

- Unterschiede zwischen Arbeits- und Gütermärkten begründen.
- die aktuelle Lage auf dem Arbeitsmarkt beschreiben und begründen, warum der Arbeitsmarkt einen starken Sozialstaat braucht.
- Maßnahmen des Staates zur Verbesserung der Lage auf dem Arbeitsmarkt beschreiben.
- euch mit Argumenten für und gegen einen Mindestlohn auseinandersetzen.
- euch über Regelungen des EU-Arbeitsmarktes und globale Einflüsse auf die Entwicklung der Arbeitsbedingungen informieren und die Bedeutung für Arbeitnehmer einschätzen.
- die Bedeutung der staatlichen Absicherung von Arbeitsmarktrisiken reflektieren und bewerten.

2 Der Arbeitsmarkt: Fakten und Eindrücke

Der Arbeitsmarkt: Ein besonderer Markt

Das Besondere besteht darin, dass hier **menschliche Arbeitskraft** angeboten und nachgefragt wird. Auf Gütermärkten geht es um den Tausch von Waren und Dienstleistungen gegen Geld. Der Kaufpreis richtet sich dabei nach Angebot und Nachfrage. Die menschliche Arbeitskraft wird nicht als ein Gut gesehen, das nach Marktgesetzen beliebig getauscht werden kann. Es geht um menschliche Würde, und deshalb sichert der Staat durch Gesetze die Menschenwürde.

Was ist anders beim Arbeitsmarkt?

Arbeitnehmer müssen ihre Arbeitskraft anbieten, um ihre Existenz zu sichern. Ihre Arbeitsfähigkeit ist eng mit ihrer Persönlichkeit verbunden. Sie bringen unterschiedliche Fähigkeiten und Bedürfnisse mit. Sie sind flexibel, aber nicht beliebig von Ort zu Ort zu verschieben. Sie leben in Familien und mit Personen, für die sie vor Ort verantwortlich sind.

Da die meisten Arbeitnehmer auf Erwerbsarbeit angewiesen sind, haben sie eine schwache Stellung gegenüber den Arbeitgebern. Das betrifft sowohl das Entgelt als auch die Arbeitsbedingungen. Gewerkschaften verfolgen das Ziel, diese Nachteile so weit wie möglich auszugleichen. Sie bilden eine Gegenmacht.

Das Risiko, keine oder eine unzureichende Erwerbsarbeit zu finden oder wegen Krankheit, Behinderung und Schwäche nicht gegen Entgelt arbeiten zu können, ist groß.

Ein starker Staat muss den Arbeitsmarkt ergänzen, z. B. durch Arbeitsschutzgesetze, die gesetzliche Sozialversicherung, das Arbeitsförderungsgesetz und das Betriebsverfassungsgesetz.

Arbeit

Zu unterscheiden ist zwischen Arbeit, die gegen Entgelt verrichtet wird, und Arbeit, für die es kein Entgelt gibt.

Erwerbsarbeit: ist Arbeit gegen Entgelt. Die Höhe des Entgelts wird entweder im Rahmen von Tarifverträgen ausgehandelt oder frei vereinbart.

Haus- und Familienarbeit, Eigenarbeit oder Bürgerarbeit (ehrenamtliche gemeinnützige Arbeit): erfolgt ohne Entgelt und soziale Sicherung. Bürgerarbeit ist z. B. Arbeit als Jugendtrainer bei Sportvereinen, Arbeit bei sozialen Einrichtungen, wie in Suppenküchen.

Wenn in der Wirtschaftsberichterstattung von Arbeit die Rede ist, so ist meist die Erwerbsarbeit gemeint.

Erwerbstätigenquoten 2012[1] (Angaben in %)

Weiblich 18,5 Mio. Männlich 21,7 Mio.

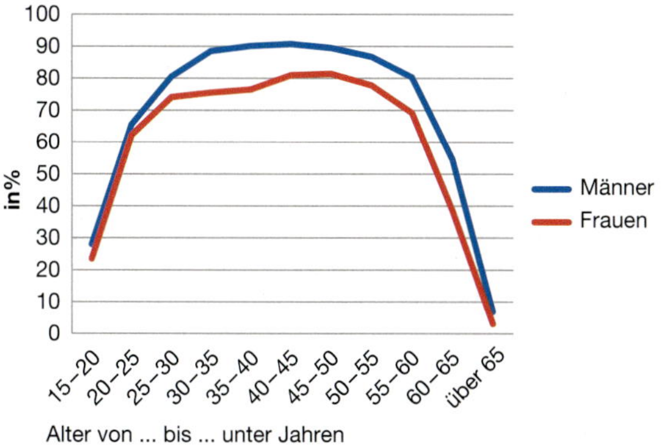

[1] Mikrozensus, Anteil der Erwerbspersonen an Bevölkerung

Stat. Bundesamt, Wiesbaden: Stat. Jahrb. 2013, S. 347

Jung und ohne Arbeit

Arbeitslosenquote* Jugendlicher (unter 25 Jahre) im November 2013

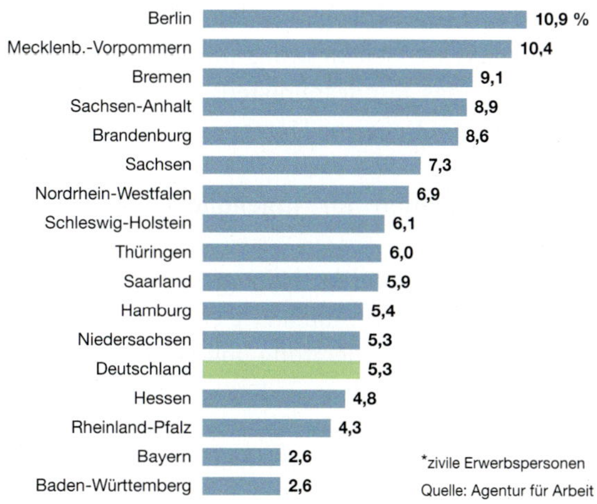

*zivile Erwerbspersonen

Quelle: Agentur für Arbeit

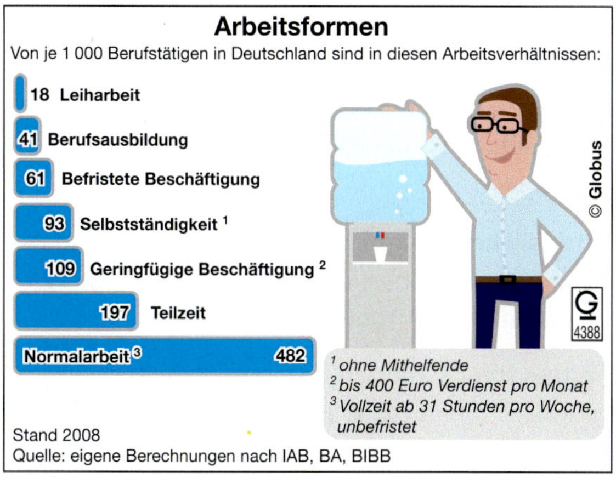

Bundesagentur für Arbeit 2011

http://statistik.arbeitsagentur.de

Arbeitslose nach Berufsbereichen

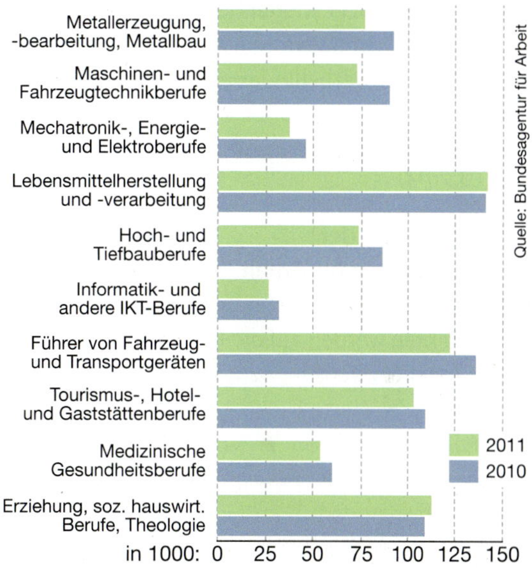

1 Beschreibt die Arbeitsmarktlage. Nutzt dazu die Diagramme oben und rechts.

2 Begründet Besonderheiten des Arbeitsmarktes gegenüber den Gütermärkten.

3 Ordnet den Fotos (Vorseite) die Art der Arbeit zu und begründet eure Entscheidung.

4 Notiert Unterschiede zwischen Erwerbsarbeit und Hausarbeit.

5 Beantworte Fragen, beurteile Meinungen:

a) Wegen der geringen Geburtenrate fehlen bald Arbeitskräfte. Wie lässt sich die Erwerbsquote steigern (s. S. 129 rechts)?

b) Die Arbeitslosenquote Jugendlicher ist unterschiedlich hoch. Welche Chancen könnte Mobilität eröffnen?

c) Viele arbeiten in unbefriedigenden Arbeitsformen. Was kann der Staat tun?

d) 2011 sank die Arbeitslosenzahl fast überall. Begründe, nutze S. 143.

6 Beschreibt die Lage auf dem Arbeitsmarkt in eurer Region. Nutzt dazu das Internet.

3 Der Markt allein genügt nicht: der Staat muss regulieren

Gesetze und Verordnungen sollen sichern, dass der Arbeitsmarkt menschenwürdig funktioniert.
Dazu bietet das Bundesministerium für Arbeit und Soziales (BMAS) gezielte Unterstützung an:

Fördermaßnahmen für Jugendliche und junge Erwachsene
- Berufsberatung und Ausbildungsvermittlung
- Mobilitätshilfen zur Aufnahme einer Ausbildung
- Unterstützung der Beratung und Vermittlung von Arbeits- oder Ausbildungsplätzen
- Berufsausbildungshilfen
- Besondere Maßnahmen für Menschen
  - mit Migrationshintergrund
  - mit Behinderung

Teilhabe behinderter Menschen
Dazu zählt die „Initiative Inklusion" zur Förderung der Teilhabe schwerbehinderter Menschen am Arbeitsleben.
Siehe: www.bmas.de ▶ Service ▶ Publikationen (19.03.2014)

Dienstleistungen der ▶ Bundesagentur für Arbeit
Maßnahmen für Jugendliche und junge Erwachsene unter 25 Jahren werden auf die Bedürfnisse und Interessen junger Erwachsener zugeschnitten.
Siehe dazu
www.bmas.de ▶ Themen ▶ Aus- und Weiterbildung ▶ Förderung der Ausbildung und Beschäftigung (05.02.2014)

Besondere Bedeutung hat der „Nationale Pakt für Ausbildung und Fachkräftenachwuchs in Deutschland" der
- Bundesregierung,
- Kultusministerkonferenz der Länder und
- Spitzenverbände der Wirtschaft.

Eine Maßnahme ist die:

Betriebliche Einstiegsqualifizierung
Jugendliche, die noch keinen Ausbildungsplatz gefunden haben, vermittelt die Bundesagentur für Arbeit an Ausbildungsbetriebe für ein Betriebspraktikum von 6 bis 12 Monaten. Wer später eine Ausbildung im gleichen Beruf absolviert, kann die Ausbildung eventuell verkürzen.

Vertragsverhältnis: Mit dem Praktikanten wird ein Qualifizierungsvertrag geschlossen. Es handelt sich um ein sozialversicherungspflichtiges Beschäftigungsverhältnis, für das eine Praktikumsvergütung gezahlt wird.

Betriebliches Zeugnis: Am Ende des Praktikums erhält der Jugendliche eine Bescheinigung über die erworbenen Qualifikationen.

Weitere Informationen
www.arbeitsagentur.de ▶ Bürgerinnen und Bürger ▶ Ausbildung ▶ Nationaler Pakt für Ausbildung ▶ Betriebliche Einstiegsqualifizierung (01.10.2013)

1 Begründet die Notwendigkeit staatlicher Regulierung auf dem Arbeitsmarkt. Berücksichtigt das Kapitel Soziale Sicherung, S. 101 ff.

2 Nennt wichtige Fördermaßnahmen für Jugendliche und junge Erwachsene. Schätzt die Bedeutung ein. Dazu könnt ihr auch die **Methode Kugellager**, S. 142, nutzen.

3 Recherchiert im Internet
- den aktuellen Stand von Fördermaßnahmen für Jugendliche und junge Erwachsene,
- Fördermaßnahmen für andere Zielgruppen (z. B. Migranten, Behinderte).

Erstellt dazu ein Poster.
- *www.bmas.de*
- *www.arbeitsagentur.de*
- *www.inklusion-gelingt.de (15.02.2014)*

4 Weiterführendes Material

M1 Fachkräfte entscheiden den künftigen Wohlstand Deutschlands

Mehr Fachkräfte für Deutschland.
BMAS, BMWi und BA starten gemeinsam nationale und internationale Kampagne

... Die Fachkräfteoffensive richtet sich an Fachkräfte und Unternehmen. ... Sie will Antworten geben auf ... Fragen, die sich Wirtschaft und Gesellschaft ... stellen: Wer kann die Arbeit von morgen leisten? Welche sind die Engpassberufe? Wie können wir die großen Potenziale, insbesondere der Älteren und Frauen, weiter mobilisieren? Wie können sich auch kleinere und mittlere Betriebe sicher im demografischen Wandel aufstellen? Ziel ... ist, die Dringlichkeit ... noch stärker im Bewusstsein zu verankern und Lösungswege aufzuzeigen, wie Unternehmen und Fachkräfte ... profitieren können. Im Ausland will die Kampagne junge, gut qualifizierte Menschen für eine berufliche Zukunft in Deutschland interessieren. ... Die Inlandplattform bündelt ... Beratungs- und Unterstützungsangebote für Unternehmen und Fachkräfte. Das Auslandsportal wirbt ... nicht nur für die Chancen einer Karriere in Deutschland, sondern bietet auch Jobangebote und konkrete Hilfestellungen, die ... zur Aufnahme einer Arbeit in Deutschland führen. Suchmöglichkeiten nach Beratungsangeboten sowie der Zugang zur Jobbörse der BA runden das Angebot ab.

...

Dazu ihr **Vorstandsvorsitzender** ... : „Um den Bedarf an Fachkräften zu decken, ... geht es darum, ... die Erwerbstätigkeit von Frauen und Älteren zu erhöhen, arbeitslose Menschen zu qualifizieren, die Abbrecherquoten bei Schülern, Auszubildenden und Studenten zu senken. ... Es bleibt eine Lücke, die nur durch Zuwanderung zu schließen ist. Wir rechnen, dass wir jährlich 200 000 Fachkräfte aus dem Ausland brauchen."

Siehe **BMWi**, **BMAS** und **BA**:
www.fachkräfte-offensive.de (01.10.2013)
www.make-it-in-Germany.com (01.10.2013)
BMAS: Pressemitteilung v. 05.06.2012, Auszug, bearbeitet
http://www.bmas.de/DE/Service/Presse/Pressemitteilungen/fachkraefte-offensive.html (01.10.2013)

Werbeoffensive soll Fachkräfte im Ausland mobilisieren

Nach einer Prognose der BA dürften bis 2025 aufgrund des Geburtenrückgangs in Deutschland etwa 3 Mio. Arbeitskräfte fehlen. Jährlich verlassen 120 000 Arbeitskräfte das Land.

*Nach **Süddeutsche Zeitung** v. 6./7. Juni 2012, S. 6*

Fachkräftemangel in Deutschland

Kommentar von Stefan Vetter:
Wer den Fachkräftebedarf der Zukunft sichern will, muss zuallererst beim einheimischen Potenzial ansetzen. Noch immer gibt es viele Langzeitarbeitslose, die unzureichend qualifiziert sind .... Doch die Regierung setzt den Rotstift gerade bei der Qualifizierung schlecht ausgebildeter Arbeitsloser an.

***Buxtehuder Tageblatt** v. 06.06.2012, S. 2*

M2

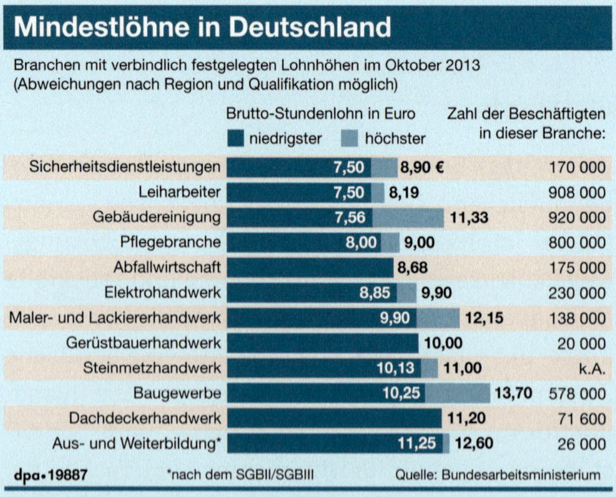

Mindestlöhne

führte der Staat für einzelne Branchen durch Gesetz ein. Die Tarifvertragsparteien handeln weiter Entgelte aus, sind aber an den Mindestlohn gebunden. Dieser soll sicherstellen, dass Erwerbsarbeit die Existenz sichert.

M3

Leiharbeitskräfte

sind eine bestimmte Zeit, die oft auf Jahre verlängert wird, in einer Filiale tätig. Sie verdienen oft viel weniger als Stammbeschäftige bei gleicher Arbeit.

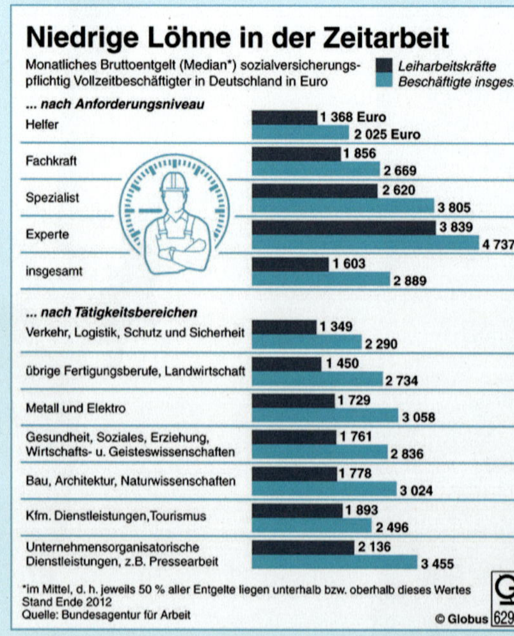

Zu M1

1 Nenne Gründe für die „Fachkräfteoffensive“.

2 Begründet mit einem Partner die Auswahl der Zielgruppen.

3 Sprecht mit einem Partner darüber, wie ausgewählte Maßnahmen wirken können.

4 Nehmt Stellung zu dem Zeitungskommentar.

Zu M2

1 Nennt Gründe für die geringen Stundenlöhne der genannten Branchen.

2 Nehmt Stellung zu folgenden Meinungen. Dazu könnt ihr auch die Methode Kugellager, S. 142, nutzen.
A: „Mindestlöhne verhindern, dass der Verdienst geringer ist als das Arbeitslosengeld.“
B: „Dass durch Mindestlöhne Arbeitsplätze wegfallen, ist nicht belegt. Die meisten EU-Staaten haben Mindestverdienste vereinbart.“
C: „Ein Entgelt sollte bei Vollzeitarbeit die Existenz sichern.“

Zu M3

1 Vergleicht die Höhe des Bruttoentgelts der Beschäftigtengruppen.

2 Die neue Bundesregierung plant 2014 u. a. Mindestlöhne. Recherchiert die Diskussion zu Mindestlöhnen und zur Leiharbeit in den Medien. Berücksichtigt die Sicht der Gewerkschaften und Arbeitgeberverbände. Präsentiert Vor- und Nachteile und setzt euch damit auseinander.

Alles klar?

Markt und Wettbewerb

1 Wettbewerb ist für eine funktionierende Marktwirtschaft wichtig. Schreibe drei Gründe auf.

2 Funktionsfähiger Wettbewerb setzt immer Rivalität und Kollegialität voraus. Erkläre, warum.

3 Anbieter neigen dazu, den Wettbewerb einzuschränken. Nenne zwei Beispiele von Wettbewerbsbeschränkungen.

4 Anbieter neigen auch zu unlauterem Wettbewerb. Nenne hierzu zwei Beispiele.

5 Unterscheide, was ein Polypol, ein Monopol und ein Oligopol ist.

6 Warum ist ein polypolistischer Markt weniger effizient als ein oligopolistischer mit nicht zu wenigen Anbietern?

7 Was stellst du dir unter einem Nachfragemonopol vor?

8 Beschreibe zwei Arten von Kartellen.

9 Erkläre, was das Kartellamt im Rahmen der Missbrauchsaufsicht und im Rahmen der Fusionskontrolle unternimmt.

10 Was ist Voraussetzung dafür, dass das Kartellamt ein Bußgeld wegen Preislisten mit überhöhten Preisen einfordert?

11 Welche Kartellart wird unter Umständen vom Kartellamt genehmigt?

12 Wodurch unterscheiden sich Angebot und Nachfrage bei öffentlichen und privaten Gütern?

13 Wird das Kartellamt eingreifen, wenn sich in eurer Straße ein Dönerladen und ein Pizzabäcker zusammenschließen und die nächste Pizzeria, die drei Straßen weiter ansässig ist, dies beim Amt meldet?

Arbeitsmarktpolitik: Ein starker Sozialstaat ist notwendig

14 Erkläre Unterschiede zwischen Arbeits- und Gütermarkt.

15 Führe wichtige Ziele auf, die Gewerkschaften auf dem Arbeitsmarkt verfolgen.

16 Notiere Unterschiede der Arbeit:

17 Beschreibe staatliche Maßnahmen zur Förderung Jugendlicher und junger Erwachsener auf dem Arbeitsmarkt.

18 Notiere Chancen und Risiken eines offenen europäischen Arbeitsmarktes.

19 Für Arbeitnehmer regelt der Staat die Höhe von Mindestlöhnen. Begründe die Bedeutung.

20 Fachkräfte sichern den Wohlstand. Begründe die Aussage.

Energieeinsparung und erneuerbare Energien – Chancen für die Zukunft

1 Beispiele technischer Neuerungen

Weil ein Ende abzusehen ist ...

Fossile Brennstoffe werden zur Neige gehen. Der Energiebedarf noch weniger entwickelter Staaten steigt.

Zunächst ist deshalb ein sparsamer Umgang mit Nutzenergie geboten. Mit technischen Anlagen kann der Wirkungsgrad erhöht werden. So kann die Raumwärme über Wärmetauscher Frischluft vorwärmen oder Brauchwasser (z. B. Duschwasser) die Toilettenspülung betreiben. Für Autos können sparsamere Motoren und neue Antriebe den Energiebedarf senken.

Ein anderer Weg ist die Nutzung erneuerbarer Energieträger. Der Anteil in Deutschland soll steigen, siehe dazu M9, S. 141.

Die Kosten der größten solarthermischen Anlage Brandenburgs wurden zu 60 % vom Staat gefördert.

Einschätzung erneuerbarer Energien

- Der Wandlungsprozess muss nicht zentral in Kraftwerken erfolgen. Erneuerbare Energie wird meist am Ort des Bedarfs umgewandelt.
- Die Umweltbelastung, z. B. durch Abgase, ist bei Umwandlung äußerst gering.
- Nachteilig sind die hohen Investitionskosten. Oft kann nicht kontinuierlich Energie (z. B. bei Windkraft) erzeugt werden. Kombinationen unterschiedlicher Technologien gleichen diesen Mangel aus.

Energieanbieter, Unternehmen und Hauseigentümer investieren unter Nutzung staatlicher Fördermittel in Anlagen zur energetischen Sanierung und Wärmedämmung, die den Energiebedarf senken sowie mit einer Solarwärmeanlage Heizwärme und warmes Wasser erzeugen. Sie entlasten die Umwelt.

Bewertet Formen zur Energieeinsparung und zu erneuerbaren Energien hinsichtlich der Nutzung bei unseren klimatischen und auf die Lage bezogenen Verhältnissen. Nutzt auch M7 und M8, S. 141.

Das könnt ihr lernen

Ihr könnt

- technische Verfahren zur Energieeinsparung und Nutzung erneuerbarer Energieträger erklären.
- für Kraftwerksarten die Umweltbeeinträchtigung und den Wirkungsgrad vergleichen.
- die Bedeutung von Sonnenenergie und Wasserstoff als Energiequellen der Zukunft begründen.
- die Nutzung erneuerbarer Energien unter den Gesichtspunkten Standortfaktoren und Klima bewerten.

2 Sinkender Energiebedarf – Beispiel Automobilbau

Was getan wird

Ingenieure arbeiten daran, den Treibstoffverbrauch weiter zu senken durch

- Motoren, die den Treibstoff besser nutzen,
- leichtere Autos mit geringerem Luftwiderstand,
- alternative Antriebsformen.

Noch immer werden vorwiegend große Autos mit starken Motoren gekauft (siehe **M1**, S. 139). Doch auch die Automobilindustrie wirbt für umweltfreundliche Autos.

Mineralöl wird knapper – der Hybridantrieb als Alternative

Dieser kombiniert Verbrennungs- und Elektroantrieb. Beim Beschleunigen arbeiten beide gemeinsam. Dabei wird ein kleiner Verbrennungsmotor mit geringer Leistung verwendet. Bergab und beim Bremsen wird ein Teil der Energie in die Batterie zurückgeführt. Das ist besonders bedeutsam im Stadtverkehr.

Wird wenig Antriebsleistung benötigt, schaltet sich der Verbrennungsmotor ab und die Batterie liefert die Energie für den Elektromotor. Dieser ist in der Regel geräusch- und wartungsarm. Für kürzere Strecken ist der Hybridantrieb dem herkömmlichen Motor überlegen.

Die Technik verbessert sich weiter. Alle großen Automobilhersteller arbeiten daran.

Noch sind die Hybrid-Pkw erheblich teurer als herkömmliche Fahrzeuge. Pkw nur mit Elektroantrieb sind wenig verbreitet und sehr teuer. Die Akkus sind schwer und wenig leistungsfähig.

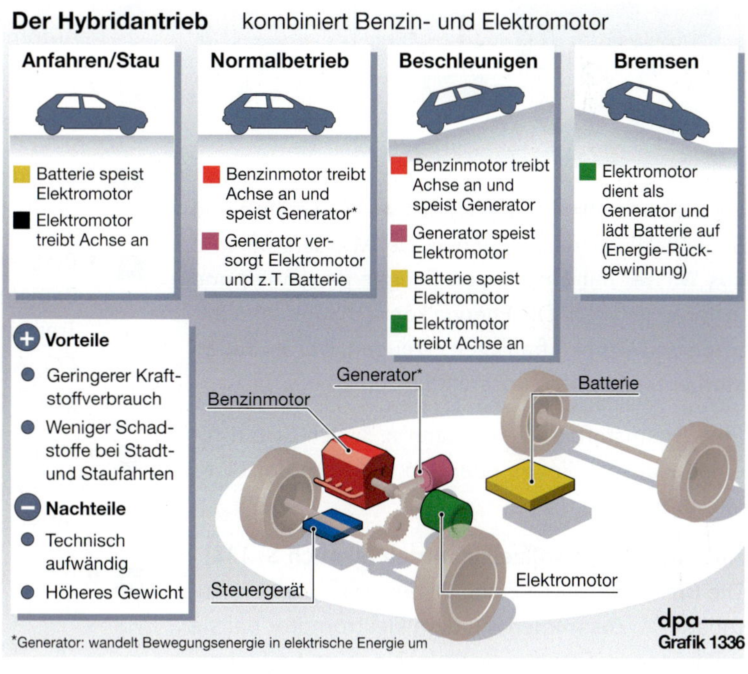

Wasserstoff als Energieträger

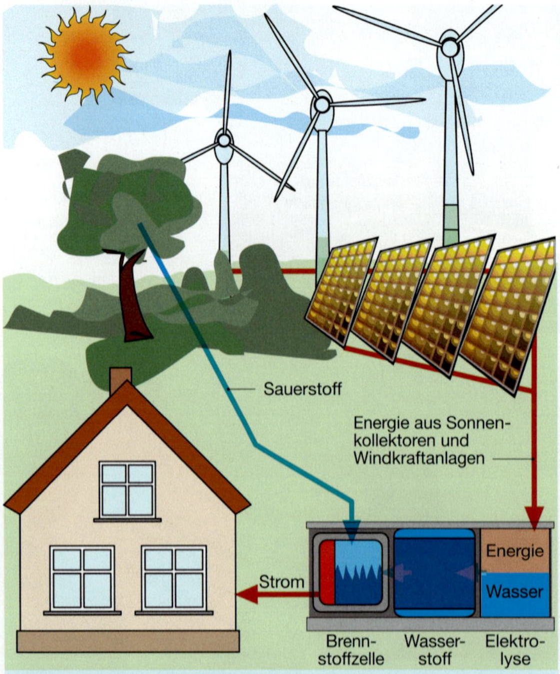

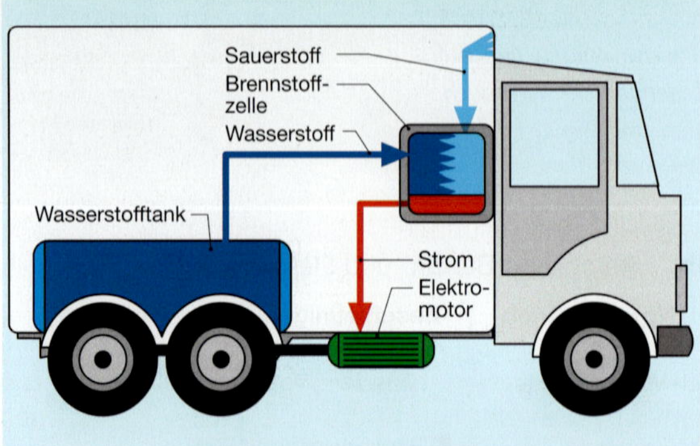

Eine Brennstoffzelle erzeugt aus ▶ **Wasserstoff** und Sauerstoff elektrische Energie. Der Wasserstoff wird aus Wasser mit Einsatz von Energie gewonnen und in Tanks gelagert. Die Energie können Sonnenkollektoren und Windkraftanlagen erzeugen. Der ▶ **Sauerstoff** entsteht durch unsere Pflanzen aus CO_2.

Eine Brennstoffzelle kann dann z. B. den Strom für einen Haushalt liefern oder den Elektromotor eines Lkw antreiben.

Auto mit Brennstoffzellenantrieb (s. auch S. 138)
Die Brennstoffzellen-Einheit ist so groß wie eine Autobatterie. Zusammen mit dem Elektromotor hat sie z. B. unter der Fronthaube Platz. Noch ist die Technik nicht ausgereift und teuer. Könnten größere Mengen verkauft werden, würde der Preis sinken. Der Transport von Wasserstoff ist teuer und gefährlich. Die Nutzung von Sonnenenergie ist wichtig, um den Brennstoffzellenantrieb preiswerter zu machen und Erdöl langfristig zu ersetzen.

Was kurzfristig möglich ist: Beispiel VW
2006 führte VW den Polo BlueMotion ein, der auf 100 km 3,9 l Diesel benötigt (vorher 4,4 l). Pro Kilometer fallen ca. 100 g CO_2 (statt ca. 120 g) an. Erreicht wurde das u. a. durch:

- geringeren Luftwiderstand (Verkleidung des Unterbodens, Frontgestaltung),
- technische Verbesserung des Motors,
- längere Getriebeübersetzung, um niedertouriger fahren zu können,
- Senkung des Rollwiderstandes der Reifen.

2010 verbesserte VW den Polo weiter: Verbrauch 3,3 l; 87 g CO_2. Alle Autohersteller liefern inzwischen sinkende Werte.

1 Nehmt Stellung zu dem Gespräch auf der Automesse (s. Vorseite).

2 Beschreibt, wie der Hybridantrieb wirkt und welche Vorteile und Nachteile er hat.

3 Erklärt die Arbeit der Brennstoffzelle und die Nutzung im Auto.

4 Berechnet beim VW Polo BlueMotion, Baujahr 2010, für 10 000 km den ersparten Treibstoff in Liter und die Verringerung des CO_2-Ausstoßes im Vergleich zur bisherigen Technik.

5 Informiert euch über Energiespartechnik bei Pkw (s. dazu M1, S. 139). Nutzt das Internet, z. B. Kfz-Hersteller, ADAC.

6 Bedenkt Energiesparmöglichkeiten durch das Fahrverhalten (s. *www.adac.de* ▶ *Suche: Sprit sparen; www.wikipedia.de* ▶ *Energiesparende Fahrweise,* 17.10.2013).

3 Energie sparen durch Altbausanierung

Familie Kern (Eltern und 3 Kinder) hat zu einem niedrigen Preis ein Haus mit 150 m² Wohnfläche gekauft, das 30 Jahre alt ist. Das Haus wurde lange nicht modernisiert.

Ein Baufachmann überprüfte u. a. den Energiebedarf für Heizung und Warmwasser.

Beim Kauf war Kerns klar, dass anschließend eine gründliche Sanierung notwendig ist, vor allem zur Senkung des Energiebedarfs.

Im Moment fallen für Heizung und warmes Wasser pro m² und Jahr 185 ▶ **Kilowattstunden (kWh)** an, insgesamt 27 750 kWh.
Typische Schwachstellen in Altbauten zeigt das mit einer ▶ **Wärmebildkamera** gemachte Foto. Dabei zeigen die Farben (s. unten) Stellen, bei denen viel Wärme entweicht.

Aussagen des Baufachmanns:
Wenn Sie sanieren, können Sie fast 70 % Energie sparen. Sie brauchen dann nur noch 57 kWh pro m² und Jahr, also insgesamt 8550 kWh. Besonders empfehle ich Ihnen:

1. Schaffen Sie neue Fenster mit einer Dreifach-▶ **Wärmeschutzverglasung** an. Das allein spart ca. 4800 kWh/Jahr.
2. Denken Sie auch an eine Lüftungsanlage. Sie sichert gute Luftqualität und gewinnt Wärme aus der gebrauchten Luft zurück (siehe dazu M2, S. 139).
3. Die Dämmung der Außenwände erspart 5250 kWh/Jahr. Hierbei werden Dämmstoffplatten, die wenig Wärme leiten, auf dem Außenputz befestigt und neu verputzt. Das kühlt zusätzlich im Sommer und erhöht den Schallschutz. Wichtig sind Dämmstoffe, die sich umweltgerecht entsorgen lassen.
4. Bedenken Sie auch die Dämmung des Daches und der Kellerdecke.
5. Besonders lohnt es sich, die alte Anlage für Heizung und Warmwasser zu erneuern. Ich empfehle ein Erdgas-Brennwertgerät, kombiniert mit einer Solarwärmeanlage. Das spart ca. 8050 kWh/Jahr.

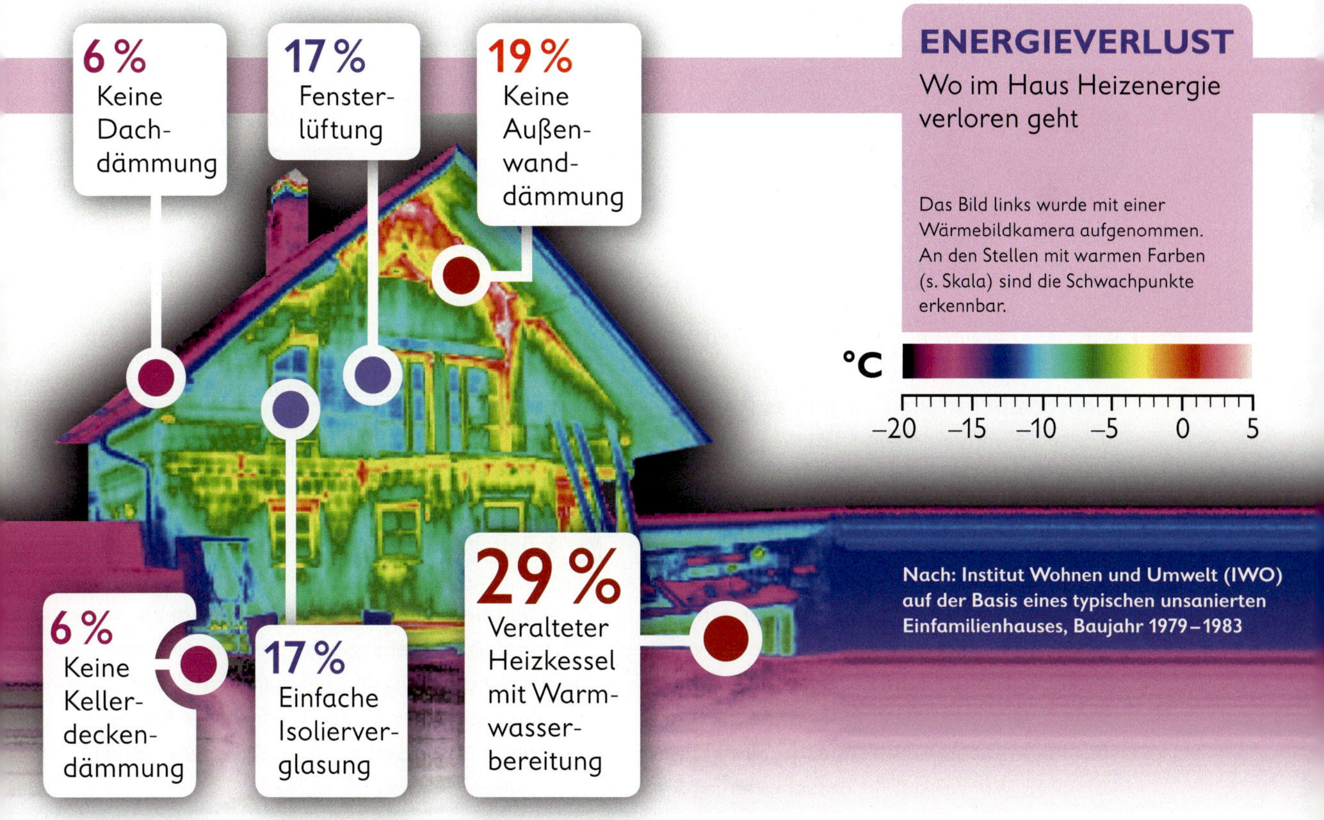

ENERGIEVERLUST
Wo im Haus Heizenergie verloren geht

Das Bild links wurde mit einer Wärmebildkamera aufgenommen. An den Stellen mit warmen Farben (s. Skala) sind die Schwachpunkte erkennbar.

Nach: Institut Wohnen und Umwelt (IWO) auf der Basis eines typischen unsanierten Einfamilienhauses, Baujahr 1979–1983

6. ... Der Staat (Bund, teilweise Länder und Gemeinden) fördert die Wärmedämmung und die Erzeugung von Solarwärme. Ob sich die vorgeschlagenen Maßnahmen finanziell lohnen, hängt auch von der Lebensdauer der Anlage und den Energiepreisen der Zukunft ab.

Das Prinzip einer Solarwärmeanlage
Sonnenkollektoren speichern die Sonnenstrahlen. Eine Wärmeträgerflüssigkeit, die sich auch in den Kollektoren befindet, gibt die Wärme in den ▶ **Solarspeicher** weiter. Dort wird sie auf das Wasser der Heizung und das Brauchwasser (z. B. Trinkwasser) übertragen. Die Wärmeträgerflüssigkeit fließt dann in die Kollektoren zurück, um sich erneut zu erwärmen. Solarwärme steht nur zur Verfügung, wenn die Sonne scheint. Sie nutzt erneuerbare (regenerative) Energien.

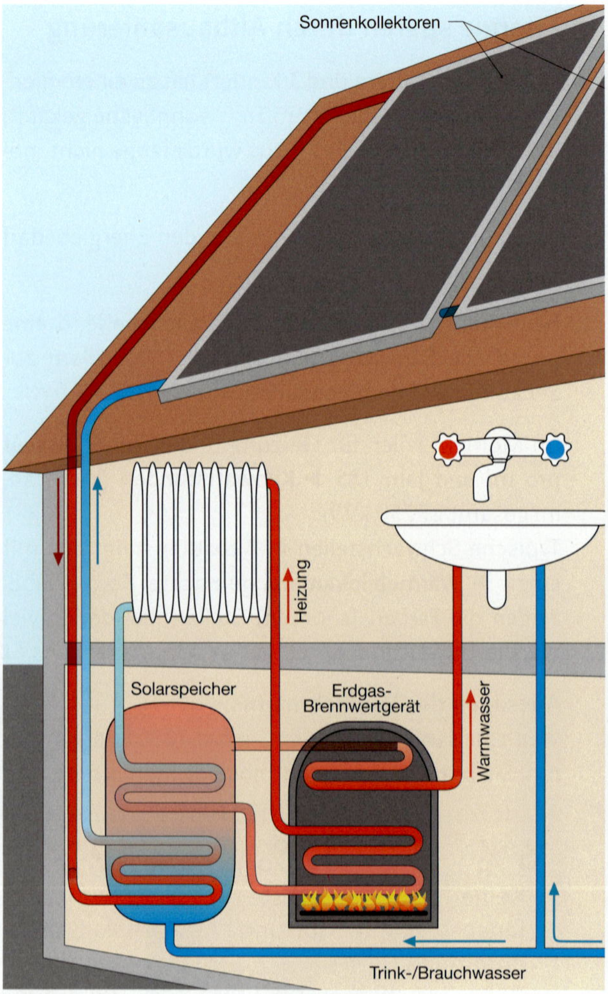

1 Wie viel Energie/Energiekosten können Kerns einsparen? Erstellt eine Tabelle. Erkundet dafür den Preis für Erdgas (1 m³ Erdgas = Energiewert von 10 kWh).

Sparmaßnahme	Ersparnis kWh/Jahr	Ersparnis €/Jahr

2 Kerns liegt ein Angebot über 10 000 € für die Dämmung der Außenwände vor. Für Zinsen und Tilgung des dafür benötigten Kredits wären pro Jahr 700 € fällig, 20 Jahre lang. Vergleicht den Betrag mit der Einsparung an Kosten für Erdgas (s. Punkt 3, Vorseite). Wie würdet ihr entscheiden?

3 Erklärt, wie eine Solarwärmeanlage und eine Wärmerückgewinnung (M2, S. 139) arbeiten.

4 Warum fördert der Staat das Energiesparen und den Einsatz erneuerbarer Energien? Zieht zur Bedeutung den Anteil an Energie für Raumwärme und Warmwasser M6, S. 141 heran.

5 Befragt eure Eltern zur Heizung und Wärmedämmung eurer Wohnung. Ermittelt die Energiekosten. Wie könnte zu Hause Heizenergie gespart werden? Bezieht das Schaubild „Solarwärme" ein. Vergleicht auch den Gaspreis der Anbieter in eurer Gemeinde, z. B. ***Verivox GmbH*** *www.verivox.de (17.10.2013).*

4 Elektroenergie durch Wasserkraft

Elektroenergie aus Wasserkraft

Mit Wasserkraftwerken wird in Deutschland nur ein kleiner Teil des Energiebedarfs für Strom gedeckt (2012: 15,3 %). Dazu gehören auch Pumpspeicherwerke.

Pumpspeicherwerk Hohenwarte im Saaletal, Nennleistung 120 Megawatt

Wie arbeiten Pumpspeicherkraftwerke?

Aus einem höher gelegenen Becken läuft das Wasser durch Rohrleitungen in das Unterbecken. Dabei werden die Turbinen angetrieben. An diese ist ein Generator gekoppelt, in dem die Elektroenergie erzeugt wird. Die Ableitung des Wassers trägt zur Deckung des Spitzenbedarfs an Elektroenergie bei.

Die Generatoren können, mit Elektroenergie versorgt, auch als Motoren arbeiten. Ebenso arbeiten die Turbinen in umgekehrter Richtung als Pumpen und befördern das Wasser aus dem Unterbecken wieder ins Oberbecken. Damit sind Pumpspeicherkraftwerke für den Lastausgleich im Energieverbundsystem einsetzbar. Elektroenergie, die in Grundlastkraftwerken, wie z. B. Braunkohlekraftwerken, in den Nachtstunden zu viel erzeugt wird, kann zum Pumpen verwendet werden. Damit wird ein „Energievorrat" für Spitzenlastzeiten angelegt und die Wassermenge im Oberbecken zur Verstromung bereitgehalten.

Arten von Wasserkraftwerken:

Laufwasserkraftwerke. Die Kraft des fließenden Wassers von Flüssen wird ausgenutzt, um Turbinen anzutreiben.

Gezeitenkraftwerke. Ebbe und Flut treiben die Turbinen an.

Pumpspeicherkraftwerke. Wasser wird in Speicherbecken angestaut und gezielt über die Turbinen abgeleitet.

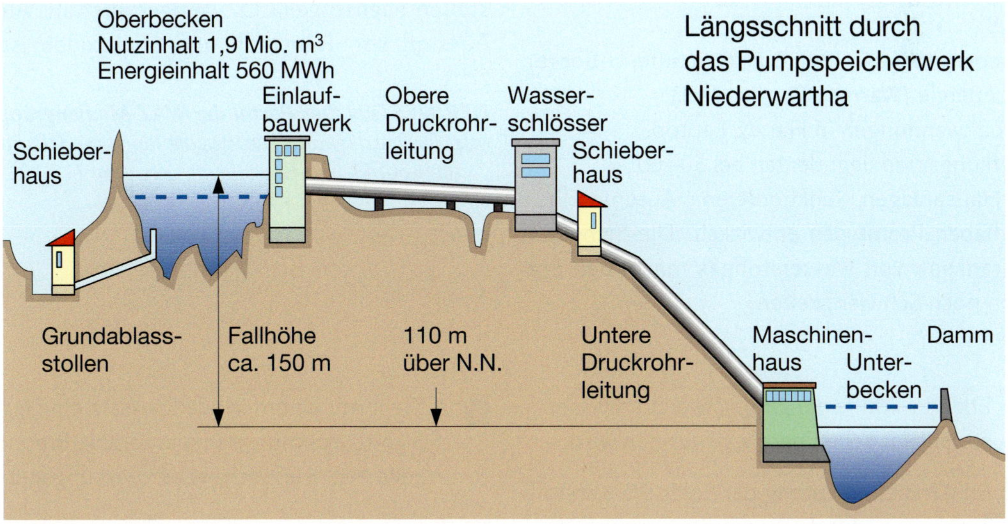

1 Sucht Standorte für Wasserkraftwerke im Atlas.

2 Diskutiert für verschiedene Kraftwerksarten Umweltbeeinflussungen und Wirkungsgrad.

5 Energieumwandlung: Mit Wasserstoff elektrische Energie erzeugen

Eigenschaften von Wasserstoff

Wasserstoff ist in der Natur in Wasser als H_2 gebunden. Um Wasserstoff zur Energiegewinnung nutzen zu können, muss das Gas erst unter Energieaufwendung gewonnen werden. Bis zur Weiterverwendung wird es in Speichertanks gelagert. Die Gewinnung von Wasserstoff kann mithilfe von Sonnenenergie geschehen. Durch Energieumwandlung wird aus Wasserstoff elektrische Energie erzeugt. Dies geschieht in der Brennstoffzelle.

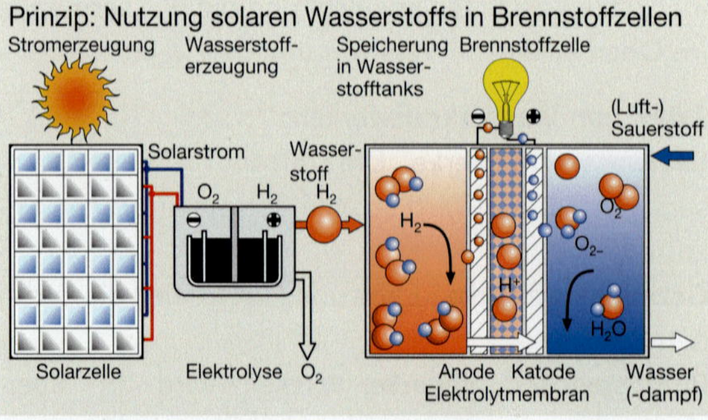

Die Brennstoffzelle

Mit Beginn der Raumfahrt wurde nach mobilen Stromerzeugern gesucht und das Prinzip der Brennstoffzelle genutzt. Ölkrise und Treibhauseffekt durch CO_2-Ausstoß bei der Stromgewinnung führten zur Weiterentwicklung der Technologie. Einsatzgebiete sind z. B.

- Antriebe (Pkw [s. S. 134], Busse, Schiffe, U-Boote),
- Hausenergie (Wärme, Warmwasser),
- Mikroanwendungen in Handy, Laptop.

Der Wirkungsgrad liegt derzeit bei 50–60 %.
Erste Hausanlagen funktionieren, Automobilhersteller haben Prototypen entwickelt. Die Sicherheit beim Transport von Wasserstoffgas macht den Entwicklern noch Schwierigkeiten.

„Dortmund setzt auf Hybrid-Busse
Dortmund, 07.02.2011, Gerald NILL

Mit einem leisen Säuseln startet der nagelneue Gelenkbus von der Haltestelle.
Vorbei ist, dass ausgestiegene Fahrgäste oder Radfahrer beim Abfahren in einer giftigen Rußwolke zurückbleiben.
... Das fabrikneue Schmuckstück ... hat zwar noch einen Dieselmotor. Aber der ... erzeugt den Strom für zwei Elektromotoren. ... Der Fahrzeugantrieb erfolgt grundsätzlich elektrisch."

500 Meter mit Zwischenspeicher
schafft der Bus. Da kann auf den Verbrennungsmotor verzichtet werden, ... in stark belasteten Zonen von Vorteil.
Die Energie beim Bremsen wird in einen Zwischenspeicher für die nächste Abfahrt ohne Dieselmotor geladen. „Im Idealfall schaltet sich der Verbrennungsmotor aus, wenn der Bus eine Haltestelle ansteuert oder herausfährt."

Vorzüge der neuen Technik
„... 350 000 Euro mussten für die öffentlich geförderten Hybrid-Busse mehr bezahlt werden ... .
20 Prozent weniger Kraftstoff verbrauchen sie und stoßen ebenso viel CO_2 weniger aus"... . Auch der Ausstoß von Feinstaub und Stickoxiden ist reduziert. ...

DER WESTEN Das Portal der WAZ Mediengruppe
http://www.derwesten.de/staedte/dortmund/Dortmund-setzt-auf-Hybrid-Busse-id4255483.html (17.10.2013)

1 Erklärt mithilfe der Grafik, wie aus Wasserstoff elektrische Energie gewonnen wird.

2 Erklärt die Bedeutung der Solar-Wasserstoff-Technologie für die Energieversorgung.

3 Erörtert den Nutzen der Anwendung der Hybridtechnologie beim Bus.

4 Stellt mit einem Modellbausatz eine eigene Stromgewinnungsanlage mittels Brennstoffzelle her. Wie hoch ist der Wirkungsgrad?

5 Informiert euch über die Entwicklung des Einsatzes erneuerbarer Energien. Nutzt auch den **WEBCODE**.

6 Weiterführendes Material

M1 Fachkräfte entscheiden den künftigen Wohlstand Deutschlands

Das Umweltbundesamt veröffentlicht in seinen Jahresberichten 2006 und 2012 Prognosen. Es schätzt bis 2050 die Möglichkeiten zum Energiesparen

- bei Hybrid-Pkw auf etwa 60 % und bei Lkw auf 40 % (bessere Motoren, geringeres Gewicht).
- Bei herkömmlichen Antriebsarten lassen sich bis zu 30 % des Verbrauchs mit geringen Mehrkosten einsparen (kleinere Motoren, automatische Getriebe).

Die Motoren sind verbrauchsgünstiger geworden, größere Fahrzeuge, bessere Ausstattung und leistungsstärkere Motoren benötigen jedoch mehr Energie.

*Nach **Umweltbundesamt:** Jahresbericht 2006. Dessau 2007, S. 47f.; Schwerpunkte 2012, Dessau d. J. www.umweltbundesamt.de ▶ service ▶ Suche (18.10.2013)*

Das Ziel der EU ist, mit besserer Technik 2020 im Durchschnitt der Pkw-Neuzulassungen 0,5 g CO_2/km zu erreichen.

Nationaler Entwicklungsplan Elektromobilität 2009 der Bundesregierung

2009 verabschiedete die Bundesregierung den Nationalen Entwicklungsplan Elektromobilität. Das Ziel ist bis 2020 eine Million Fahrzeuge[1] mit elektrischem Antrieb. Der Bund fördert Elektromobilität mit 500 Millionen Euro (s. M5).

***Umweltbundesamt** (2010): Schwerpunkt 2010, Dessau 2010, S. 19 www.umweltbundesamt.de/publikationen/schwerpunkte-2010 (05.02.2014)*

Europäischer Verkehrssektor kann Ziele nur mit ehrgeizigen Maßnahmen erreichen

- 2009 entfielen 24 % aller ▶ **Treibhausgasemissionen** in der EU auf den Verkehrssektor. Die EU-Mitgliedstaaten werden aufgefordert, ihre verkehrsbedingten Treibhausgasemissionen bis 2050 um 60 % gegenüber ... 1990 zu verringern. ...
- In vielen Bereichen wurden die Grenzwerte für akzeptable Luftqualität überschritten. ...
- Fast 100 Mio. Menschen wurden ... einem von Straßenfahrzeugen verursachten ... Lärmpegel von schädlichem Ausmaß ausgesetzt.

***Europäische Umweltagentur** v. 10.11.2011 (Auszug) http://www.eea.europa.eu/de ▶ Presseraum ▶ Pressemitteilungen (18.10.2013)*

[1] Die Bundesregierung hält das 2014 für nicht erreichbar.

M2 Wie eine Lüftungsanlage mit Wärmerückgewinnung Energie spart

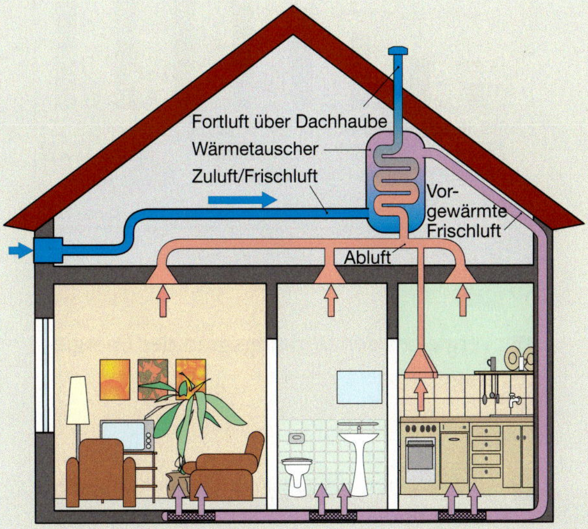

- verbrauchte, feuchte Luft wird andauernd abgesaugt (hellrote Pfeile)
- frische Luft strömt ins Haus (blauer Pfeil)
- die Frischluft wird durch einen Wärmetauscher an der Abluft vorgewärmt
- die frische vorgewärmte Luft wird in den Wohnbereich geleitet (violette Pfeile)
- die Energieverluste durch Lüftung sinken auf bis zu 10 % der bisherigen Menge

M3 Die Umwandlung verschiedener Energieträger zu elektrischer Energie

Energieart als ...	Umwandlung in ...	Erzeugung durch ...	Wirkungsgrad ca.
Potenzielle Energie, z. B. Speichersee	Kinetische Energie über Druckleitung	Wasserturbine → Generator	80–90 %
Chemische Energie, z. B. Mineralöl, Kohle, Holz, Hausmüll	Thermische Energie über Dampferzeuger	Dampfturbine → Generator	25–50 %
Chemische Energie, z. B. Gase	Thermische Energie über Brennkammer	Gasturbine → Generator	50–60 %
Kernenergie, z. B. Uran	Thermische Energie über Kernreaktor	Dampfturbine → Generator	30–40 %
Kinetische Energie, z. B. Wind		Rotorblätter → Generator	25–50 %

M4 Stromerzeugung mit Kernenergie

Seit 1974 werden in Deutschland Wärmekraftwerke mit Uran betrieben. Durch Kernspaltung wird im Kernreaktor Wärme erzeugt. Der weitere Prozess entspricht anderen Wärmekraftwerken. Die Kernkraftnutzung war von Beginn an heftig umstritten.

Auf den ersten Blick vorteilhaft

Um ein Kernkraftwerk von 1000 MW ca. 6500 Betriebsstunden im Jahr zu betreiben, wird ca. ein Güterwagen angereichertes Uran benötigt. Ein Steinkohlekraftwerk braucht ca. 36 500 Güterwagen Kohle. Im Kernkraftwerk entstehen keine Verbrennungsgase, die gereinigt werden müssten und als CO_2 die Umwelt belasten.

Auf den zweiten Blick lebensgefährlich

Bis heute ist die Entsorgung der radioaktiven Abfälle ungelöst. Das belastet kommende Generationen. Da es kein technisches Verfahren zur Aufbereitung gibt, müssen sie in ein Zwischenlager. Auch Kraftwerke selbst sind gefährlich. Seit den Kernreaktorkatastrophen von Tschernobyl, bisher mehr als 100 000 Tote, und verstärkt durch Fukushima, mehr als 18 000 Tote (einschließlich Tsunami, bis Oktober 2013), ist diese Gefahr im Bewusstsein der Bevölkerung und Politiker.

Als Reaktion wurden 2011 acht ältere AKW abgeschaltet und gesetzlich geregelt, bis 2022 alle stillzulegen. Die Kernkraftbetreiber haben rechtliche Bedenken und sehen wirtschaftliche Interessen verletzt. Die Stromversorgung sei gefährdet. Erneuerbare Energien und der Bau konventioneller Kraftwerke werden nun jedoch stärker gefördert. Verbände erneuerbarer Energien und die Opposition kritisieren Letzteres. 2013 wurden die Begrenzung der Förderkosten und der fehlende Netzwerkausbau politisch kontrovers diskutiert.

M5

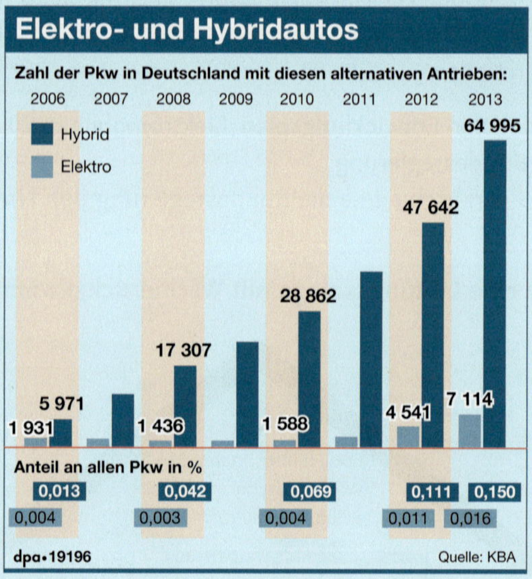

Zu M3

- Vergleicht den Wirkungsgrad der Energieträger.

Zu M4

- Recherchiert die aktuelle Entwicklung der Energiepolitik.

M6 Wer verbraucht in Deutschland welchen Anteil an Energie?

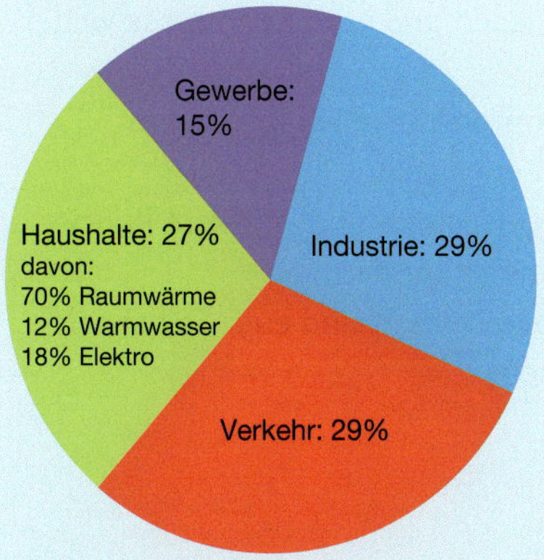

***Bundesministerium für Wirtschaft** www.bmwi.de*
▶ Statistiken und Prognosen ▶ Energiedaten Stand 20.08.2013

***Statistisches Bundesamt** www.destatis.de ▶ Suche*
▶ Energieverbrauch private Haushalte Stand 19.12.2012 (18.10.2013)

M7 Regierung plant Hochsee-Windparks

Die Windräder könnten zwölf Millionen Haushalte mit Strom versorgen und 30000 Arbeitsplätze schaffen. Der Bau von rund 2500 Windrädern auf See ist bereits genehmigt oder beantragt. „Wir rechnen im Norden mit 30000 neuen industriellen Arbeitsplätzen in der Offshore-Windindustrie ...", sagte der Minister. ...

Die Anlagen sollen ... in deutschen Gewässern jenseits der Zwölf-Meilen-Küstenlinie entstehen und ... mehr als 12000 Megawatt Windenergie erzeugen – das würde, bei vollem Wind, der Leistung von zwölf ... Atomkraftwerken entsprechen. ... Von den 40 Windparks sind 30 in der Nordsee und zehn in der Ostsee geplant und laut Ministerium bereits 22 genehmigt. Eine Fläche von insgesamt hundert Quadratkilometern soll für die Offshore-Parks bereitgestellt werden.

***Spiegel Online** v. 14.09.2009*
http://www.spiegel.de/wirtschaft/unternehmen/0,1518,648737,00.html
Nachrichten ▶ Wirtschaft ▶ Unternehmen & Märkte ▶ Erneuerbare Energien (18.10.2013)

M8 Die Offshore-Technik

2010 wurde der erste Windpark in Betrieb genommen. Er kann 50000 Haushalte mit Strom versorgen. Die Anlagen müssen Wind und Wellen trotzen und technisch zuverlässig sowie wirtschaftlich sein. Sie bestehen aus einem Fundament, einem Turm, einem Maschinenhaus mit Generator und einem dreiflügligen Rotor. Der Wind treibt die Rotorblätter an, diese übertragen die Bewegungsenergie auf den Generator.

Schwierige Wartungsarbeiten

Da die Fehlerbehebung auf See wesentlich schwieriger und teurer ist als an Land, ist die Zuverlässigkeit der entscheidende Faktor für den **▶ Offshore-Betrieb**. Für einen permanenten Schutz werden Anstriche mit speziellem Korrosionsschutz verwendet, Wärmeaustauscher schützen beim Kühlen vor der salzhaltigen Seeluft. Wartungsintensive Komponenten werden möglichst vermieden. Deshalb kosten Offshore-Parks doppelt so viel wie auf dem Festland installierte Anlagen. Die deutsche Technologie gehört zur Weltspitze. Die Anlagen sind so hoch wie der Kölner Dom; Durchmesser der Rotoren: 120 m.

AP** (06.07.2008), nach **Tagesschau
www.tagesschau.de ▶ Offshore ▶ Windpark
http://www.tagesschau.de/inland/offshore2.html (18.10.2013)

M9 Energiewende braucht Zeit

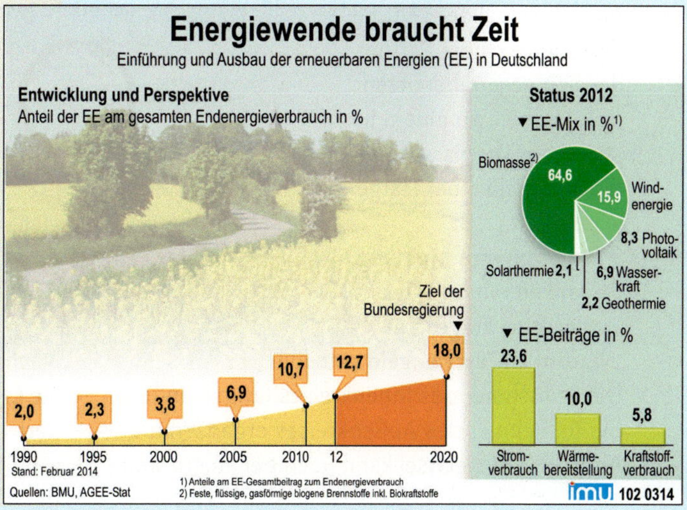

Methode Kugellager: Meinungsaustausch in Partner- und Gruppenarbeit

Darum geht es

Die Arbeitsform lässt sich nutzen, um in der Klasse alle Schüler zu einem Meinungsaustausch zu aktivieren oder auch bereits erlerntes Wissen im Anschluss einer Lerneinheit untereinander abzufragen.
Das heißt, jeder Einzelne setzt sich mit möglichst vielen verschiedenen Meinungen auseinander und kann sich aktiv ins Gespräch einbringen.
Ihr könnt lernen

- euch über Ansichten und Meinungen eines Partners zu informieren und euch darüber auszutauschen,
- anderen euer Wissen und eure Kenntnisse weiterzugeben,
- soziale und kommunikative Fähigkeiten in Partnerarbeit zu erweitern,
- dass leistungsschwächere und -stärkere Partner sich aktiv einbringen können.
- eure Leistungsbereitschaft und euer Selbstwertgefühl zu erhöhen.

So läuft es ab

Vorbereitung

- Für die Durchführung eines Kugellagergespräches wird eine gerade Anzahl von Teilnehmern benötigt. Bei ungerader Anzahl von Teilnehmern wird eine Dreiergruppe gebildet oder ein Schüler übernimmt die Gesprächsleitung, welche die Aufgaben der Klasse stellt.
- Die Einteilung der Partner wird im Vorfeld festgelegt, z. B. durch Abzählen oder Kartenverfahren.
- Die Teilnehmer setzen oder stellen sich in einem Innen- und in einem Außenkreis gegenüber (siehe Abbildung).

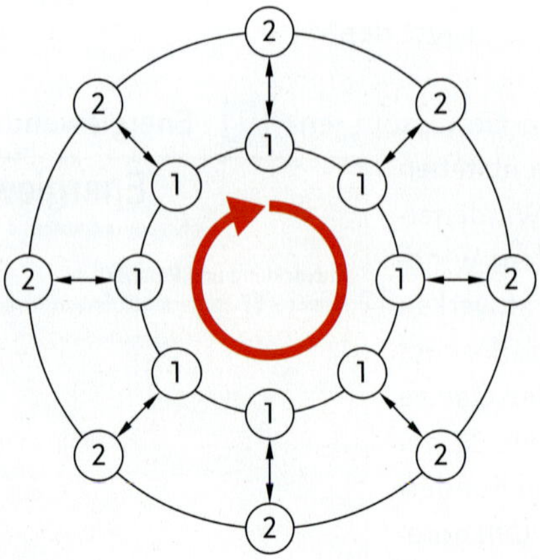

Durchführung

- Auf ein Signal der Leitung tauschen sich die Partner, die sich gegenübersitzen bzw. -stehen, zu einem bestimmten Thema aus, teilen innerhalb einer festgelegten Zeit (z. B. 3 Minuten) ihre Meinung, Gedanken mit oder beantworten eine Frage, z. B. „Warum ist Taschengeld sinnvoll?“
- Die Teilnehmer des Innenkreises fangen an und die Teilnehmer des Außenkreises ergänzen die Antwort. Ein Wechsel kann auch bei einem weiteren Meinungsaustausch oder einer anderen Fragestellung vorgenommen werden.
- Nach Ablauf der vereinbarten Zeit erfolgt ein Signal der Leitung und alle Teilnehmer des Innenkreises bewegen sich im Uhrzeigersinn einen Platz weiter, sodass jeder Schüler einen neuen Gesprächspartner erhält.
- Eine neue Aufgabenstellung wird durch die Leitung vorgegeben und die Partner tauschen sich erneut aus.
- Die Gesprächsleitung unterbricht wieder den Gedankenaustausch und die Schüler im Außenkreis bewegen sich einen Platz entgegen dem Uhrzeigersinn, sodass ein weiter Austausch beginnen kann.

Auswertung

Nach Abschluss des Meinungsaustausches werden die Ergebnisse vertiefend im Klassenplenum strukturiert besprochen oder schriftlich als Ergebnissicherung festgehalten.

Nationale und europäische Wirtschaftspolitik

1 Daten zur Wirtschaftsentwicklung

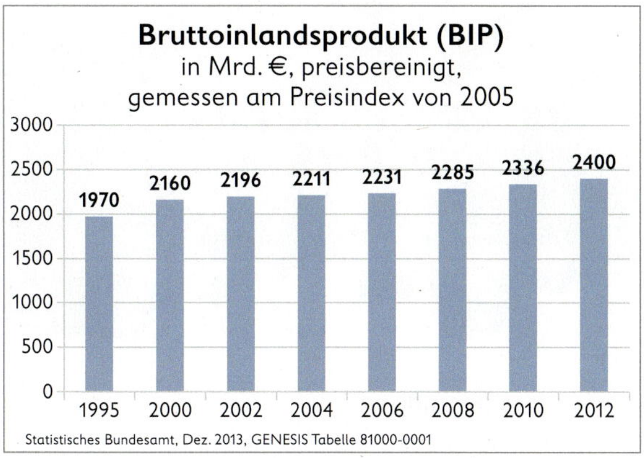

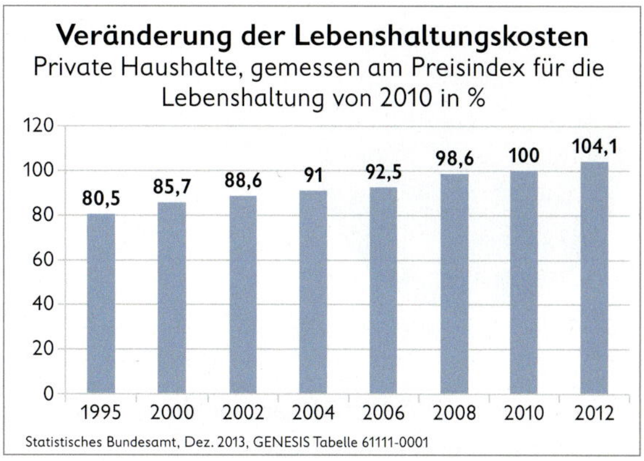

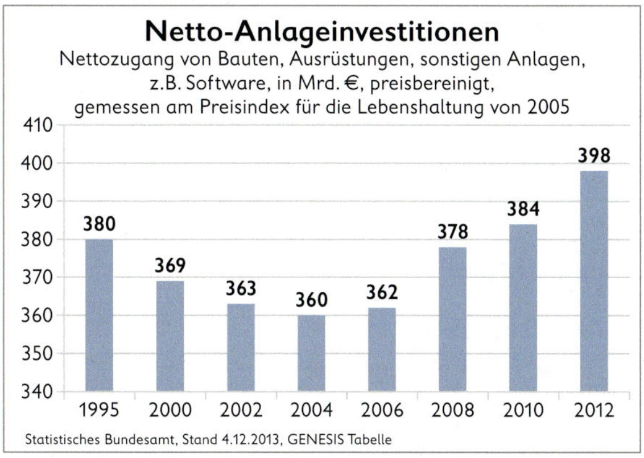

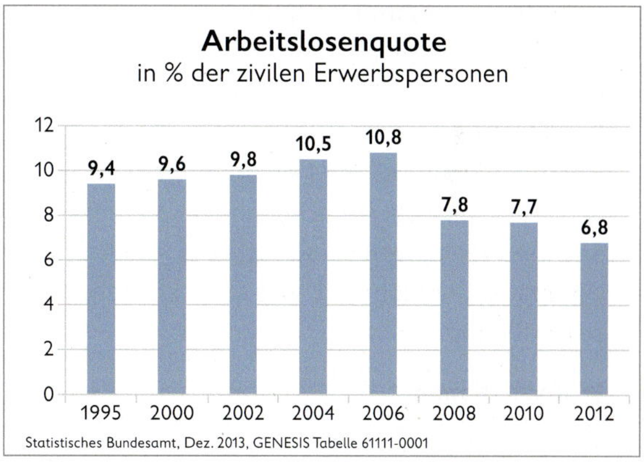

Informiert euch in dem Sachwortverzeichnis über die Begriffe in den Überschriften der obigen vier Tabellen.

Besprecht, was die Inhalte der vier Überschriften bedeuten (z.B. „Preisindex, „in Prozent“).

Das könnt ihr lernen

Ihr könnt

- Daten zum Verlauf der wirtschaftlichen Entwicklung erklären.
- euch über die Bedeutung wirtschaftlicher Ziele und Konflikte auseinandersetzen.
- erläutern, wie der Einsatz der Wirtschaftspolitik die wirtschaftliche Entwicklung beeinflussen kann.
- erörtern, welche der wirtschaftlichen Ziele in diesem Kapitel wahrscheinlich von unmittelbarer Bedeutung für euch nach dem Schulabschluss sein werden.
- wichtige politische Organe in der Bundesrepublik und der EU unterscheiden.
- wichtige wirtschaftspolitische Ziele der Bundesrepublik und der EU erklären.

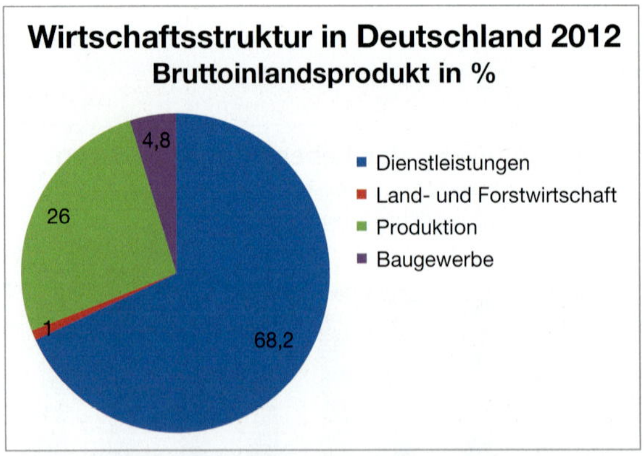

Meinungen zur Wirtschaftsentwicklung – was ist warum zutreffend oder falsch?

A: → Bruttoinlandsprodukt (BIP)
1. Das BIP erhöhte sich. Der Wohlstand aller stieg.
2. Das BIP sagt nichts über den Wohlstand einzelner Bürger aus.
3. Bei Glatteis gibt es für Pkw vermehrt Blechschäden. Die Reparaturen erhöhen das BIP. Das hat doch mit mehr Wohlstand nichts zu tun – oder?
4. Das reale BIP erhöhte sich. Es standen mehr Güter zu Verfügung.

B: ▶ Investitionen
1. Die Investitionen stiegen von 1995 bis 2012 real von 380 auf 398 Mrd. Euro. Das bedeutet mehr Arbeitsplätze.
2. Neue Anlagen zur Herstellung von Waren und Bereitstellung von Dienstleistungen führen zur ▶ **Rationalisierung**. Das kostet oft Arbeitsplätze.
3. Entscheidend ist, was investiert wird. Wir brauchen qualitatives Wachstum für nachhaltigen Wohlstand ▶ **Nachhaltigkeit**.

C: Preise und Kaufkraft
1. Das Preisniveau stieg regelmäßig von 1995 bis 2012. Das ist gut für den Verbraucher.
2. Der Maßstab für die Messung der Preisentwicklung ist das Jahr 2010. In einem solchen Maßstabs-Jahr ist der Preisindex immer 100.
3. Wenn der ▶ **Preisindex** regelmäßig und stark ansteigt, haben wir eine Inflation.
4. Eine Deflation, das Gegenteil von Inflation, ist gut für Staat und Wirtschaft.

D: Arbeitslosigkeit
1. Die ▶ **Arbeitslosenquote** ist immer noch zu hoch. Wir brauchen mehr Wachstum des BIP. Alle Investitionen sind dafür wichtig.
2. Wir müssen die für Unternehmen wichtige Infrastruktur fördern.
   a) Viele Arbeitsplätze gehen an Niedriglohnländer verloren. Das darf nicht sein.
   b) Freihandel schafft Marktchancen und sichert Arbeitsplätze.
3. Viele Arbeitslose haben nicht die geforderten Fähigkeiten. Aus- und Weiterbildung müssen stärker gefördert werden.

1 Analysiert die Daten zur Wirtschaftsentwicklung.

2 An welchen Daten erkennt man konjunkturelle Schwankungen? Begründet eure Antwort.

3 Erörtert die Aussage: Die Daten zur Wirtschaftsentwicklung sagen zum gesellschaftlichen Wohlstand wenig aus. Hausarbeit und gesellschaftliche Arbeit sind kaum erfasst. Bezieht das Foto mit ein.

4 Der Preisindex für die Lebenshaltung ist in 17 Jahren um ca. 24 % gestiegen. Ermittelt, welche Personen oder Organisationen davon Vor- oder Nachteile haben.

2 Wer steuert die Wirtschaft?

Nationale Träger der Wirtschaftspolitik

Die kurze Antwort: „Natürlich steuert der Staat“, ist in einem demokratischen Staat mit einem marktwirtschaftlichen System nicht richtig. Jeder Bürger, jede Unternehmung und andere Organisationen (z. B. Unternehmensverbände, Gewerkschaft, Verbraucherzentrale, Bund der Steuerzahler) sind an der Wirtschaftspolitik beteiligt.

Wirtschaftspolitik ist die Summe aller Maßnahmen, um Erzeugung, Verteilung und Verbrauch von knappen Gütern zu beeinflussen.

Diesen Einfluss auf die Wirtschaft kann jeder Nachfrager selbst durch sein Einkaufs-, Beschäftigungs- oder Sparverhalten ausüben, indem er seine Rechte wahrnimmt. Dies sollte man nie vergessen, wenn von „Wirtschaftspolitik“ die Rede ist.

Im engeren Sinn ist allerdings der Staat – als die Summe aller Bürger – eine wichtige, zentrale und mit höchster Macht ausgestattete Institution in einer sozialen Marktwirtschaft und damit wesentlicher Träger der Wirtschaftspolitik.
Der Staat gliedert sich in der Bundesrepublik Deutschland noch in viele Teile, die Bundesländer, die auf verschiedenen Gebieten eigene Vollmachten haben (Wirtschaftsförderung, Bildungswesen u. a.). Selbst die Gemeinden sind in einigen wirtschaftlichen Bereichen selbstständig (z. B. dabei, die Höhe der Gewerbesteuer festzulegen).

Europäische Union (EU)

Als Organisation der Mitgliedstaaten hat inzwischen die EU – auf verschiedenen Gebieten der Wirtschaftspolitik – den Vorrang vor dem nationalen Recht ihrer Staaten (z. B. S. 154 „Glühlampenverbot“).

Zuständigkeit und Zusammenwirken der Träger der Wirtschaftspolitik

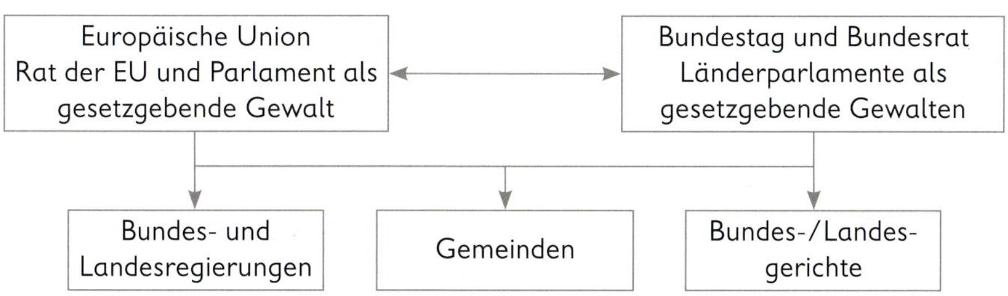

Europäische Union
(siehe Folgeseite)
Bundestag (Legislative) besteht aus den Abgeordneten des deutschen Volkes und hat das Recht auf die Gesetzgebung des Bundes (Art. 38 ff. GG).
Bundesrat (Legislative) ist die Vertretung der Landesregierungen, die bei vielen Entscheidungen von Bundesgesetzen mitwirkt (Art. 50 ff. GG).
Bundesverfassungsgericht (Judikative) ist das höchste Gericht der Bundesrepublik (Art. 3 GG).
Bundesregierung (Exekutive) besteht aus Bundeskanzler/-in und den Bundesministern/-innen. Der Bundeskanzler bestimmt die Richtlinien der Politik (Art. 61 ff. GG).
Länderparlamente (Legislative) und Landesregierungen (Exekutive) haben eine ähnliche Funktion wie Bundestag und Bundesregierung, aber auf Länderebene (Art. 28 GG).
Gemeinden (Legislative und Exekutive) sind die kleinste Verwaltungseinheit mit Parlament und Verwaltung.

1 Erklärt an einem Beispiel die Verknüpfung der drei Gewalten „Legislative“, „Exekutive“ und „Judikative“.

2 Diskutiert, ob die Zusammenfassung der drei Gewalten „in einer Hand“ gut wäre.

3 Die wichtigsten Organe der EU

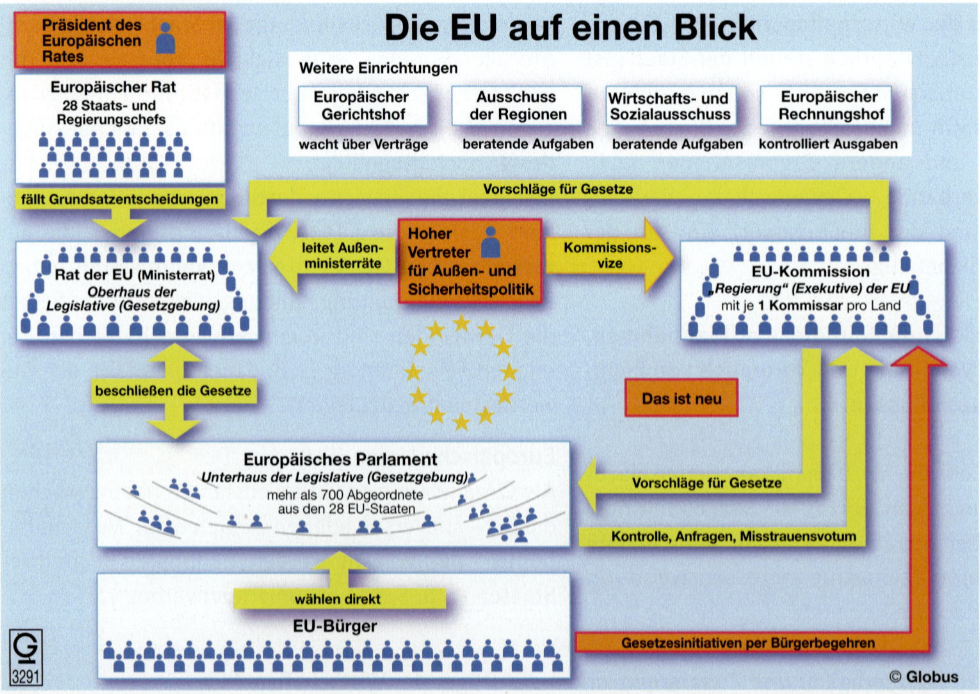

Kommission:
Bereitet Entscheidungen des Ministerrats und des Europäischen Parlaments (EP) vor und führt sie durch. Besteht aus Kommissaren, die für bestimmte Bereiche zuständig sind. Wählen den Präsidenten der EU-Kommission.

Ministerrat:
Konferenz der Fachminister der EU-Staaten, die wichtige Beschlüsse unter Berücksichtigung nationaler Interessen treffen. Der Ministerrat ist das eigentliche gesetzgebende Organ.
Teilweise wird eine Entscheidung erst im Europäischen Rat, der Konferenz der Regierungschefs, möglich. Dieser legt die politischen und wirtschaftlichen Leitlinien der EU fest.

Europäisches Parlament:
Wird von der Bevölkerung der Mitgliedstaaten direkt gewählt. Es hat begrenzte Mitentscheidungs- (z. B. beim EU-Haushalt), Beteiligungs-, Informations- und Kontrollrechte gegenüber der Kommission und dem Ministerrat.

Europäischer Gerichtshof:
Entscheidet Streitigkeiten über Auslegung und Anwendung des EU-Rechts.

1 Vergleicht die Organe Deutschlands und der EU. Welche Übereinstimmungen und welche Unterschiede erkennt ihr?

2 „Da muss der Staat doch etwas machen!" Diese Forderung hört man bei vielen Gelegenheiten. Auf welcher Ebene und durch welche Instanzen können folgende Aufgaben des Staates beschlossen oder erledigt werden? Ordne diese den Instanzen auf der Seite 145 zu:

- Die Bundeswehr muss sparen
- Mehr Lehrer für die Schulen in Niedersachsen
- Unsere Dorfstraße muss erneuert werden
- Mehr Polizisten auf die Straße
- Bessere Zuwegung für das Gewerbegebiet
- Erhöhung der Ausbildungsvergütung von Auszubildenden
- Umstellung der Müllabfuhr
- Entwicklungshilfe für den Sudan erhöhen

4 Nationale und internationale Organisation des Binnenmarktes

1951 Vertrag über eine ▶ **Montanunion** (EGKS)
1957 Gründung der Europäischen Wirtschaftsgemeinschaft (EWG), 6 Staaten
1965 Europäische Gemeinschaft (EG) aus EWG + Montanunion + Euratom (EAG)
1984 Europäisches Parlament schlägt Gründung einer Europäischen Union (EU) vor.
1991/93[1] Vertrag von Maastricht für Wirtschafts- und Währungsunion (WWU, 12 Staaten)
1997/99 Vertrag von Amsterdam
1999 Europäische Währungsunion (EWU)
2002 Euro offizielles Zahlungsmittel (Anfang 2014 18 Staaten, 1.1.2014)
2007/09 Vertrag von Lissabon über die Arbeitsweise der Europäischen Union (AEU, 28 Staaten mit 500 Mio. Einwohnern). Der Vertrag ist zurzeit (2014) die vorläufige Verfassung der EU.

[1] Die Jahresangaben berücksichtigen den Vertragsabschluss und die Annahme durch die Staaten

Wer übernimmt politische Aufgaben und entscheidet darüber?
Der „Vertrag über die Europäische Union" von Maastricht gibt darüber Auskunft. ... In diesem Vertrag wurde erstmals festgelegt, dass die Europäische Union das „Subsidiaritätsprinzip" strikt beachten muss. Was heißt das?
In der Politik besagt das Subsidiaritätsprinzip: Eine höhere staatliche Ebene darf keine Aufgaben an sich ziehen, die von den unteren Ebenen aus eigener Kraft erfüllt werden können. Die unteren Ebenen erhalten oder behalten die dafür nötigen Hoheitsrechte.
Im Bundesstaat Deutschland beispielsweise erfüllen Bundesländer und Gemeinden bestimmte (im Grundgesetz genau festgelegte) Aufgaben. ...
Andere Aufgaben dagegen (z. B. Außenpolitik, Verteidigung, Währungspolitik) können sinnvoll nur von der höchsten Ebene, dem Bund, wahrgenommen werden. ...
So soll es auch in der Europäischen Union sein: Die unteren Ebenen ... werden weiterhin die Aufgaben wahrnehmen, die sie besser – weil bürgernäher – erfüllen können als die Union.
Die künftige Verfassung kann also einem allzu großen Machtzuwachs der „Zentrale Europa" einen wirksamen Riegel vorschieben. Das Subsidiaritätsprinzip ... sichert ... die Eigenständigkeit und Selbstverantwortung der Mitgliedstaaten und ihrer Regionen in der Gemeinschaft und damit:
„Einheit und Vielfalt"

*Nach **Presse- und Informationsamt der Bundesregierung:** „Europa 2000 – Schritte zur Europäischen Union", OMNIA Verlag, Köln, 1992, S. 27*

1 Erklärt, warum die Außenpolitik, Verteidigungspolitik und Währungspolitik vom Bund wahrgenommen wird und nicht von den Ländern.

2 Was sagt euch die Illustration?

3 Erklärt das Subsidiaritätsprinzip am Beispiel der Schulen in Deutschland.

4 Begründet, warum die EU zwar aus 28 Staaten besteht, jedoch nur 18 in der EWU sind (auch Eurozone genannt).

5 Sammelt Informationen über die Schwierigkeiten der EWU und diskutiert darüber.

6 Notiert in Stichworten, was euch Europa bedeutet.

5 Wirtschaftspolitische Ziele der EU und von Deutschland

Ziele der Europäischen Union
Die wichtigsten Ziele bei der Schaffung der WWU sind in den „vier Freiheiten des Binnenmarktes“ verankert. Dies ist – neben der Sicherheit vor kriegerischen Auseinandersetzungen der größte Segen des Zusammenschlusses.

© Bergmoser + Höller Verlag AG

Freier Personenverkehr
Will Holger eine Reise durch deutsche Nachbarstaaten machen, kann er ohne Grenzkontrollen in den Niederlanden starten und z. B. Belgien, Luxemburg, Frankreich, Italien und Österreich durchfahren und sich dort aufhalten, solange er möchte. Er kann dort auch überall mit Euro bezahlen. Probleme könnte er nur in der Schweiz bekommen, die bei der Reise „umrundet“ wurde.

Freier Warenverkehr
Auch dies ist das Ziel der EU. Erwachsene können in Deutschland von Rheinland-Pfalz nach NRW fahren und beliebig viel Wein mitbringen – wie jede andere Ware, ohne Kontrolle und ohne Zoll. Ziel ist es, diese Freiheit auch für Warenim- und Export zwischen allen EU-Ländern zu haben. Dafür müssten jedoch z. B. die Mehrwert- und andere Steuern „harmonisiert“ werden.

Freier Dienstleistungs- und Kapitalverkehr
Hier ist die Freiheit schon sehr weit: Du kannst ein Bankkonto in jedem Staat eröffnen und dich gegen Gefahren in anderen Ländern versichern. Auch das Telefonieren mit deinem Handy funktioniert in vielen Ländern mit deutscher oder dortiger Karte.

Die vier Freiheiten haben dazu geführt, dass heute schon mehr als 14 Mio. EU-Bürger in einem fremden EU-Land leben. Allerdings sind noch starke Einschränkungen der Freiheit beim Warenverkehr vorhanden und bei Bürgern, die nicht erwerbstätig sind (z. B. Arbeitslose, Rentner, Studierende). Sie müssen über ausreichende finanzielle Mittel verfügen, um nicht die Sozialkassen im fremden EU-Land in Anspruch zu nehmen.

1 Informiert euch im Internet über die unterschiedlichen Mehrwertsteuersätze in Europa.

2 Informiert euch, welche und wie viele Waren man, z. B. aus dem Urlaub, nach Deutschland einführen darf.
www.zoll.de/DE/Privatpersonen/Reisen/reisen_node.html

3 Tauscht Erzählungen eurer Eltern und Großeltern über die Schwierigkeiten von Auslandsreisen in deren Jugend aus.

4 Vertretet in Diskussionen eure Meinung, ob die obigen Freiheiten eingeschränkt oder ausgeweitet werden sollten. Ihr könnt dazu auch den **WEBCODE** nutzen.

5 Ordnet auf dem hinteren Innendeckel des Schülerbuches nach der Höhe des BIP je Einwohner
a. die Staaten der Eurozone,
b. die Staaten der EU außerhalb der Eurozone und alphabetisch
c. die Staaten in Europa außerhalb der EU.
Haltet die Ergebnisse schriftlich fest.
Vergleicht zwischen a. und b. sowie a. und c. Was fällt euch auf?

WEBCODE: WI650125-0148

6 Wirtschaftspolitische Ziele der Bundesrepublik Deutschland

Die wichtigsten Ziele der Wirtschaftspolitik sind 1967 als „Gesetz zur Förderung der Stabilität und des Wachstums der Wirtschaft" beschlossen worden. Es ist das berühmte „**Magische Viereck**". Der Bund und die Länder müssen bei ihren wirtschaftspolitischen Maßnahmen die folgenden Ziele beachten:

- Stabilität des Preisniveaus,
- hoher Beschäftigungsstand,
- außenwirtschaftliches Gleichgewicht,
- stetiges und angemessenes Wachstum.

„Magisch" bezieht sich darauf, dass es an Wunder grenzt, diese vier Ziele gleichzeitig zu verwirklichen.

Im Wirtschaftsablauf spielen die Ziele 3 und 4 eine dominierende Rolle, weil die Einkommen der Arbeitnehmer der größte Posten im Volkseinkommen sind. Arbeitnehmerfamilien stellen den überwiegenden Teil der Bevölkerung. Bei Arbeitslosigkeit sinkt dieses Einkommen. Das Gleiche gilt für Inflation, denn man bekommt weniger Güter für sein Geld. Außerdem verlieren die Ersparnisse ihren Wert.

Die anderen Ziele sind zwar nicht weniger wichtig, aber Fehler bei diesen Zielen sind erst langfristiger bemerkbar.

Magisches Sechseck

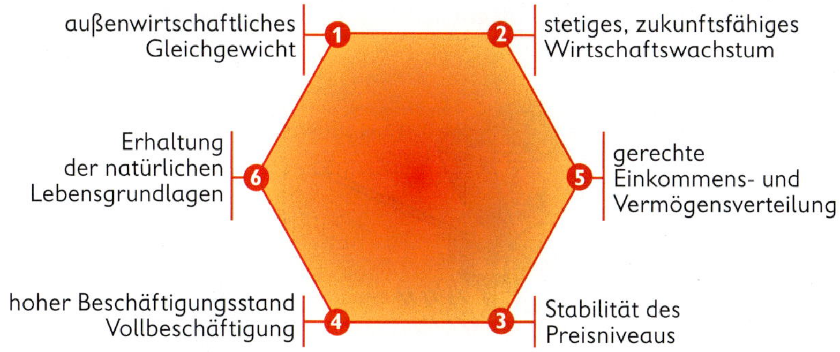

Daneben sollten die Regierenden auch auf eine gerechte Verteilung der Einkommen und Vermögen der Bürger achten. Bei stetigem Wachstum und dem enormen Verbrauch von ▶ **Ressourcen** kam zusätzlich die Sorge um die „Erhaltung unserer natürlichen Lebensgrundlagen" mit ins Spiel, die langfristig als eines der wichtigsten Ziele der Wirtschaftspolitik zu sehen ist.

Die Wirtschaftspolitiker in Parlamenten orientieren sich eher an den kurzfristigen Problemen, weil sie an die Wiederwahl nach 4 bis 5 Jahren denken.

1 Was spricht für und was gegen kurze Wahlperioden von Politikern in Parlamenten und Regierungen? Informiert euch, in welchen Zeitabständen die verschiedenen Parlamente gewählt werden.

2 Erörtert, was „stetig und angemessen" bedeuten könnte.

3 Welche Art von Wachstum gefährdet nicht die natürlichen Lebensgrundlagen? Wie würdest du dazu beitragen?

4 Informiert euch im Sachwortverzeichnis, was „▶ **außenwirtschaftliches Gleichgewicht**" bedeutet. Welche Probleme ergeben sich, wenn es gestört wird?

5 Beschreibt, warum Beschäftigungs- und Wachstumsziel harmonisch zueinander sind, aber im Konflikt zur Stabilität des Preisniveaus stehen.

6 Besprecht, welche Konflikte im Sechseck sich durch das Ziel der Erhaltung der natürlichen Lebensgrundlagen ergeben können.

Sind die Maßnahmen, welche dir für die wirtschaftliche Zukunft gewünscht werden, zukunftsfähig?
– oder:
was wird damit der künftigen Generation in die Wiege gelegt?

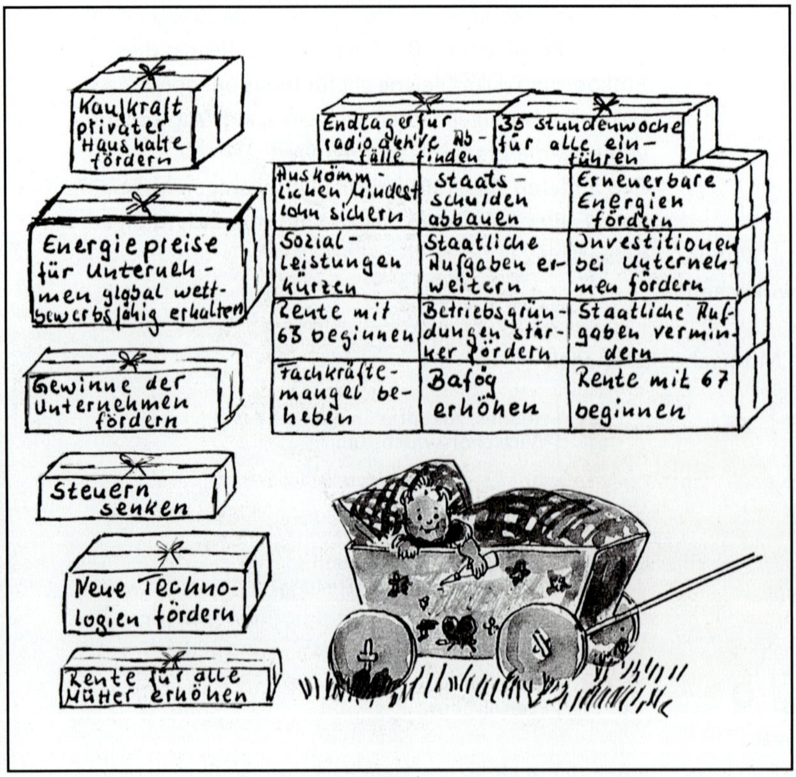

1 Sortiere auf der Abbildung oben links die Maßnahmenpakete nach Gruppen.
a. Begründe die Gruppierung.
b. Benenne Bedeutung und Auswirkungen der Wünsche.
c. Kennzeichne widersprüchlich erscheinende Wünsche.
d. Begründe, was für künftige Generationen zukunftsfähig sein kann.

2 Um die Gefährdung welcher Ziele geht es jeweils in den drei Bildern rechts?

3 Begründet an folgenden Beispielen die Bedeutung der nummerierten Ziele des Magischen Sechsecks (s. S. 149).

(1): Deutschland hat einen hohen Überschuss im Außenhandel. Wie wirkt das auf Handelspartner?
(2): Welche Auswirkungen hat ein nachlassendes Wachstum auf die Wirtschaft?
(3): Wer profitiert bes. von diesem Ziel?
(4): Welche Bedeutung hat das Ziel für Arbeitsuchende, Unternehmen und Staat?
(5): Warum ist diese wünschenswert? Bedenkt die Perspektive armer sowie wohlhabender Menschen und des Staates.
(6): Deutschland beschloss den Ausstieg aus der Atomenergie und die Förderung regenerativer Energien sowie Energieeinsparung. Wie wirkt das auf (3)?

7 Konflikte bei wirtschaftspolitischen Zielen

Die gesamtwirtschaftlichen Ziele sollten sich im Gleichgewicht befinden, um für Stabilität in der Wirtschaft zu sorgen. Am Beispiel der Beschäftigung, des Wirtschaftswachstums und des Preisniveaus kann man zeigen, wie Konflikte entstehen:

Das Wirtschaftswachstum ist nicht gleichmäßig. Gute Zeiten und schlechte Zeiten kennen wir schon aus dem alten Testament und aus einer Fernsehserie mit jeweils „7 guten und 7 schlechten Jahren". Auch heute zeigt sich ein „AUF" und „AB" des Verlaufs von 3 bis 5 Jahren. Man nennt dies den Konjunkturverlauf.

Entwicklung von Beschäftigung und Preisniveau im Zeitverlauf

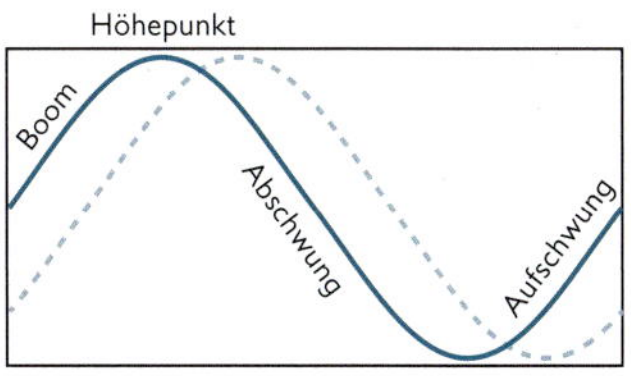

Will man das Wirtschaftswachstum fördern, spielt das Geld eine große Rolle. Die Bevölkerung benötigt viel Geld, um zu konsumieren und zu investieren.

Geld zu produzieren ist heute sehr leicht, weil wir nicht mehr mit Gold oder Silber bezahlen, was früher üblich war. Aber Gold und Silber war knapp. Heute lässt der Staat Geldscheine aus Papier und billige Metallmünzen von Druckereien und Münzprägestätten herstellen. Aufgabe der ▶ **Notenbanken** ist es, das Geld in Umlauf zu bringen. Dabei sollen die Notenbanken aber darauf achten, dass die Geldmenge in einer Volkswirtschaft mit den produzierten Gütermengen (Waren und Dienstleistungen) ungefähr übereinstimmt.

Geldpolitik als Stabilisierungspolitik

Gütermenge groß ↔ Geldmenge klein = Deflation
Gütermenge = Geldmenge = Preisniveaustabilität
Gütermenge klein ↔ Geldmenge groß = Inflation

Wenn sich die Wirtschaft der Vollbeschäftigung nähert, droht die ▶ **Preisniveaustabilität** in Gefahr zu geraten. Hohe Einkommen = hohe Nachfrage = zu wenig Güter = überlastete Produktionskapazitäten = Preise steigen. Die Gewerkschaften/Arbeitnehmer fordern daher höhere Löhne. In den Unternehmen steigen die Kosten. Die Preise werden erhöht. Die Arbeitnehmer fordern Lohnanpassung. Gefahr der **Inflation** durch Lohn-Preis-Spirale (s. S. 23 ff.).

Die Notenbank greift ein. Sie bringt weniger Geld in Umlauf. Bei knappem Geld steigen die Zinsen. Dies führt bei privaten Haushalten zu sinkender Nachfrage mit weniger Ratenkäufen, beim Staat zu weniger Ausgaben und bei Staat und Unternehmen zu weniger Investitionen. Bei den Unternehmen kommt es möglicherweise zu Kurzarbeit und Entlassungen. So wird die drohende Inflation zwar abgewendet, doch gleichzeitig entsteht die Gefahr der **Arbeitslosigkeit**. Die Einkommen sinken, die Waren werden nicht mehr abgenommen, die Lagerhallen füllen sich mit Überschüssen. Die **Deflation** droht.

Jetzt wird die Notenbank mehr Geld bereitstellen. Beabsichtigt ist, dass Unternehmen und Staat wieder mehr investieren, die Beschäftigung steigt, die Einkommen steigen.

Es kann aber auch zur **Stagflation** führen. Auch dies kommt vor: Stagnation der Wirtschaft und gleichzeitig Inflation („Die Pferde saufen nicht" sagt ein Sprichwort).

1 Beschreibt die Lohn-Preis-Spirale mit eigenen Worten.

2 Wie kann eine Stagflation entstehen?

3 Erkläre, warum die Zinsen für Kredite steigen, wenn die Notenbank weniger Geld zur Verfügung stellt.

4 Wie hieß die Notenbank der Bundesrepublik Deutschland und wie heißt die der Europäischen Währungsunion?

8 Stabilisierungspolitische Konzepte im Widerstreit

Die nachfrageorientierte Wirtschaftspolitik

Das wirtschaftliche Wachstum vollzieht sich in konjunkturellen Zyklen. Sie waren ursprünglich mit Wellen von 8 bis 10 Jahren länger und ausgeprägter.
Nach den Dreißigerjahren des vorigen Jahrhunderts haben sich die Zyklen stark geändert. Sie sind nur noch 3 bis 5 Jahre lang. Sie haben außerdem auch in der Depression keine Deflation mehr.
Es ist eine Leistung von J. M. Keynes, der sich in den Jahren der Weltwirtschaftskrise für die Bekämpfung der Konjunkturzyklen einsetzte. Es ging ihm vor allem darum, die Arbeitslosigkeit zu bekämpfen. Sein Rezept war, die Nachfrage in der Volkswirtschaft zu erhöhen. Da in schlechten Zeiten die Bürger keine Mittel hierfür haben und die Unternehmen Investitionen scheuen, muss der Staat die Mittel für Investitionen bereitstellen.
Das Konzept half, die Zyklen veränderten sich und ihre negativen Folgen wurden gemildert.
Es half aus der Depression. Es bewahrte aber später nicht vor der Inflation. Daran weitgehend mitschuldig ist, dass die zuständigen Wirtschaftspolitiker nicht das ganze Konzept von Keynes übernahmen. Er betonte, dass die Mittel zum Aufschwung nicht durch neue Kredite zu nehmen sind, sondern durch das Ansparen der hohen Steuereinnahmen in der Hochkonjunktur. Damit würde die Inflationsgefahr verringert. Außerdem würde die Rücklage der Steuern auch den Boom bremsen.
Die meisten Wirtschaftspolitiker vergessen dies allerdings, sodass meist für die Nachfragesteigerung Mittel der Notenbank eingesetzt werden und dadurch die Staatsschulden anwachsen.

Konzept der nachfrageorientierten Wirtschaftspolitik

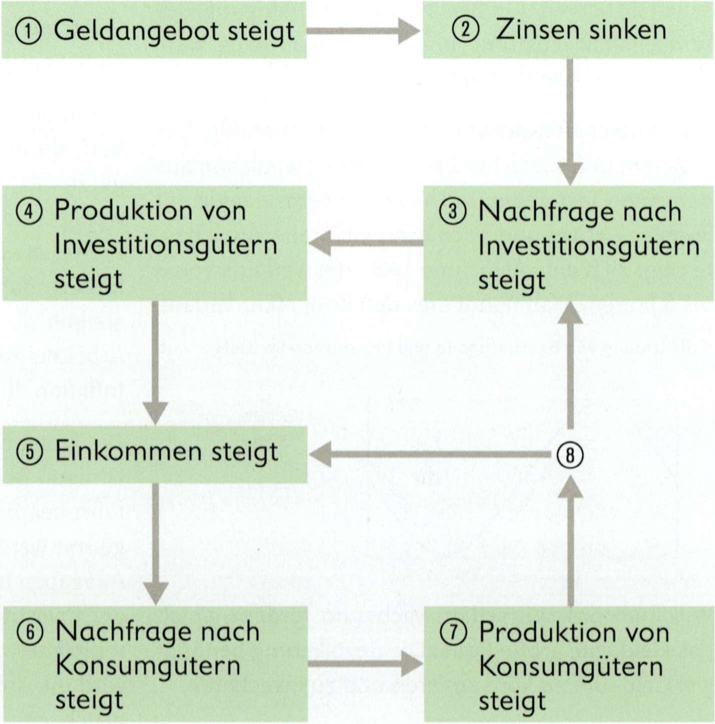

1 Beschreibt in dem Diagramm, wie der Ablauf der nachfrageorientierte Politik zur Erhöhung der Einkommen beitragen kann.

2 Beschreibt eventuelle Hemmnisse in dem Ablauf des Diagramms. Beispiel: Nachfrage nach Konsumgütern steigt nicht, weil Haushalte mehr sparen.

3 Welche Aufträge an die Wirtschaft können gegeben werden, um die Depression zu mildern?

4 Wie stellst du dir den Zustand der Wirtschaft zum Zeitpunkt
a) des Booms,
b) des Höhepunkts,
c) des Abschwungs,
d) der Depression und
e) des Aufschwungs vor?
Vergleiche mit einem Partner.

Die angebotsorientierte Wirtschaftspolitik

Die von Keynes praktizierte Wirtschaftspolitik, durch eine Steigerung der Nachfrage die Depression abzuwenden, geriet in Schwierigkeiten. Weil auch in guten Zeiten keine Mittel für die schlechten zurückgelegt wurden, breitete sich die Stagflation aus. Gegen diese war das Rezept von Keynes nicht einsetzbar.

Wollte man die Wirtschaft ankurbeln, um die Arbeitslosigkeit zu verringern, dann musste man mehr Geld in Umlauf bringen. Dies führte aber zur Inflation. Wollte man die Inflation bekämpfen, dann musste man den Geldumlauf verringern. Das bremste aber die Wirtschaft und brachte Arbeitslosigkeit.

Außerdem veränderte sich auch das Wirtschaftsgeschehen. Durch die rasante Technisierung und die Beschleunigung der Kommunikation verloren viele Arbeitnehmer, die sich nicht an veränderte Anforderungen der Arbeit anpassen konnten, ihre Arbeitsmöglichkeiten. Es gab also auch viele Arbeitslose, die nicht nur in Konjunkturschwankungen ihre Arbeit verloren. Sie bekamen auch bei dem Aufschwung keine Chance.

Als Alternative zu dem Konzept der Nachfragesteuerung kam man auf die Idee der „angebotsorientierten Wirtschaftspolitik", mit der die Unternehmen motiviert werden sollen, mehr zu produzieren, zu investieren und Arbeitsplätze zu schaffen.

Dazu gehört in erster Linie eine Wirtschaftspolitik, die nicht ständig veränderte Regeln schafft (▶ **„Stop-and-go-Politik"**) und nicht durch hohe Steuern, Zinsen, ▶ **Lohnnebenkosten** und Auflagen aller Art den Unternehmen das Wirtschaften erschwert. Die Regierungen sollen Regeln zugunsten der Unternehmen (also der Anbieter) schaffen. Sie sollen auch Eingriffe in den Marktprozess unterlassen. Statt dieser Eingriffe sollen sich allein die Zentralbanken um die Stabilisierung kümmern. Das wichtigste Ziel sei dabei die Stabilität des Preisniveaus. Der wichtigste Vertreter dieser Form von Wirtschaftspolitik war der Amerikaner Milton Friedman. Weil allein die Zentralbanken zuständig für die Wirtschaftssteuerung sein sollen, nannte man dies auch „Monetarismus".

Konzept der angebotsorientierten Wirtschaftspolitik (Beispiel)

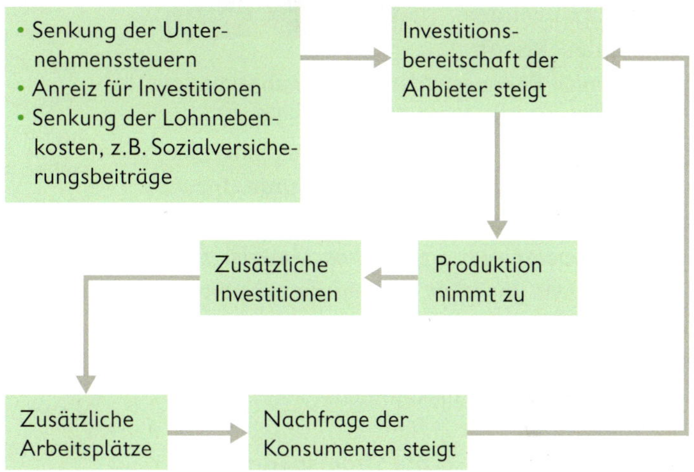

1 Vollzieht das obige Schaubild nach.

2 Erklärt die Unterschiede bei den Maßnahmen von nachfrage- und angebotsorientierter Wirtschaftspolitik. Nehmt Stellung zu der Rolle von Regierungen und Notenbanken.

3 Diskutiert Wirkungen nachfrageorientierter und angebotsorientierter Wirtschaftspolitik. Nutzt dazu die Grafiken. Überlegt dabei Folgen für die Preisentwicklung der Güter.

4 Das Ziel des Monetarismus ist die Aufrechterhaltung der Stabilität des Preisniveaus. Welche negativen Folgen der Inflation sollen dadurch vermieden werden?

5 Sammelt in Gesprächen mit Freunden Beispiele für die „Stop-and-go-Politik" der Regierungen von Bund und Ländern in Deutschland.

9 Weiterführendes Material

Die Ziele staatlicher Wirtschaftspolitik sind nicht nur im „Magischen Sechseck" untereinander im Konflikt. Häufig kommt es auch zu Konflikten zwischen den Akteuren der Wirtschaftspolitik: Parteien, Unternehmen, Verbrauchern und Interessenverbänden. Folgende Beispiele zeigen Probleme für Betroffene.

M1 Verbot für Glühlampen ab zehn Watt

Seit 01.09.2012 gilt in der EU ein Herstellungs- und Vertriebsverbot für alle Standard-Glühlampen mit mehr als zehn Watt. Als Ersatz wurden Kompaktleuchtstofflampen, auch Energiesparlampen genannt, angeboten. Alle mussten umrüsten und viel Geld ausgeben, obwohl man wusste, dass es nur eine kurzfristige Übergangslösung sein würde. Inzwischen werden Leuchtdioden (LED) und evtl. sogar OLED angeboten, wo organisches Material zum Leuchten dient. Vielleicht werden die „Experten" der EU nun die Benutzung der jetzigen Sparlampen verbieten und zum Kauf von LED-Lampen aufrufen, die ohne Quecksilber auskommen.

M2 Energiesparlampen – echte Stromsparer

Eine einfache Art, Strom zu sparen, bieten Energiesparlampen. Sie verbrauchen bei gleicher Leuchtkraft wesentlich weniger Strom als herkömmliche Glühlampen – manche bis zu 80%. Dabei beträgt die Lebensdauer einer 20-Watt-Energiesparlampe etwa 10000 Stunden, die einer 100-Watt-Glühlampe dagegen nur ca. 1000 Stunden.

OBI *http://www.obi.de/de/ratgeber/energiesparen/berater_energiesparlampen/index.html (19.01.2013)*

M3 Volksverdummung: Die EU und die Energiesparlampe

Die Energiesparlampe: Eigentlich heißt sie Kompaktleuchtstofflampe, aber Energie und Sparen klingt besser. Leider hält sie keines ihrer Versprechen. Nicht nur, dass Energiesparlampen Experten zufolge keine Energie sparen, sondern das Gesundheitsrisiko der von EU, Industrie und Greenpeace als Energie-Revolution angekündigten Leuchte ist wesentlich höher als gedacht. Zerbricht eine Lampe, tritt hochgiftiger Dampf aus. Die wenigsten Verbraucher wissen um die Gefahr. Ein trauriges Beispiel dafür, wie erfolgreiche Lobbyarbeit und politische Blindheit zum Risiko für den Einzelnen werden.

YouTube
http://www.youtube.com/playlist?list=PLWfNngr8sNapBSStYVD3-BSQdtsNoVDv6 (10.01.2014)
Bayerisches Fernsehen | ARD *11.05.2012*

M4 Wie entsorge ich gebrauchte bzw. die Reste von zerbrochenen Energiesparlampen?

Wegen der Relevanz von Quecksilber für Umwelt und Gesundheit gehören Energiesparlampen, wenn sie ausgedient haben, nicht in den Hausmüll oder gar Glascontainer, sondern sind bei Sammelstellen abzugeben. ... Bei ordnungsgemäßer Abgabe der Altlampen kann Quecksilber getrennt erfasst und das Lampenglas verwertet werden. ... Zum richtigen Umgang mit zerbrochenen Energiesparlampen erhalten Sie beim Umweltbundesamt ausführliche Hinweise. Von entscheidender Bedeutung ist das ordnungsgemäße Lüften und Wegräumen der Scherben, damit Belastungen durch entweichendes Quecksilber minimiert werden.

Bundesministerium für Umwelt *http://www.bmu.de/produkte_und_umwelt/doc/44048.php (10.01.2014)*

Zu M1 – M4

1 Nutzt die Informationen durch das Youtube-Video unter M3.

2 Führt eine Pro-Kontra-Debatte zur Einführung der Energiesparlampen und schätzt Vor- und Nachteile des Verbots der Glühlampen und des Ersatzes durch „Energiesparlampen" ein.

M5 Inflation in Monetopia (k)ein Märchen

Monetopia braucht viele Straßen, weil es viele Autos gibt. Straßenbau kostet viel Geld. Alle Kfz-Inhaber müssen hierfür zahlen: Kfz-Steuer, Mineralölsteuer, Mehrwertsteuer und Versicherungssteuer. Doch die staatlichen Ausgaben sind vielfältig und Straßenbau ist nur eine davon. So zahlt man von den Steuern zunächst für alle Staatsbediensteten in allen Büros das Gehalt. Der Rest ist für andere wichtige Sachen, z. B. auch für Radwege. Radfahrer bezahlen zwar nicht, machen aber Eindruck. Der Staat könnte z. B. zum „Staat der Radfahrer“ ernannt werden.

Aber wer zahlt nun für die Straßen?

Ein Ausweg: Der Staat hat eine Notenbank. Diese druckt Geld. Muss nur beschlossen werden. Straßen sind wichtig – also mehr Moros drucken, so heißt das Geld in Monetopia. Bauarbeiter und -unternehmer bekommen nun auch viele Moros. Nicht nur für die Brötchen zum Frühstück, auch für das neue Auto. Alle sind glücklich!

Aber wer bezahlte denn nun die Straßen wirklich? Die Notenbank? Ist das eigentlich richtiges Geld? Einfach gedruckt? Aus Papier mit Druckmaschinen. Daraus werden bunte Scheine. Wie unsere Euros. Nennt man Moros. Damit kann man bezahlen. Alles! Warum arbeitet man eigentlich noch? Die Notenbank kann doch einfach mehr drucken.

In Monetopia funktionierte es eine Weile, doch die Brötchen und die Autos wurden von Tag zu Tag teurer. Man musste mit immer mehr Moros bezahlen. Die Fachleute nannten das Inflation. Nach ein paar Jahren gab es Schwierigkeiten, weil man die Zahlen auf den Moros nicht mehr lesen konnte: „Milliarden“, „Trillionen“, „Oktillionen“ (mit 48 Nullen hinter der 1!) Dann gab es neue Banknoten, die wieder mit 1 Moro anfingen.

Und ganz Kluge sparen nun sogar das Papier und die Druckmaschinen. Die Notenbanken überweisen einfach die Milliarden mit „Online-Banking“ an die Regierungen: digital und frivol.

(D. Krafft 2013)

M6 Was Inflation bewirkt

In M6a kennzeichnen der Nobelpreisträger Milton Friedman und seine Frau das Grundübel Inflation. M6b zeigt vielfältige Möglichkeiten die Inflation anzuheizen, sowohl „hausgemacht“, das heißt innerhalb einer Volkswirtschaft, als auch durch Import. M6c zeigt die Entwicklung der Inflation in den letzten 40 Jahren und M6d beschreibt die Konsequenzen. Die beste Vorbeugung ist eine gesicherte Unabhängigkeit der Notenbank von der Regierung.

M6a Regierungen produzieren die Inflation

„Inflation ist eine Krankheit, eine gefährliche und manchmal tödliche Krankheit, eine Krankheit, die eine Gesellschaft zerstören kann, wenn sie nicht rechtzeitig gestoppt wird. Es gibt eine Fülle von Beispielen: ... Keine Regierung ist bereit, die Verantwortung dafür zu übernehmen, dass sie Inflation produziert. ... Regierungsbeamte finden immer irgendeine Entschuldigung – habgierige Geschäftsleute, machthungrige Gewerkschaftler, konsumwütige Konsumenten, arabische Scheichs, schlechtes Wetter oder irgendetwas anderes – was nur im Entferntesten glaubwürdig klingt. ... Alles das kann für einzelne Produkte hohe Preise bedeuten, aber sie können nicht eine allgemeine Steigerung des Preisniveaus herbeiführen, sie können nicht alle Preise aller Güter steigen lassen. Und das hat einen ganz einfachen Grund: Keiner der angeklagten „Schuldigen“ besitzt eine Notenpresse, mit der jene schönen Papierstücke, die wir in den Taschen und Geldbörsen tragen, hergestellt werden. ...“

*Aus: **M. + R. Friedman**, Chancen, die ich meine, Berlin/Frankfurt/Wien 1980, S. 270 f.*

1 Informiere dich auf S. 97 und im Internet über die Inflation 1923 in Deutschland.

2 Lies die Geschichte zu M5 und mache dir Notizen für Stellen, die du anzweifelst oder für besonders interessant hältst. Rege eine Diskussion dazu an, ob die Geschichte wahr sein könnte. Ihr könnt dazu auch den **WEBCODE** nutzen.

M6b Mögliche Ursachen für Inflationen

Inflationsgefahren ergeben sich durch			
Hausgemachte Inflation			Importierte Inflation
Haushalte	Unternehmen	Staat	Ausland
steigende Löhne/Gehälter steigende Nachfrage steigende Käufe auf Kredit sinkende Ersparnisse	steigende Kosten usw.	steigende Personalausgaben steigende Verschuldung Ausgaben > Einnahmen	Exporte > Importe steigende Preise von Importgütern Zins im Inland > Zins im Ausland

M6c Preissteigerung in Deutschland

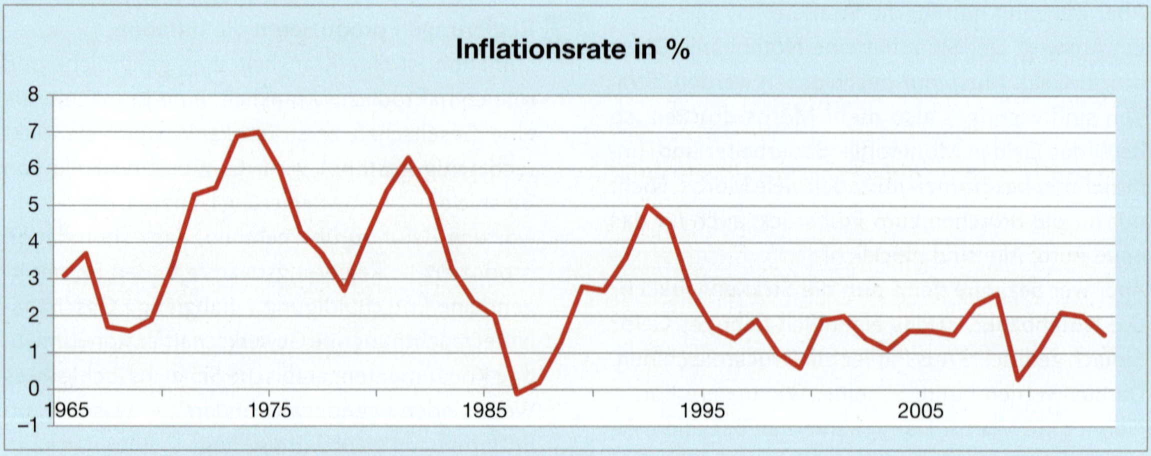

Daten: Statistische Jahrbücher des Statistischen Bundesamtes

M6d Negative Inflationseffekte

- Alle wirtschaftlichen Handlungen werden unkalkulierbar, weil das Geld seinen Wert unvorhersehbar verändert
- Sparer werden bestraft, weil der Geldwert sinkt;
- Bezieher fester Einkommen (z. B. Arbeitnehmer, Rentner, Bafög-Empfänger, Vermieter) werden benachteiligt, wenn keine laufende Anpassung an die Inflationsrate erfolgt
- Hohe Transaktionskosten, weil Preislisten, Preisauszeichnungen, Automaten u. a. laufend an die Preisentwicklung angepasst werden müssen
- Steuern, die progressiv angelegt sind, steigen überproportional und führen zur Mehrbelastung der Bürger und Mehreinnahmen des Staates

Zu M6b

Beschreibe die verschiedenen Ursachen mit eigenen Worten. Nimm die „Erläuterungen“ zu Hilfe.

Zu M6d

Diskutiert über die negativen Folgen der Inflation und stellt in einer Liste auf, wer geschädigt wird und wer Nutzen davon hat.

Blickpunkt: Regionale Wirtschaft

1 Fragestellungen zur Erkundung der regionalen Wirtschaftsstruktur

- Wodurch ist die Wirtschaftsstruktur eurer Region gekennzeichnet?
- Wie hat diese sich entwickelt?
- Welche Handelsbeziehungen gibt es mit anderen Regionen/dem Ausland?
- Wie leben und arbeiten die Menschen in eurer Gemeinde bzw. eurer Region?
- Welche besonderen Probleme sehen sie?
- Wie lebten/arbeiteten frühere Generationen?

Erstellt eine ähnliche ▶ **Mind Map** für den eigenen Wirtschaftsraum. Nutzt die Website eurer Gemeinde/Stadt bzw. eures Kreises. Befragt auch Eltern und Großeltern dazu.

Wirtschaftsstandort Sundern (Sauerland)

Typische Wirtschaftsstruktur

- Metallverarbeitung
- Papier und Kartonagenherstellung
- Elektro-, Haus- und Küchengerätefertigung
- Handwerk, Handel und Dienstleistungen

Chancen bzw. Probleme

- Verlust von Arbeitsplätzen in der Produktion, auch durch Verlagerung in Niedriglohnländer
- Zunahme bei Handel, Dienstleistungen, Gastronomie und Fremdenverkehr

Vorrangige Handelsbeziehungen

Stadtgebiet und Hochsauerland-Kreis, Deutschland

Wirtschaften der Menschen früher

- Kupfer- und Eisenerzbergbau, Eisenverarbeitung
- Holzkohleherstellung

Das könnt ihr lernen

Ihr könnt

- eine Erkundung zum regionalen Strukturwandel planen, diese durchführen und auswerten.
- Veränderungen des Anteils zwischen den Wirtschaftssektoren Industrie, Dienstleistungen und Landwirtschaft erklären.
- wirtschaftliche und soziale Folgen von Betriebsschließungen und Auswirkungen auf Betroffene einschätzen.
- Instrumente staatlicher Politik zur Bewältigung des Strukturwandels beschreiben und die Bedeutung bewerten.

2 Staatliche Strukturpolitik unterstützt regionalen Strukturwandel

Merkmale regionaler Wirtschaftsstruktur

Dazu gehören:

- Infrastruktur
  - Verkehrswege
  - Kultur- und Freizeiteinrichtungen
  - Wohnmöglichkeiten
  - Ver- und Entsorgungseinrichtungen
  - Einkaufsstätten
  - Aus- und Weiterbildungsangebote von Betrieben, Schulen, Hochschulen
- ökologische Bedingungen
- Steueraufkommen und Einkommen
- wichtige ▶ **Branchen** vor Ort, eingesetzte Technik, erzeugte Waren, erbrachte Dienstleistungen
- Absatz- und Beschaffungsmärkte und globale Verflechtungen
- Arbeitskräftestruktur: Geschlecht, Alter, Nationalität, Qualifikation
- Arbeitslose, offene Stellen und Ausbildungsstellen.

Wirtschaftliche Rahmenbedingungen wandeln sich positiv oder negativ

- Betriebe wenden neue Techniken an, stellen um auf die Herstellung neuer Produkte.
- Neue Dienstleistungen werden nachgefragt und Arbeitsplätze geschaffen
- Erwerbstätige erleben neue Anforderungen.
- Regionale Branchen verlieren an Bedeutung, weil ihre Nachfrage sinkt. Sie sind evtl. wegen Arbeitskosten oder Verkehrsanbindung nicht mehr wettbewerbsfähig.

Als Folge kann die Arbeitslosigkeit steigen, die Kaufkraft und das Steueraufkommen sinken, was wieder zu Umsatzrückgängen im Handel führt.

Strukturpolitik des Staates

Diese soll die regionale Entwicklung unterstützen und den Wandel in den Branchen zukunftsorientiert fördern (siehe Folgeseite). Das kann in der Region, auf Landes- und Bundesebene erfolgen. Bestimmte Probleme sind zwischen den Staaten der EU bzw. weltweit zu klären.

Die Strukturpolitik hängt mit anderen Bereichen der Wirtschaftspolitik, z. B. Handelspolitik, Arbeitsmarktpolitik, zusammen.

Der deutsche Staat betreibt Strukturpolitik über Förderprogramme der EU, des Bundes und der Länder sowie Maßnahmen der Kreise/Gemeinden.

Gefördert werden Regionen mit

- besonders hoher Arbeitslosenquote,
- unterdurchschnittlichem Einkommen,
- mangelhafter Infrastruktur und
- schlechten Zukunftsaussichten zur Entwicklung der Zahl der Arbeitsplätze.

Die Kosten für die Fördermaßnahmen auf EU- und Bundesebene tragen besonders die reicheren Staaten und Bundesländer.

Ziele der Strukturpolitik

- Ausgleich von Standortnachteilen
- Abbau regionaler Entwicklungsunterschiede
- Förderung des Wirtschaftswachstums
- Schaffung wettbewerbsfähiger Arbeitsplätze

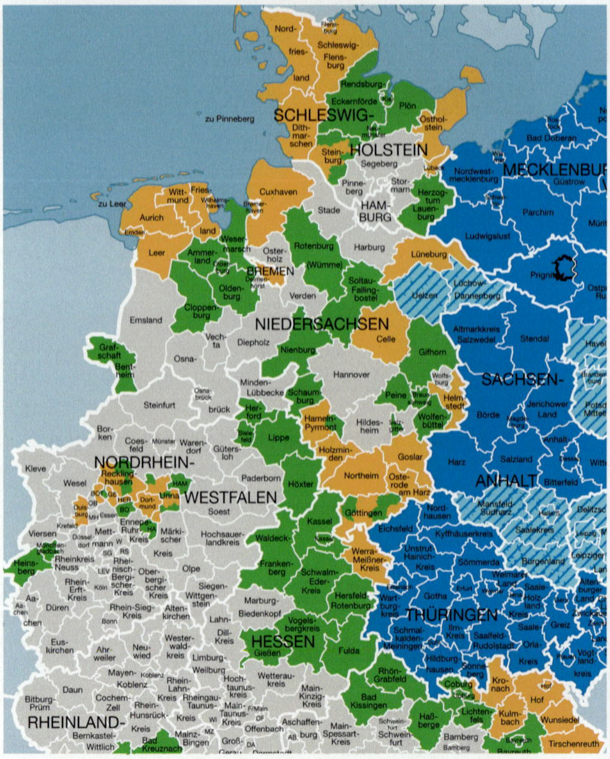

Fördergebiete im Zeitraum 2007–2013 (Ausschnitt). Die Farbflächen von blau (stark) über gelb bis grün (geringer) zeigen unterschiedlich hohen Förderbedarf. Die neuen Bundesländer (blaue Fläche) gehören vollständig zum Fördergebiet.

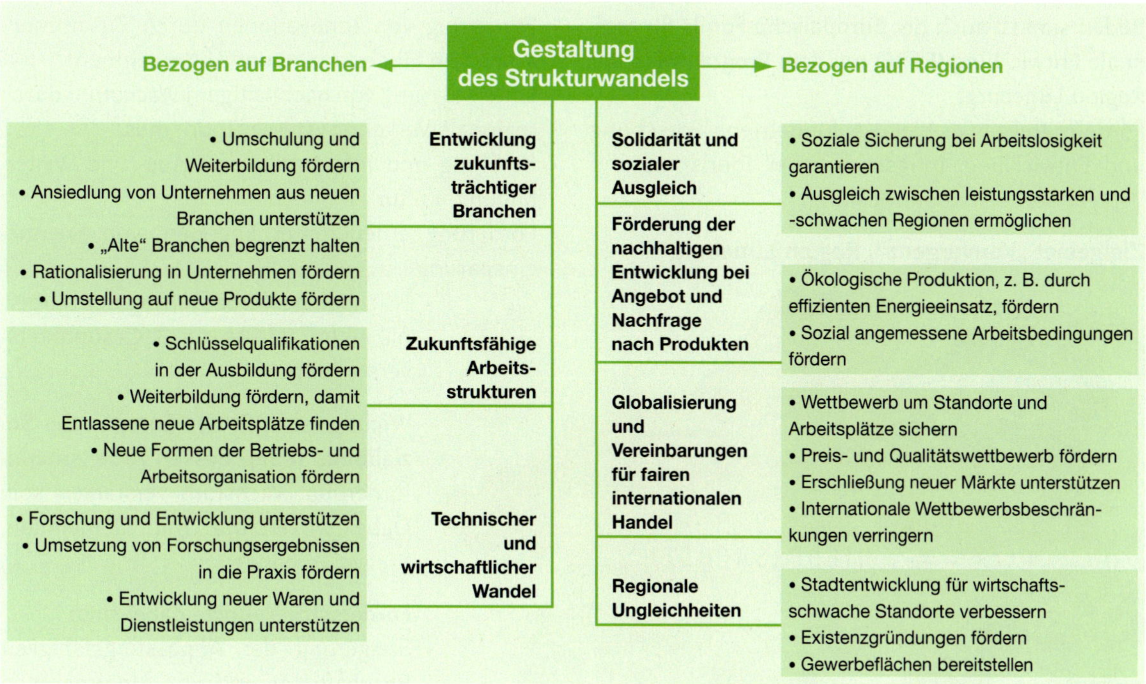

Wirtschaftsförderung in Niedersachsen am Beispiel Nordostniedersachsen

Regionalpolitik versucht, Standortnachteile strukturschwacher Regionen auszugleichen, damit diese Anschluss an die allgemeine Wirtschaftsentwicklung eines Landes finden. Das Wachstum soll gefördert werden und zusätzliche wettbewerbsfähige Arbeitsplätze sollen geschaffen werden.

Dazu gehören Teile der Region Lüneburg/Uelzen nahe der Metropolregion Hamburg (s. S. 162–164) mit folgenden Kennzeichen, die eine Einschätzung und einen Vergleich mit der allgemeinen Entwicklung ermöglichen sollen:

Regionalprofil			
	Deutschland	**Niedersachsen**	**Region Lüneburg**
Bruttoinlandsprodukt (2009) je Einw. in €	29 400	25 900	21 700
Arbeitslosenquote (2009) in %	8,2	7,5	9,1

Die Versorgung mit Infrastruktureinrichtungen im Bereich Uelzen beträgt weniger als die Hälfte vom Durchschnitt in Deutschland.

Das Gebiet ist teilweise noch landwirtschaftlich geprägt.

Bedeutend sind die Branchen Baugewerbe, Maschinenbau, Kunststoffbearbeitung und Nahrungs- und Genussmittelgewerbe.

Im Dienstleistungsbereich ist besonders wichtig das Gesundheits- und Sozialwesen (mit Kurkliniken) sowie zunehmend der Tourismus.

Die **Gemeinschaftsaufgabe** von Bund und Ländern **„Verbesserung der regionalen Wirtschaftsstruktur“ (GRW)** fördert hier (Programm ab 2009) u.a. die Qualität von Tourismusangeboten sowie die wirtschaftsnahe Infrastruktur.

Nach dem Regierungswechsel soll ab 2014 im Bundesland nachhaltige Entwicklung generell stärker betont werden.

Bedeutsam ist auch der **Europäische Fonds für regionale Entwicklung (EFRE) mit dem Programm in der Region Lüneburg**.
Fördermittel gibt es hier u. a. für Betriebe, Forschung und Entwicklung, Infrastruktur bei Tourismus und Verkehr sowie Stadtentwicklung.

Zielgebiet „Konvergenz“, Region Lüneburg

Förderschwerpunkte sind:

- Steigerung der Wettbewerbsfähigkeit durch Investitionsförderung besonders bei kleineren und mittleren Unternehmen
- Förderung von Innovationen durch Zusammenarbeit von Hochschulen und Unternehmen
- Unterstützung von nachhaltigem Wachstum durch regionale Verkehrssysteme, Tourismus
- Beratung und Infrastruktur für Aus- und Weiterbildung, Kultur
- Förderung erneuerbarer Energien, von Energieeinsparung
- Nachhaltige Verbesserung der bürgernahen Infrastruktur, z. B. Gesundheitsversorgung.

Wichtig ist auch der **Europäische Sozialfonds (ESF)**, dessen Arbeitsmarktförderung Wachstum verstärken soll. Dabei wirken u. a. mit: Gemeinden, Kreise, Verbände.

Förderschwerpunkte dabei sind:

- Steigerung der Anpassungsfähigkeit Beschäftigter und von Unternehmen (z. B. Weiterbildung)
- Förderung zusätzlicher Ausbildungsplätze, bes. im Bereich neuer Technologien
- Eingliederung Benachteiligter und Integration von Frauen in die Arbeitswelt

1 Beschreibt an Beispielen den Strukturwandel in eurer Heimatregion.
Nennt Gründe dafür. Führt dazu eine Erkundung durch.

2 Begründet, warum der Staat Strukturpolitik betreibt.

3 Welche Politikbereiche aus dem Schaubild auf S. 159 werden im Förderprogramm NDS angesprochen?

4 Welche Fördermaßnahmen zur Verbesserung der regionalen Wirtschaftsstruktur (Vorseite) betreffen eure Heimatregion? Fragt bei der Wirtschaftsförderung des Kreises/der Gemeinde nach. Informiert euch im Internet.
Für aktuelle Informationen zu GRW-Mitteln könnt ihr den **WEBCODE** nutzen.

5 Das wichtigste Förderinstrument zur regionalen Entwicklung der EU ist der EFRE. Informiert euch im Internet über Fördermaßnahmen aus dem Fonds in eurer Region.
Nutzt Suchmaschinen zur Wirtschaftsförderung.

6 Sollten reichere Bundesländer für ärmere zahlen? Führt eine Pro-Kontra-Debatte.

3 Weiterführendes Material

M1 Wirtschaftsförderung vor Ort – Beispiel Duisburg

Die Förderprogramme der EU, des Bundes und Landes werden in Kreisen und Gemeinden durchgeführt und ergänzt. Das leisten Ämter und Gesellschaften, die z. B. von der Stadt gegründet wurden. Welche Dienstleistungen die Gesellschaft für Wirtschaftsförderung Duisburg GmbH erbringt, verdeutlichen folgende Texte:

Technologieförderung, Veranstaltungen und Network der Gesellschaft für Wirtschaftsförderung (GfW) Duisburg

Sie haben die Idee, wir ebnen den Weg

Technologische Entwicklung und Innovation ... verbessern die Wettbewerbsfähigkeit der Duisburger Wirtschaft und schaffen zukunftssichere Ausbildungs- und Arbeitsplätze.

Wir setzen uns ... dafür ein, chancenreichen sowie innovativen Unternehmen und Existenzgründern in Duisburg Rahmenbedingungen zu bieten, die ihre Entwicklung unterstützt. Viel Wert legen wir auf ... persönliche Beratung. Wir helfen Ihnen, die Machbarkeit Ihres Vorhabens zu prüfen, unterstützen Sie bei der Suche nach Kapitalgebern und begleiten Sie kompetent bei der Realisierung Ihrer Idee. Sie suchen für Ihr Vorhaben Kontakte zu Unternehmen oder Forschungseinrichtungen? Auch dabei helfen wir gerne weiter.

Für innovative Existenzgründer ist unsere Gründungsinitiative Innovation Duisburg eine ideale Starthilfe. ...

... gut informiert von Anfang an

Immer wieder wenden wir uns mit ... Informationsveranstaltungen an ... technologieorientierte und auch branchenfremde Unternehmen. Hier steht Duisburgs geballtes Unternehmer-Wissen zur Verfügung. Kompetente Personen informieren über aktuelle Themen ... für den unternehmerischen Alltag, z. B.

- Finanzierung/Risikomanagement
- Fördermittel
- Robotik/Mechatronik

Nach **Ralf Meurer**
Gesellschaft für Wirtschaftsförderung
Duisburg mbH
Dr.-Hammacher-Str. 49
47119 Duisburg

Pressemitteilung v. 12.11.2010

Auftaktveranstaltung der Gründungsinitiative Innovation Duisburg (GRIID)

... Informieren Sie sich ... im Tectrum, wie GRIID für angehende Unternehmer die Weichen stellt. ... GRIID ist ein Gemeinschaftsprojekt der Gesellschaft für Wirtschaftsförderung und der Universität Duisburg-Essen .... Hinzu kommen ... regionale Partner, die ... ein einzigartiges Netzwerk schaffen: die Sparkasse Duisburg, die Volksbank Rhein-Ruhr, die Niederrheinische IHK und viele weitere. GRIID wendet sich an alle ..., die eine gute Idee haben. Ganz gleich, was Sie gerade tun: ob Sie ein Angestelltenverhältnis haben, die Universität besuchen oder ... arbeitslos sind. Wenn Sie gründen wollen, dann sind Sie ... genau richtig (s. www.griid.de)!

Nach **Ralf Meurer**
Gesellschaft für Wirtschaftsförderung
Duisburg mbH
Dr.-Hammacher-Str. 49
47119 Duisburg

M2 PHOENIX – der Zukunft einen Standort geben

„Vom Stahlstandort zu einem der größten innovativen Lebensräume Deutschlands

Nur fünf Kilometer von der Dortmunder City entfernt werden neue Stadtquartiere für moderne Lebens- und Arbeitsformen Wirklichkeit. PHOENIX, ein Standort, annähernd so groß wie 300 Fußballfelder, mit hervorragender Anbindung an die City, an Autobahnen und den Dortmunder Flughafen.

Wo vor wenigen Jahren noch Hochofen- und Stahlwerk das Arbeiten und Leben im Stadtteil Hörde prägten, sind heute bereits zahlreiche neue Arbeitsplätze in den Schlüsselbranchen der Zukunft und attraktive Wohnquartiere mit hohem Freizeitwert entstanden. Ein neuer Stausee – der PHOENIX See – hat PHOENIX inzwischen zu einem ganz besonderen Anziehungspunkt im neuen Dortmund gemacht. Ein neuer Wirtschafts-, Arbeits- und Lebensraum in einem Stadtkonzept der kurzen Wege.

Die Realisierung dieses imposanten Stadtentwicklungsprojektes PHOENIX wurde sowohl durch das Land Nordrhein-Westfalen als auch durch die Europäische Union finanziell unterstützt. ..."

Wirtschaftsförderung Dortmund
Töllnerstraße 9–11
44122 Dortmund

M3 Förderung einer Betriebserweiterung in Nordostniedersachsen: zusätzliche Investitionen schaffen Arbeitsplätze

Ein Kunststoff verarbeitendes Unternehmen mit zwanzig Mitarbeitern beabsichtigt die Erweiterung seiner Betriebsstätte. Es ist geplant, eine weitere Produktionshalle zu errichten, zusätzliche Maschinen zu erwerben und mehr Personal einzustellen. Der Investitionsbedarf beträgt 1 000 000 Euro.

Das Unternehmen hat im Newsletter der „Wirtschaftsförderung Uelzen aktiv" über die Richtfördersätze in den Jahren 2010–2013 gelesen. Dazu fand eine Informationsveranstaltung der Wirtschaftsförderung in Zusammenarbeit mit Behörden des Landes Niedersachsen und der NBank

(Investitions- und Förderbank Niedersachsen) statt. Danach nimmt das Unternehmen mit der „Wirtschaftsförderung Uelzen aktiv" Kontakt auf, um weitere Informationen zu erhalten, und vereinbart einen Vor-Ort-Termin. Das Unternehmen präsentiert hier sein Investitionsvorhaben und fragt den Wirtschaftsförderer nach der Förderung der geplanten Investitionen.

Der Wirtschaftsförderer stellt das Förderprogramm im Rahmen der Gemeinschaftsaufgabe „Verbesserung der regionalen Wirtschaftsstruktur" (GRW) vor. Die Finanzierungshilfe dient dem Ausgleich von Standortnachteilen. Sie will die Wettbewerbs- und Anpassungsfähigkeit der Wirtschaft durch die Schaffung und Sicherung von dauerhaften Arbeitsplätzen stärken.

Die Investitionen sind grundsätzlich förderfähig, wenn durch sie zusätzliche Einkommensquellen in der Region entstehen, durch die das Gesamteinkommen der Region unmittelbar und auf Dauer erhöht wird. Da das antragstellende Unternehmen seine Produkte überwiegend überregional absetzt, gilt das als erfüllt.

Durch die Schaffung von drei weiteren Arbeitsplätzen und den Erhalt der vorhandenen zwanzig Arbeitsplätze für mindestens fünf Jahre erfüllt das Unternehmen eine weitere Fördervoraussetzung: Mindestens 15 % zusätzliche Dauerarbeitsplätze müssen entstehen. Wenn die Ziele nicht erreicht werden, kann die Förderung zurückgefordert werden.

Das Unternehmen stellt einen Antrag auf einen Investitionszuschuss bei der NBank. Neben dem Antragsformular benötigt diese weitere Unterlagen, z. B. die Bilanzen der letzten drei Jahre, Finanzierungszusagen für die Investitionen und Bauunterlagen. Das Unternehmen wird bei Fragen zur Antragstellung aktiv unterstützt.

Nach Bearbeitung des Antrags und in Abstimmung mit dem Niedersächsischen Wirtschaftsministerium erhält das Unternehmen einen Bewilligungsbescheid. Das Investitionsvorhaben in Höhe von 1 000 000 Euro wird mit einem Fördersatz von 20 % bezuschusst.

Die Fördersätze richten sich nach der Lage des Investitionsortes. Jedem Landkreis wird eine bestimmte Förderhöhe zugeordnet. Im Landkreis Uelzen erhalten kleine Unternehmen 20 % für Betriebserweiterungen.

Während des Durchführungszeitraums steht die „Wirtschaftsförderung Uelzen aktiv" dem Unternehmen zur Seite. Sei es bei Fragen zum Mittelabruf oder bei Problemen mit der Erreichung des Arbeitsplatzziels.

Gottschlich, Eberhard Wirtschaftsförderung Uelzen aktiv 2011, Auszüge

M4 Ausgewählte Daten zu den Fördergebieten in Niedersachsen

	Niedersachsen	Ost-Friesland[1]	Nordost-niedersachsen[2]	Südost-niedersachsen[3]
Bevölkerung am 01.01.2013	7916913	640859	141931	676919
Bruttoinlandsprodukt in je Preisen 2011				
in Mio. Euro	224287	16469	3026	16243
* je Einwohner in Euro	28325	25594	21128	24063
* Vergleich zum Wert D = 100 %[5]	89	81	67	76
* je Erwerbstätigem in Euro	59536	56639	50820	56454
* Vergleich zum Wert D = 100 %[4]	95	90	81	90
Erwerbstätige 2011	3767200	290800	59500	287700
Einpendler 2012, insgesamt	244908	64163	9209	86140
* in % der Erwerbstätigen[4]	9,4	33,8	23,6	42,6
Auspendler 2012, insgesamt	372764	76193	14139	126592
* in % der Erwerbstätigen	13,7	37,8	32,1	52,2
Arbeitslose 2012	264533	24407	5566	22335
* Arbeitslosenquote in %	6,6	7,8	8,4	6,4
* Vergleich zum Wert D = 100 %[5]	96	114	123	94

[1] WHV, FRI, WTM, AUR, LER, EMD [2] UE, DAN [3] BS, GF, PE, WF
[4] sozialversicherungspflichtige Erwerbstätige
[5] Wert für Deutschland, Anteil in den Spalten bedeutet z. B. 94 % des Wertes von Deutschland

Quelle: **Bundesagentur für Arbeit, Statistik Regional Niedersachsen, LSKN, Regionaldatenbank des NIW, eigene Berechnungen**

Zu M1

1 Listet die Fördermaßnahmen der GfW auf. Nennt Vorteile für Unternehmen.

2 Diskutiert die Aussagen in Partnerarbeit. Notiert eure Ergebnisse:
a) Förderprogramme bringen wenig; wenn eine Investition lohnt, wird sowieso investiert.
b) Viele Investitionen rechnen sich nur bei Förderung.

Zu M2

1 Beschreibt Möglichkeiten des Standorts. Besorgt euch Informationen über ähnliche Projekte in eurer Nähe. Nutzt das Internet.

2 Welches Interesse haben NRW und EU an der Förderung von PHOENIX?

Zu M3 Bearbeitet folgende Fragestellung mit der **Methode Reziprokes Lesen**, S. 165.

1 Warum kann das Kunststoff verarbeitende Unternehmen eine Förderung erhalten?

2 Welche Leistungen erbringt die Wirtschaftsförderung Uelzen aktiv?

3 Was bedeutet die Förderung regional?

Zu M4

Vergleicht Daten der Fördergebiete mit denen des Bundeslandes und von Deutschland. Begründet damit die Förderbedürftigkeit:
- Bruttoinlandsprodukt je Einwohner (absolute Zahlen und %),
- Erwerbstätige (%),
- Arbeitslosenquote (%).

Methode Reziprokes Lesen: Texte in einer Gruppe erarbeiten

Darum geht es

Die Arbeitsform des reziproken (wechselseitigen) Lesens lässt sich nutzen, wenn in der Klasse die Bearbeitung von Texten hohe Anforderungen stellt.
Mit kooperativen Lesemethoden könnt ihr in der Gruppe, im Austausch aufeinander bezogen, die Inhalte besser verstehen und Verständnisprobleme schnell klären.
Ihr könnt lernen,

- neues Wissen selbstorganisiert und selbstverantwortlich zu erarbeiten,
- euch darüber auszutauschen,
- anderen euer Wissen weiterzugeben,
- euer Textverständnis zu fördern,
- soziale und kommunikative Fähigkeiten im Team zu erweitern,
- dass Synergieeffekte entstehen, wenn leistungsschwächere und -stärkere Teilnehmer sich aktiv einbringen und austauschen.

So läuft es ab

Vorbereitung

- Die Methode und ihr Ablauf werden mit dieser Methodenseite erarbeitet.
- Der Text/die Texte werden vereinbart.

Durchführung

- Der Lehrer oder die Schüler der Vierergruppen (A–D) teilen diesen in Abschnitte ein.
- Zuerst wird ein Abschnitt von allen gelesen. Anschließend wird er arbeitsteilig erarbeitet (s. Rollenkarten).
  A liest Textabschnitt vor und stellt Gruppenmitgliedern Fragen zum Inhalt.
  B fasst den Inhalt mündlich kurz zusammen.
  C stellt Fragen zu schwierigen/nicht verstandenen Textstellen und Wörtern. Mithilfe der anderen Gruppenmitglieder werden Verstehenslücken geschlossen.
  D stellt Vermutungen dazu an, wie der Text weitergehen könnte.
- Bei Bedarf wird die Lehrkraft befragt, z. B. zu C.
- Für den nächsten Textabschnitt werden die Rollen gewechselt: A wird B; B wird C; C wird D; D wird A usw., bis der Text vollständig gelesen und bearbeitet wurde.

Auswertung

- Danach wird in der Gruppe besprochen, worum es im ganzen Text geht.
- Im Plenum tragen die Gruppen
  – wichtige Informationen zusammen,
  – reflektieren sie die Methode in Gruppen.

Rollenkarten

Lies einen Abschnitt des Textes vor und stelle deinen Gruppenmitgliedern Fragen zum Inhalt.

A

Fasse den Inhalt des Abschnitts zusammen.

B

Stelle Fragen zu Textstellen, die schwierig sind bzw. die du nicht verstanden hast.

C

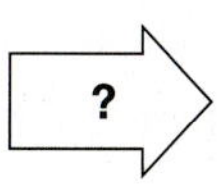

Überlege, wie der Text weitergehen könnte.

D

Welthandel und Globalisierung

1 Deutschland geht shoppen

Wir kaufen weltweit viele Waren und Dienstleistungen, die in anderen Staaten hergestellt oder abgebaut und zu uns transportiert werden.
Wir verkaufen Waren und Dienstleistungen, die bei uns produziert werden. Man spricht vom **internationalen Handel** oder Welthandel.

Beispiele Wenn eine ausländische Fluglinie deutsche Urlauber befördert, führt Deutschland diese Dienstleistung ein. Wenn deutsche Ingenieure in den Golfstaaten Maschinen reparieren, führt Deutschland diese Dienstleistung aus.

Der internationale Handel eröffnet die Möglichkeit zur weltweiten Arbeitsteilung und kann zu mehr Wohlstand beitragen – auch wenn das nicht für alle Staaten gilt. Die internationale Verflechtung bezeichnet man als ▶**Globalisierung**.

1 Vergleicht den Anteil der Warengruppen. Nennt Gründe und tauscht euch darüber aus.

Quelle der Daten: ***Statistisches Bundesamt:*** *Außenhandel 2012*
https://www.destatis.de/DE/ZahlenFakten/GesamtwirtschaftUmwelt/Aussenhandel/Handelswaren/Tabellen/EinfuhrAusfuhrGueterabteilungen.html (26.02.2014)

Das könnt ihr lernen

Ihr könnt

- Güter nennen, die Deutschland einführt und ausführt, und Vorteile des internationalen Handels begründen.
- die Bedeutung des Europäischen Binnenmarktes für Deutschland erklären.
- wichtige Bereiche globaler wirtschaftlicher und sozialer Veränderungen benennen und diese an Beispielen erklären.
- die weltweite Arbeitsteilung bei der Produktion beschreiben und an Beispielen Auswirkungen für Unternehmen, Arbeitnehmer und Verbraucher darstellen.
- Auswirkungen der Globalisierung auf Betroffene beurteilen und bewerten.

2 Gründe für den internationalen Handel

- Deutschland ist ein rohstoff- und energiearmes Land und auf Einfuhren angewiesen, z. B. von Erz, Rohöl, Gas.
- Viele deutsche Arbeitnehmer leisten qualifizierte Arbeit und sind deshalb gefragt.
- Forschung und Entwicklung haben einen hohen Standard. Neue Technologien und Produkte werden exportiert, z. B. Energie-, Auto- oder Medizintechnik.
- Produkte, die eine geringe Qualifikation der Arbeitnehmer erfordern, werden in Ländern mit niedrigen Lohnkosten hergestellt, z. B. Textilien. Diese Produkte importiert Deutschland.
- Auf Urlaubsreisen lernen viele Deutsche ausländische Güter kennen, z. B. Speisen, exotische Früchte, Gewürze und Getränke. Deutschland importiert solche Waren.
- Kunden wünschen die kundenorientierte Planung und schlüsselfertige Lieferung von Anlagen. Neben der technischen Leistung (der Ware) wird eine Dienstleistung erbracht, z. B. ein spezieller Wunsch des Kunden erfüllt (siehe Vorseite). Auch die Bankdienstleistung für die Finanzierung gehört dazu.
  Beispiele: Chemische Fabrik, Motorenwerk

Auf viele Lebensmittel legen wir unabhängig von der Jahreszeit Wert. Andere gedeihen hier nicht. Deshalb werden sie eingeführt.
Beispiele: Südfrüchte, Tee.

Außenhandel Deutschlands (in Mrd. Euro)		
Jahr	**Einfuhr**	**Ausfuhr**
1991	329	340
2000	538	597
2008	806	984
2009	665	803
2010	810	960
2012	906	1096
2013	895	1094

Statistisches Bundesamt 2014

Unsere Wirtschaft ist zunehmend auf den Export und den Import von Waren und Dienstleistungen ausgerichtet. Ein großer Anteil erfolgt innerhalb der EU (siehe Abb. S. 168), ist also Binnenhandel der Wirtschafts- und Währungsunion.

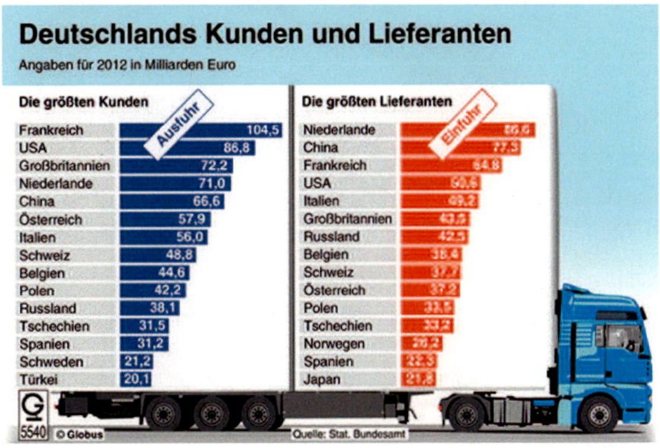

1 Nennt die fünf wichtigsten Staaten, in die Deutschland Güter exportiert bzw. aus denen Deutschland Güter importiert.

2 Sprecht mit einem Partner über Gründe, warum Deutschland Güter importiert und exportiert (siehe Vorseite sowie Folgeseite).

3 Stellt mithilfe des Atlas fest, aus welchen Ländern Deutschland Rohstoffe einführt und in welche Deutschland Güter ausführt.

4 Listet auf, was ihr heute esst und welche Kleidung ihr tragt. Welche Produkte kommen aus dem Ausland?

5 Nehmt Stellung:
A: „Unsere Bekleidungsherstellung wurde nach China verlegt, weil die Nähkosten dort viel geringer sind. Ich bin jetzt arbeitslos und die arbeiten für einen Hungerlohn."
B: „Werkzeugmaschinen, wie wir sie herstellen, bietet Südkorea 30 % günstiger an. Wir müssen Produktqualität und Service verbessern und die Kosten senken. Was wird aus meinem Arbeitsplatz?"
C: „Innovative Güter unter Einsatz von Biotechnologie (z. B. Medikamentenentwicklung) und Umwelttechnik müssen wir stärker fördern, damit diese schneller den Markt erreichen. Das fördert Arbeitsplätze."

3 Globaler Handel innerhalb der EU und in der Welt

Im Jahre 1993 wurde die Europäische Union (EU) gegründet. Sie hat inzwischen 28 Mitglieder (siehe auch hintere Innenseite des Umschlags). Wirtschaftliche und soziale Ziele sollen für alle Mitglieder in gleicher Weise verwirklicht werden (s. S. 146, 147).

Ein wichtiger Motor für die eine engere wirtschaftliche Zusammenarbeit war die Einführung einer gemeinsamen Währung, des Euro, in 18 Mitgliedstaaten (2014, s. S. 147). Für Urlauber ist dadurch der Zahlungsverkehr in diesen Ländern einfacher geworden. Der Handel Deutschlands mit der EU ist umfangreich. Zum Binnenmarkt s. S. 148.

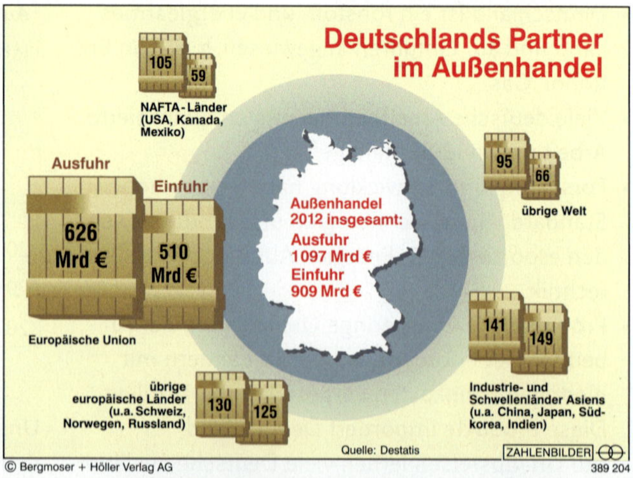

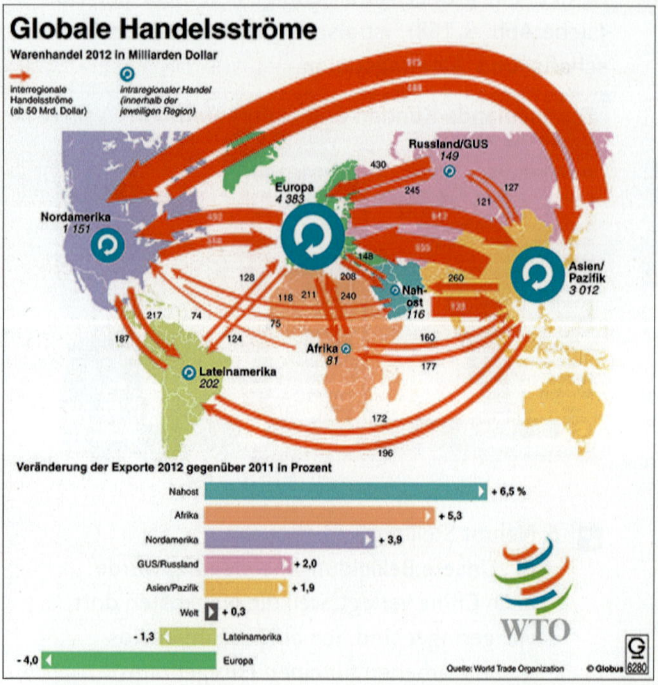

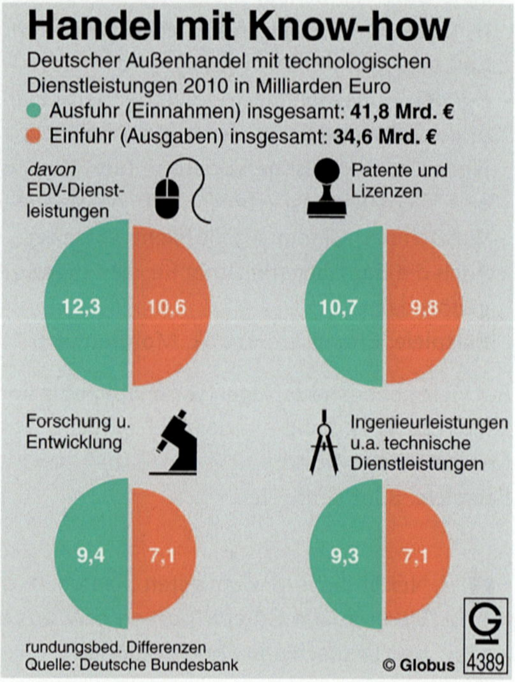

1 Sprecht über Gründe für die Entwicklung zur Europäischen Union.

2 Setzt den Wert der Einfuhren und Ausfuhren Deutschlands in bzw. aus EU-Staaten mit den Gesamtwerten in Beziehung. Zieht zur Entwicklung auch die Tabelle der Vorseite heran.

Zur Information über die Wirtschaftskraft der EU-Staaten nutzt die Karte im hinteren Umschlag.
- Führt das auch für die übrige Welt durch.
- Zieht dazu die Schaubilder: Globale Handelsströme und Handel mit Know-how heran. Für aktuelle Daten könnt ihr den **WEBCODE** nutzen. Formuliert anschließend ein Ergebnis.

4 Auswirkungen auf die Globalisierung

Die 10 a auf Klassenfahrt in Berlin – Gespräche mit Blick auf die Weltzeituhr am Alexanderplatz:

EVA: „Ich fange nach der Schule eine Ausbildung zur Hotelfachfrau an. Das heißt für mich: Arbeitsmöglichkeiten in ganz Europa."

MARTIN: „Meine Mutter hat eine Arbeit in Amsterdam gefunden. Besser so, als arbeitslos in Gelsenkirchen."

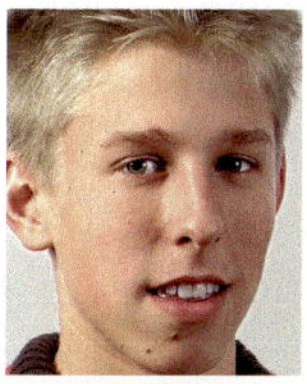

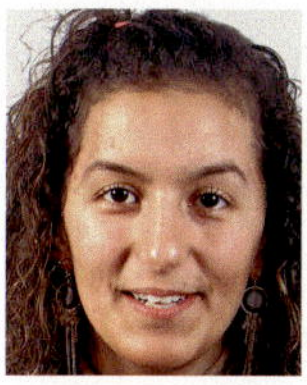

ALIDA: „Und mein Vater ist seit kurzem arbeitslos. Das Unternehmen produziert jetzt in Thailand."

HAO: „Ich komme aus China und lebe für ein Jahr als Austauschschüler in Deutschland. Das hilft mir später, in meinem Heimatland beruflich erfolgreich zu sein."

Erklärt Kennzeichen der ▶ **Globalisierung** (s. auch S. 185) und entdeckt Chancen und Risiken für die Lebensqualität der Menschen weltweit.

5 Willkommen im GLOBALE-WELT-HOTEL – Dienstleistungen gastorientiert, kulturbezogen und nachhaltig gestalten

Eine Delegation der Firma TABLET-PC-ETCETERA möchte für Seminare mit chinesischen Geschäftspartnern das GLOBALE-WELT-HOTEL kennen lernen. Die Direktorin (**D**) und die Marketingleiterin (**M**) begrüßen die Gäste und stellen ihnen das Konzept des Hauses vor.

D: „Unser Unternehmen trägt den Namen GLOBALE-WELT-HOTEL, weil unsere Grundsätze von ▶ **Nachhaltigkeit** geprägt sind, von **internationalem Denken und kultureller Vielfalt.**

Wir haben viele ausländische Gäste und Mitarbeiter, die anderen Kulturen und unterschiedlichen Religionen angehören. Wir begannen, die **Gastorientierung** stärker auch auf die Nationalität und Kultur wichtiger Gästegruppen auszurichten. Dadurch konnten wir neue Gästegruppen ansprechen, die Auslastung und damit die Produktivität erhöhen.

Unsere Gäste stehen mit ihren Bedürfnissen im Mittelpunkt. Dabei ist unser Ziel, **Mensch und Natur in Einklang** zu bringen. Dies gilt besonders für Geschäftsreisende zur Erhaltung ihrer Gesundheit und Leistungskraft."

M: „Die Ausstattung im Empfangsbereich, in den Gästezimmern, im Restaurant und in den Seminarräumen besteht aus heimischen Nutzhölzern wie Eiche, Buche und Fichte. Natürlich verwendeten wir nur unbedenkliche Lacke."

D: „Wir legen Wert auf eine **internationale Belegschaft**. Wichtig ist uns eine Offenheit unserer Mitarbeiter gegenüber Gästen. Da unsere Mitarbeiter unterschiedliche kulturelle Erfahrungen mitbringen, können sie auf die Wünsche der Gäste eingehen.

Dabei wurde auch bedacht, die **Arbeitszufriedenheit** zu fördern. Wir achten darauf, dass die Mitarbeiter sich mit persönlicher Wertschätzung begegnen.
Sie möchten chinesische Geschäftspartner empfangen. Deshalb haben Sie bereits mit unserem chinesischen Mitarbeiter, Herrn LI, die Gestaltung des Besprechungszimmers abgestimmt, geklärt, welche Speisen und Getränke bereitstehen sollen und welche Möglichkeiten Ihre Gäste haben, den Abend zu verbringen."

M: „Unsere Zimmer sind so eingerichtet, dass sich Ihre Gäste dort auf die Gespräche vorbereiten können. Sie können auch eine erfrischende Dusche nehmen und das Duschgel ‚Bergamotte' nutzen. Es kommt aus umweltfreundlicher Herstellung in Italien.
Möglich ist, sich mit einer Tasse **fair gehandeltem Tee** oder Kaffee zu erfrischen. Dafür steht neben Wasserkocher und Geschirr ein Sortiment bereit.
Sie werden in den Zimmern fast nur Materialien vorfinden, die unter **umweltfreundlichen Bedingungen** hergestellt wurden.
Ein Teil der Einrichtung ist in Kooperativen in Mosambik hergestellt. Die Verkaufspreise enthalten Beträge, die Schulen und Gesundheitsstationen mitfinanzieren. Wir wollen **Solidarität zeigen**. Wer uns beliefert und welche Projekte Sie durch Ihren Aufenthalt unterstützen, steht in Informationsmappen."

D: „Wir schlagen Ihnen ein Abendessen vor, das regionale Züge trägt, aber auch asiatische Elemente enthält. Ihre Gäste werden sich nicht fremd fühlen oder Verlegenheit spüren."

M: „Manchmal holen wir uns über Botschaften das Wissen. Ihren chinesischen Gästen bieten wir für den späteren Abend eine kleine Teezeremonie an. Danach sorgen wir für Getränke und Unterhaltung, die bei Ihren Geschäftsbeziehungen wichtig sind."

D: „Die meisten **Rohstoffe** im Restaurant stammen **aus ökologischem Anbau**, von regionalen Obst- und Gemüsebauern. Bei Fleisch- und Backwaren achten wir auf hochwertige Produkte. Milchprodukte liefert ein Bio-Bauernhof. Unsere Lieferverträge sind langfristig zu festen Preisen – sind wir mit der Qualität unzufrieden, reden wir mit dem Lieferanten."

M: „Unser **Frühstückssortiment** ist schmal. Auf dem Buffet: Tee, Kaffee und Kakao aus fairem Handel, saisonale Säfte und Orangensaft aus einer spanischen Kooperative, vollwertige Brot- und Brötchensorten, Konfitüren und Honig aus der Region, dazu zwei Käsesorten, eine Schinken- und Wurstsorte sowie Bio-Eier. Nach Bedarf wird nachgelegt. Das mindert den Abfall. Extrawünsche der Gäste erfüllen wir gern."

D: „Unsere **Mitarbeiter** geben gern über die Herkunft und Produktion der Waren Auskunft. Sie stehen hinter den Grundsätzen unseres Hauses. Alle sprechen mindestens eine **Fremdsprache**. Für viele Sprachen haben wir **Muttersprachler**.
Unsere **Auszubildenden** fühlen sich anerkannt und können ihre Fähigkeiten entwickeln. Sie haben ihren Ausbildungsplatz bei uns gewählt – und wir haben sie ausgewählt –, weil sie mehr wollen als in ‚irgendeinem' Betrieb zu arbeiten. Bei uns können sie eigene Lebensvorstellungen im Kontakt zu anderen Kulturen weiterentwickeln."

M: „Nun noch zu den **Preisen**. Unsere Ausstattung sowie die ökologischen Produkte sind teilweise teurer als herkömmliche. Weil wir aber bei den Nahrungs- und Genussmitteln saisonale und regionale Produkte verarbeiten, sparen wir Kosten für importierte Waren, wie Erdbeeren im Winter oder exotische Früchte. Unser Wein- und Spirituosensortiment ist schmal – das begrenzt die Lagerkosten."

D: „Ich hoffe, wir haben Sie überzeugt. Wir würden uns freuen, wenn wir Sie mit Ihren Geschäftspartnern bei uns verwöhnen dürfen."

6 Chinesischer und digitaler Druck drückt deutsche Druckereien

Im Februar 2014 musste die Kartoprint-Druckerei mit 500 Mitarbeitern die Tore in Deutschland schließen. Das große Sterben der Druckereien ist im Gange. Sie gehörten einmal zu den modernsten Druckereien, konnten aber gegen die chinesische Konkurrenz nicht bestehen. Dies ist die eine Ursache des Sterbens der Druckereien in ganz Europa, da die Preisvorteile von China gegenüber Europa trotz der Transportkosten zu groß sind.

Für eine zweite Ursache ist die Buchbinderei Glöckler ein Beispiel, die schon Ende 2012 Insolvenz anmelden musste. Hier wurden zuvor Arbeiten für den IKEA-Katalog erledigt, die sich inzwischen durch den Erfolg des Internets erledigt haben. „Bildschirm und Smartphone statt Papier!" lautet die Parole. Tourismusagenturen, Versandhäuser, selbst Behörden und Universitäten, die bis vor kurzem Kataloge, Magazine, Zeitschriften und Info-Bände mit immensen Auflagen auf die Bevölkerung abgeladen haben, nutzen nun die digitale Technik.

Viele Druckereien haben in den letzten Jahren durch zunehmende Entwicklung des Internet Federn lassen müssen. Auch die Zeitungen und Zeitschriften schrumpfen durch die Abwanderung der Leser ins Internet.

Die Kartoprint-Druckerei hat die beiden Tendenzen zum Anlass genommen, die Produktion nach China zu verlegen, von wo aus neben dem EU-Markt auch der dortige Markt bedient werden kann. Der Kostendruck lässt keine andere Lösung zu. Gegenwärtig haben auch andere Druckereien in Deutschland mit solchen Überlegungen zu tun, denn in den letzten Jahren haben enorm viele Betriebe geschlossen.

Natürlich will die Firma einen Sozialplan mit dem Betriebsrat erstellen, der Abfindungszahlungen und Umschulungen für andere Qualifikationen vorsieht. Der Betriebsrat von Kartoprint spricht von einer Fehlentscheidung, weil die Qualität und Zuverlässigkeit bei der Verlagerung entscheidend schlechter würde. Dem kann das Management nur den Hinweis auf mindestens 20 % Kostensenkung und auf die Veränderung des Wettbewerbs in China entgegenhalten. Es gibt dort auch inzwischen Agenturen, die Kunden in der EU darüber informieren, welche Unternehmen in China hinsichtlich Qualität und Zuverlässigkeit beim Druck vergleichbar mit europäischen sind:
„Suchen Sie den zuverlässigen Partner in China? Wir haben für alle Probleme die perfekte Lösung."

Zu S. 170/171

- 1 Lest das Gespräch mit verteilten Rollen.
- 2 Nennt Überlegungen für die Ausrichtung des Hotels und dafür, was im Hotel unter Nachhaltigkeit verstanden wird. Erklärt Merkmale der Gastorientierung.
- 3 Was ist das Besondere an der Ausstattung der Zimmer und der anderen Räumlichkeiten sowie am Speisenangebot?
- 4 Begründet besondere Anforderungen, die die Arbeit in diesem Hotel stellt.
- 5 Beschafft Informationen zu Ausbildungsberufen im Hotel- und Gaststättengewerbe.

Zu S. 172

- 6 Nennt Gründe für die Verlagerung der Produktion.
- 7 Wer hat Vor-und wer Nachteile davon?
- 8 Wie wäre deine Vorstellung von einem Sozialplan, wenn du Betriebsrat/-rätin wärest?
- 9 Versetze dich in die Situation der Betroffenen. Was wäre für dich das Wichtigste?

7 Weiterführendes Material

M1 Warum die Produktion nach Deutschland zurückkommt

Blick durch die rosa Brille: Bei Arbeitsplatzverlagerung werden oft nur Lohnkosten betrachtet.

150 Arbeitsplätze wollte Terex-Demag nach Osteuropa verlagern. Doch dann änderte sich die Verlagerungsrichtung. Nach Jahren der Ostwanderung heißt es nun: Go west. Ein Teil der Produktion kommt zurück. ...

Ende der 90er-Jahre verlagerte Terex-Demag Teile des Stahlbaus nach Osteuropa – aus Kostengründen. Kranteile wurden dort zusammengeschweißt und in Zweibrücken montiert. Fast 400 Arbeitsplätze gingen hier verloren. ...

Der Betriebsrat hatte die Kostenrechnung immer bezweifelt. Nur Löhne miteinander vergleichen, das erschien ihm zu einfach. Schließlich lief die Fertigung nach der Verlagerung längst nicht mehr so reibungslos. Die Produktion stand oft still, weil Teile fehlten. Früher konnten Fehler auf kurzem Weg zwischen Stahlbau und Planung ausgebügelt werden. Nun lagen viele hundert Kilometer dazwischen. „Bei uns in Zweibrücken waren 20 Leute ständig damit beschäftigt, Teile nachzuarbeiten", erzählt Metzger.

Der Betriebsrat drängte auf einen echten Kostenvergleich und schlug vor, Teile der Produktion zurückzuholen. Mit Erfolg ... und der Betrieb bildet auch wieder Schweißer aus. ...

Zwar geht weit mehr als die Hälfte der Unternehmen aus Kostengründen ins Ausland. Aber mehr als die Hälfte davon kommt auch aus Kostengründen wieder zurück. ... Viele schauten nur, was Arbeitskräfte oder Grundstücke kosten. Sie prüften aber nicht, ob sie Fachkräfte oder Material vor Ort auch bekommen. ... Brenzlig wird es häufig, weil unter der Verlagerung auch die Qualität leidet. ... Auch kann die Alternative, den heimischen Standort zu modernisieren, die billigere Variante sein, wie etwa die Firma Jungheinrich in Norderstedt ... feststellte: In Deutschland kostet sie die Produktion mit Schweißrobotern rund 93 000 Euro weniger pro Jahr als die Handarbeit in Tschechien. Seit letztem Jahr wird wieder in Norderstedt geschweißt. ... Aber ... es zählt noch etwas anderes: „Unsere Produktion ist stabiler geworden. Wir müssen nicht mehr darauf warten, ob der Lkw mit den Teilen kommt oder nicht."

Fabienne Melzer:
In: *metall 10/2006, S. 17–19, Auszug*

Gründe für die Rückverlagerungen der Produktion nach Deutschland

Angaben in %	2003	2012
Verfügbares qualifiziertes Personal	27	12
Qualität	43	52
Flexibilität	38	59
Koordinationskosten	37	21
Infrastruktur	29	13

Fraunhofer ISI *(Hg.):*
- *Modernisierung der Produktion 2006*
- *Produktionsverlagerung und Auslandsproduktion http://www.isi.fraunhofer.de/isi-de/service/presseinfos/2012/pri12-22_rueckverlagerung_produktionsverlagerung.php ▶ Download Grafiken ▶ Produktionsverlagerung (17.10.2013)*

Zu M1

Produktionskosten hängen nicht nur von den Stundenlöhnen, sondern auch von anderen Faktoren der Arbeitsproduktivität ab. Was heißt das für die Arbeitsplätze in Deutschland?

Sportkleidung: verantwortungsbewusst produzieren und kaufen

1 Geht alles nur um den Preis?

Private Unternehmen stehen in Wettbewerb zueinander – weltweit. Sie wollen ihre Waren so preiswert wie möglich anbieten, um viele Käufer anzulocken.
Die Herstellung von Sportkleidung in Bangladesch, Indien, China oder Mittelamerika ist besonders preisgünstig. Der Einkauf von Kleidung aus diesen Ländern ermöglicht den Händlern befriedigende Gewinne.

Die Hersteller stehen ebenfalls in einem weltweiten Wettbewerb. Wenn sie Sportkleidung nicht preisgünstig produzieren, bekommen sie keine Aufträge oder verlieren sie. Sie versuchen deshalb, die Produktionskosten niedrig zu halten, z. B. durch schlechte Arbeitsbedingungen und Hungerlöhne.

„Super, diese billigen Teile. Davon kann ich mir gleich drei kaufen."

„12 Stunden am Tag nähen für einen Hungerlohn."

Erklärt den Zusammenhang zwischen den Abbildungen. Notiert Konflikte.

Das könnt ihr lernen

Ihr könnt

- Gründe für die Auslagerung der Produktion von Sportkleidung nach Südostasien, z. B. China oder Indien, nennen.
- den Konflikt erklären zwischen dem Interesse der Verbraucher an einem niedrigen Kaufpreis und dem Interesse der Arbeitnehmer an einem Entgelt, von dem sie gut leben können.
- Möglichkeiten der Händler von Sportkleidung und anderen Textilien, die Löhne und Arbeitsbedingungen von Textilarbeitern zu verbessern, benennen.
- euch als Verbraucher beim Kauf von Sportkleidung vorteilhaft verhalten und Interessen Benachteiligter berücksichtigen.
- entscheiden, ob ihr euch für Benachteiligte einsetzen möchtet.

Der Umsatz mit Textilien betrug 2012: 58,3 Mrd. €. Davon wurden 35,1 Mrd. € im Textilfachhandel abgesetzt.

BURAK: „Die Schuhe sind echt stark. Das hat auch mein Trainer gesagt. Damit kannst du deine Leistung steigern.“

LENA: „Wahnsinnig, cool! Passt genau zu mir.“

ANDI: „Gibt es bestimmt auch für Männer. Wenn ich die hätte, würde Diara staunen.“

In der Marketingabteilung eines großen Sportgeschäftes mit vielen Filialen

PAULA: „Die Werbeaktion war erfolgreich. Unser Text hat genau das Lebensgefühl der Jugendlichen getroffen. Wir sollten in Kürze noch mal nachlegen.“

JERRY: „Und dabei unser neues Styling groß herausstellen. Damit können wir den Umsatz steigern. Wir vermitteln, dass hier ein völlig neues Produkt auf den Markt kommt.“

MURAT: „Sollten wir für die Zielgruppen junge Frauen und Männer mit unterschiedlichen Themen werben?“

ALINA: „Klimaschutz ist angesagt. Viele wollen im Trend sein, egal was das heißt.“

SANDRA: „Zu Laufschuhen müssen wir die passende Kleidung und die richtigen Sporttaschen anbieten. Gute Produktfamilien machen immer Umsatz.“

TIMO: „Das Ganze lassen wir dann von einem bekannten Sportler anpreisen. Mal sehen, wen wir dafür einkaufen können.“

Einkäufer von Sportkleidung aus Deutschland

„Ich muss weltweit nach den preiswertesten Herstellern suchen. Ich feilsche um jeden Cent, sonst macht mir mein Chef die Hölle heiß. Wer nicht mitziehen kann, bekommt keinen Auftrag.
Unsere Kunden wollen immer billigere Sportkleidung. Die Kids sind ja ganz verrückt nach neuen Sachen. Wenn unsere Preise zu hoch sind, verlieren wir unsere Kunden und damit Marktanteile. Das können wir uns nicht leisten. Das Geschäft ist knallhart."

Ein Hersteller aus Südostasien

„Ich weiß, dass die Löhne sehr niedrig sind. Aber was soll ich machen? Die Einkäufer aus Europa pressen uns aus wie eine Zitrone. Wenn ich nicht dem geforderten Preis zustimme, bekommt die Konkurrenz den Auftrag. Ich muss meine Kosten scharf kalkulieren. Meine Mitbewerber sind die Textilhersteller der ganzen Welt. Mit dem Internet können die Einkäufer blitzschnell die Angebote weltweit vergleichen.
Wie soll ich die Investitionen für einen besseren Arbeitsschutz und höhere Löhne finanzieren? Da bleibt meistens kaum etwas übrig.
Außerdem sollten die Frauen froh sein, dass sie überhaupt Arbeit haben. Viele sind Wanderarbeiterinnen. Sie kommen vom Land, wo es kaum bezahlte Arbeit gibt."

Wo bleibt das Geld, das für ein Paar Sportschuhe bezahlt wird?

Gehalt und Sponsorenverträge berühmter Sportler 2012

- Mayweather, Boxer (65 Mio. Euro)
- Tiger Woods, Golf (60 Mio. Euro)
- Roger Federer, Tennisspieler (45 Mio. Euro)
- Sebastian Vettel, Rennfahrer (22 Mio. Euro)

1 Notiert, was die Werbung erreichen will.

2 Beurteilt die Meinungen von BURAK, LENA und ANDI. Seht ihr das ähnlich?

3 Nehmt Stellung zu den Ideen der Marketing-Experten. Vergleicht eure Einschätzung mit einem Partner.

4 Entwickelt einen eigenen Werbetext, der zu der von Paula angeregten Werbekampagne passt.

5 Informiert euch in Sportgeschäften und im Internet über die aktuelle Werbung für Sportschuhe. Welche Schwerpunkte setzten die Marketingexperten?

6 Vollzieht die Aufteilung der Herstellungskosten nach. Welchen Anteil haben die Löhne im Durchschnitt?

7 Vergleicht die Einschätzung der Hersteller aus Südostasien und der Einkäufer aus Deutschland.

8 Schreibt in Partnerarbeit auf, was eine Textilarbeiterin und eine 16-jährige Jugendliche aus Deutschland sagen würden.

9 Wie beurteilt ihr euer eigenes Kaufverhalten in dem Konflikt um angemessene Löhne und Arbeitsbedingungen? Was möchtet ihr ändern?

3 Arbeitsbedingungen bei der Herstellung von Sportkleidung

Arbeiterinnen in einer Textilfabrik in Ningbo, Provinz Shenzhen

Zur Lage der Arbeiterinnen
In der Bekleidungsherstellung sind die Löhne weltweit niedrig und die Arbeitsbedingungen meistens schlecht. Dort, wo Sportschuhe, -shirts und -shorts (Sportswear) zugeschnitten, genäht und geklebt werden, gibt es oft Verletzungen der Menschenrechte.

Arbeitsschutz
Die Fabrikhallen sind schlecht belüftet und heiß. Häufig kommt es zu Arbeitsunfällen, weil Arbeitnehmerinnen an Maschinen und die Arbeitsumgebung nicht ausreichend geschützt sind.

Beschreibt die Lage der Arbeiterinnen. Vergleicht sie mit Arbeitsbedingungen in Deutschland. Nutzt dazu auch das Kapitel zum Arbeitsschutz ab S. 30.

Für weitere Informationen könnt ihr den **WEBCODE** heranziehen.

Arbeitsverhalten und Menschenwürde
Die Arbeiterinnen stehen meist unter starkem Leistungsdruck. Sie dürfen oft nicht reden und nur nach Erlaubnis etwas essen oder trinken. Die Anzahl der Toilettengänge wird beschränkt.

Aufseher überwachen die Frauen und treiben sie an. Teilweise greifen sie zu Gewalt, wenn eine Frau ihrer Meinung nach nicht schnell genug arbeitet.

Entlohnung
Die Löhne sind meistens so niedrig, dass sie für die Versorgung der Kinder nicht reichen.
Oft werden Überstunden nicht oder nicht nach den gesetzlichen Vorschriften bezahlt. Ein Zahlungsrückstand ist weit verbreitet.
Lohnfortzahlung bei Krankheit gibt es nicht.

Gewerkschaften
Arbeiterinnen, die eine Gewerkschaft gründen wollen oder ihr angehören, laufen oft Gefahr, schikaniert und entlassen zu werden.

WEBCODE: WI650125-0177

4 Verbesserungen durch Sozialstandards sind möglich

Sozialstandards festlegen

Handelsunternehmen, die sich für die Art und Qualität der Produktion ihrer Lieferanten verantwortlich fühlen, haben Sozialstandards festgelegt. Man bezeichnet diese Unternehmensverantwortung als Corporate Social Responsibility (CSR).

Je nach Unternehmen findet man dafür auch besondere Bezeichnungen, z. B.

- Code of Conduct (OTTO)
- Standards of Engagement (ADIDAS)

Die Standards verpflichten alle Mitarbeiter des Unternehmens selbst sowie alle Lieferanten und deren Geschäftspartner, weltweit die Menschenwürde aller Beschäftigten zu achten.

Kernpunkte der Sozialstandards

- Verbot von Kinderarbeit
- Verbot von Zwangsarbeit
- Verbot, Beschäftigte nach Religion, Hautfarbe oder Geschlecht zu diskriminieren
- Verbot von körperlicher, seelischer oder sexueller Gewalt gegenüber den Beschäftigten
- Arbeitsbedingungen, die die Gesundheit und die Sicherheit der Arbeitenden nicht gefährden
- Das Recht, Gewerkschaften zu gründen
- Löhne, die die Existenz sichern, bzw. gesetzliche Mindestlöhne des jeweiligen Landes
- Beachtung von Höchstarbeitszeiten

Wer überwacht die Einhaltung?

Immer wieder werden Berichte über menschenunwürdige Arbeitsbedingungen und Hungerlöhne veröffentlicht. Sie betreffen vor allem die Unternehmen, die keine Sozialstandards verabschiedet haben. Aber auch Unternehmen mit Sozialstandards sind in der Kritik.

Das Problem: Die Unternehmen kontrollieren die Einhaltung der Sozialstandards nicht oder nicht gut genug. So sind die meisten nicht bereit, unabhängige Prüfer zu beauftragen. Sie wollen lieber alleine prüfen und die Öffentlichkeit nicht über Missstände informieren. Sie fürchten um ihr Image und den Verlust von Kunden.

Die Kontrolle muss nicht nur die Hersteller, sondern auch deren Lieferanten und Unterlieferanten erfassen. Diese ganze Kette wird auch Wertschöpfungskette genannt.

Manche Experten sind der Meinung, dass freiwillige Sozialstandards nicht ausreichen. Sie halten es für besser, wenn z. B. die UN und die EU Bestimmungen erlassen, deren Einhaltung von den Nationalstaaten durchgesetzt werden muss.

Die Bedeutung von Nichtregierungsorganisationen (NRO)

Die weltweit handelnden ▶ **NRO** informieren über Missstände, arbeiten mit Journalisten zusammen und bieten den Unternehmen Kooperationen an.

Eine bedeutende Organisation für den Textilbereich ist die **Kampagne für saubere Kleidung** (international: Clean Clothes Compaign, CCC)

www.saubere-kleidung.de
www.cleanclothes.org (30.10.2013)

Diese wird von einer großen Anzahl von kirchlichen und gewerkschaftlichen Organisationen, dem Südwind-Institut für Ökonomie und Ökumene *www.suedwind-institut.de* und der Christlichen Initiative Romero getragen (s. Folgeseite).

„Unser Hebel ist die Angst der Konzerne um ihr Image!“

Kampagne für saubere Kleidung

International entwickelte Sozialstandards

Die Vereinten Nationen (UN): Global Compact
www.unglobalcompact.org

Informationen zum deutschen Netzwerk:
www.giz.de
▶ Global Compact

Die OECD: Leitsätze für multinationale Unternehmen
www.oecd.org

Die OTTO GROUP: Standards for Social Accountability (SA 8000)
www.otto.com (jeweils 30.10.2013)

Aus der Arbeit der Kampagne für saubere Kleidung
Was ihr z. B. auf der Website *www.saubere-kleidung.de* findet:

- Eilaktionen mit Musterbriefen, die alle zum Mitmachen beim Protest auffordern
- Rundbriefe zum Download
- Informationen über Gespräche mit Unternehmen

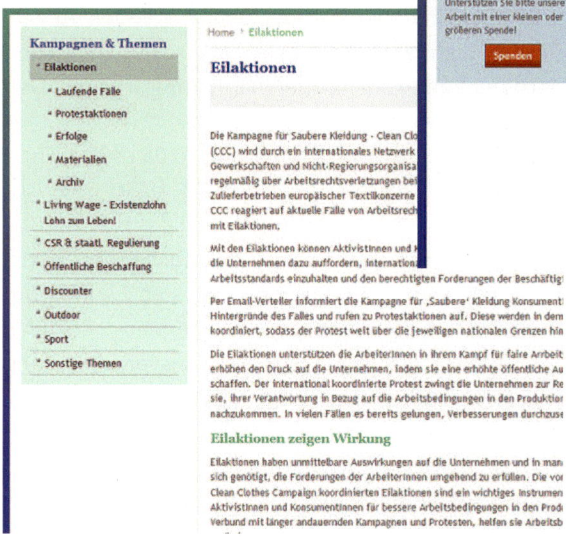

Textilfabriken in Bangladesch: Ein Transparent soll auf die Arbeitsbedingungen aufmerksam machen, unter denen die Textilproduktion teilweise erfolgt.

1 Nennt Kernpunkte von Sozialstandards.

2 Tauscht euch mit einem Partner zu folgenden Meinungen aus:
A: „Solange nur wenige Unternehmen ihre Sozialstandards von unabhängigen Organisationen überprüfen lassen, wird sich nur wenig verbessern."
B: „Ohne den Druck der NRO und der Öffentlichkeit bewegen sich die Unternehmen kaum."
C: „Unternehmen, die sich wirksam engagieren, sollten bekannt gemacht werden. Ich würde deren Produkte bevorzugen."

3 Recherchiert im Internet bei den genannten NRO. Haltet fest, welche Aktionen durchgeführt werden. Prüft, ob ihr euch an Aktionen beteiligen könnt, und erwägt dies.

5 Weiterführendes Material

M1 Interview mit Michael Otto, Versandhandel OTTO GROUP

OTTO: „Wir beobachten, dass Nichtregierungsorganisationen Unternehmen angreifen, die sich ihrer Verantwortung nicht stellen. Wir wollen solche Vorwürfe, die schädlich für Image und Marke sind, durch unsre Maßnahmen von vornherein vermeiden ...“
Interviewer: „In welcher Form?“
OTTO: „... Vielmehr haben wir mit Konkurrenten vereinbart, nur unter gleichen Bedingungen einzukaufen, um Kinderarbeit auszuschließen oder unfaire Löhne und Diskriminierung.“
Interviewer: „Wie stellen Sie das sicher?“
OTTO: „Wir nehmen Sozialstandards in die Einkaufsbedingungen auf. Wir veranstalten Workshops, um die Lieferanten zu überzeugen, und wir überprüfen deren Praxis.“
Interviewer: „Und wenn die Lieferanten sich nicht dran halten, wird Ihnen gekündigt?“ ...
OTTO: „Wir geben Firmen etwas Zeit, ein halbes Jahr, ein Jahr.“
Interviewer: „Und dann?“
OTTO: „Wir haben bei der überwiegenden Anzahl unserer Lieferanten festgestellt, dass sie unsere Standards einhalten oder an deren Erfüllung arbeiten. Den Rest haben wir tatsächlich gesperrt. ...“

*Auszug **Frankfurter Rundschau** vom 10.06.2005, Öko-Schick funktioniert nicht, Interviewer: Detlef Fechtner*

M2

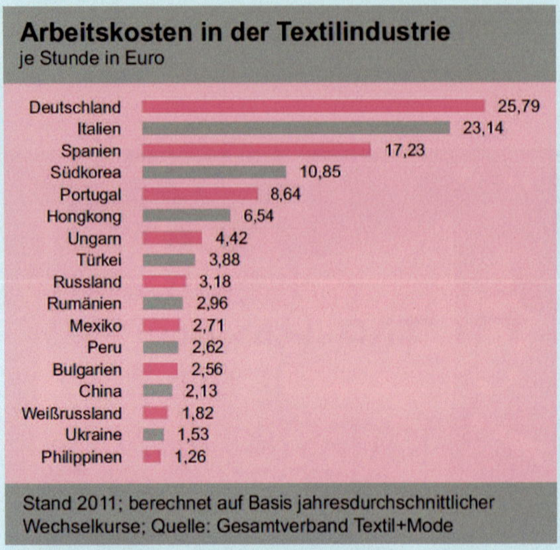

***IW Köln** http://www.iwkoeln.de/de/infodienste/gewerkschaftsspiegel/beitrag/arbeitsbedingungen-in-textilfabriken-suedostasiens-alle-stehen-in-der-pflicht-106454 (31.10.2013)*

M3

Die Stiftung Warentest hat 20 Anbieter von Basis-T-Shirts aus dem Warentest getestet. Es ging um die Einhaltung von folgenden Kriterien zur sozialen und ökologischen Unternehmensverantwortung (Sozial- und Umweltstandards):

- Soziale Mindeststandards bei der Arbeit
- Ökologische Anforderungen an die T-Shirts und deren Produktion
- Leitlinien der Unternehmen zum sozialen und ökologischen Handeln
- Umgang mit Beschäftigten, z.B. Gesundheitsförderung der Mitarbeiter
- Verbraucherinformation der Anbieter
- Transparenz des Anbieters, z.B. Bereitschaft zur Überprüfung der Produktion

Ergebnis: 3 Anbieter erhielten die Testnote gut, 10 befriedigend, 6 ausreichend und 1 mangelhaft.

*Nach **Stiftung Warentest**, test 8/2010, S. 83–85*

Zu M1 Notiert wichtige Aussagen von OTTO.

Zu M2 Vergleicht die Arbeitskosten.

Zu M3

1 Informiert euch genauer über den Test.

2 Untersucht und vergleicht Sozialstandards der Sportartikelanbieter und die zusätzlichen Forderungen der Kampagne für saubere Kleidung. Nutzt den **WEBCODE** zu einem Arbeitsverhaltenskodex. (OTTO GROUP, ADIDAS, PUMA).

3 Befragt Verkäufer im Einzelhandel zu Sozialstandards. Nutzt die **Methoden Betriebserkundung und Befragung**.

Methode Tischset: Kooperatives Lernen mit einem Tischset

Darum geht es

Die Methode Tischset ist nach dem Grundmuster des kooperativen Lernens: Denken – Austauschen – Vorstellen aufgebaut.
Ihr erarbeitet zunächst ein Thema in Einzelarbeit, ergänzt die Notizen eurer Gruppenmitglieder und tauscht euch anschließend in der Gruppe zum Thema aus. Auf diese Weise könnt ihr ein gemeinsames Ergebnis eurer Überlegungen schriftlich festhalten und im Plenum vorstellen.

Ihr könnt
- neues Wissen selbstständig erarbeiten,
- euch mit Mitschülern über euer Wissen, eure Ideen und Lösungen austauschen,
- soziale und kommunikative Fähigkeiten in Gruppenarbeit erweitern,
- euch aktiv einbringen, unabhängig davon, ob ihr in dem Fach zu den Leistungsschwächeren oder -stärkeren gehört,
- eure Leistungsbereitschaft und euer Selbstwertgefühl erhöhen.

So läuft es ab

Vorbereitung

Für die Durchführung eines Tischsets werden die Tische im Arbeitsraum so aufgestellt, dass jeweils vier bzw. drei Schüler gemeinsam arbeiten können. Die Einteilung der Lerngruppe wird im Vorfeld festgelegt, z. B. Durchzählen von eins bis vier, Selbstorganisation, Kartenverfahren oder Vorgabe durch die Lehrkraft.

Durchführung

Jede Gruppe legt zunächst ihr Set (siehe Abbildungen) in die Mitte des Tisches. Die Lehrperson gibt die Aufgaben-/Fragestellung bekannt, wie z. B.: Notiert eure Gedanken zum Thema Mindestlohn.
Auf ein Signal der Lehrperson schreibt jeder Schüler innerhalb einer zuvor festgelegten Zeit (z. B. 3 bis 5 Minuten) erste Antworten, Fragen, Anmerkungen in das ihm vorliegende Feld des Tischsets.
Danach wird das Tischset im Uhrzeigersinn um 90 Grad gedreht, sodass jeder Schüler die Notizen des Vorgängers durchlesen und ergänzen kann.
Das Tischset wird weitergedreht, bis alle Teilnehmer jedes Feld durchlesen und ergänzen konnten.
Zum Abschluss diskutieren die Gruppenmitglieder über das Gelesene und einigen sich, was als Gruppenergebnis im Plenum der Klasse vorgestellt werden soll. Das Fazit wird in der Mitte des Tischsets schriftlich festgehalten.

Ergebnispräsentation und Auswertung

Nach der Präsentation im Klassenplenum kann der Sachverhalt vertiefend erörtert und eine Ergebnissicherung im Plenum vorgenommen werden. Dabei kann auch über den Prozess der Arbeit reflektiert werden.

Tischset für eine Vierergruppe

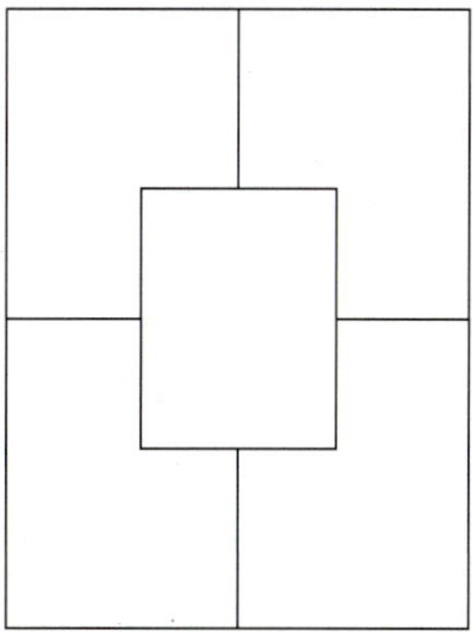

Tischset für eine Dreiergruppe

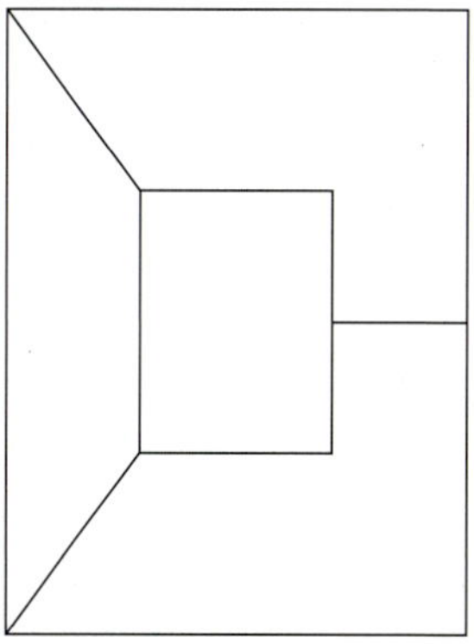

Alles klar?

Energieeinsparung und erneuerbare Energien – Chancen für die Zukunft

1 Nenne für zwei neue Antriebsformen von Autos je einen Vorteil.

2 Wie kann durch Hybridtechnologie bei Pkw Energie gespart werden?

3 Was wird zur Wasserstofferzeugung benötigt?

4 Begründe Vorteile einer Solarwärmeanlage gegenüber einer Erdgasheizung.

5 Wie ist bei der Energienutzung durch Wind und Sonne der Energiebedarf bei bedecktem Wetter und Windstille zu decken?

6 Vergleiche Kosten und Umweltfolgen der Stromerzeugung. Begründe, welche Energieträger du für besonders günstig ansiehst.

	Gestehungskosten ab Kraftwerk in ct/kWh	Emission Kohlendioxid in g/kWh
Kohlekraftwerk	2,40 Braunkohle 3,35 Steinkohle	790–1230
Wasserkraftwerk	4,30	4–13
Kernkraftwerk	2,65	66
Erdgas GUD	4,90	410–430
Windkraftanlage	2,9–4,6	8–16
Photovoltaik	7,5–20	27–59
Holz HKW	10	40
Biogas BHKW	13–21	?

***Wikipedia** http://de.wikipedia.org/wiki/Stromerzeugung*

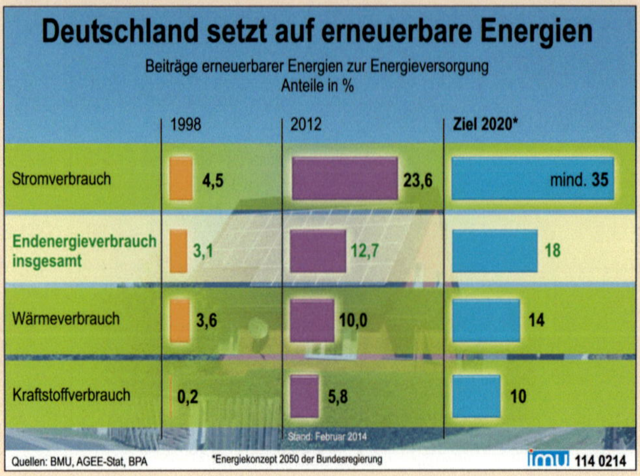

7 Nenne Maßnahmen, die den Einsatz erneuerbarer Energien fördern (siehe unten links).

8 Erkläre, warum beschlossen wurde, in Deutschland alle Kernkraftwerke stillzulegen.

Nationale und Europäische Wirtschaftspolitik

9 Welche Bedeutung hat die Steigerung des Bruttoinlandsprodukts (BIP)?

10 Nimm Stellung: Alle Welt ruft nach Wachstum. Bedeutet dies nicht mehr Verbrauch von Ressourcen und Vernichtung der Lebensgrundlagen? Welche Alternativen gibt es?

11 Stelle Zusammenhänge her zwischen folgenden Prognosen: Entwicklung von:
a. Investitionen und Wachstum,
b. des Wachstums und der Zahl der Arbeitslosen
c. von Wachstum und Exporten,
d. von staatlicher Verschuldung und Inflation.

12 Beschreibe Aufgaben der legislativen, judikativen und exekutiven Organisationen in der Bundesrepublik und in der EU.

13 Was bedeutet es, wenn in einer Organisation das Subsidiaritätsprinzip gelten soll?

14 Was soll sich durch die vier Freiheiten im europäischen Binnenmarkt verbessern? Nenne positive und negative Regelungen.

15 Beschreibe Zielkonflikte im Magischen Sechseck der Wirtschaftspolitik der Bundesrepublik.

16 Die Wirtschaftsentwicklung vollzieht sich in Auf- und Abschwüngen. Beschreibe bei den Zyklen den Zusammenhang von Beschäftigungsentwicklung, Wachstum und Preisentwicklung.

17 Erkläre, wodurch sich die nachfrage- und angebotsorientierte Stabilisierungspolitik unterscheidet.

18 Wer trägt am meisten zur Inflation bei? Wer hat Vor- und wer hat Nachteile durch Inflation?

Blickpunkt: Regionale Wirtschaft

19 Beschreibe die Infrastruktur eurer Gemeinde. Berücksichtige drei Arten.

20 Nenne die Bedeutung der Infrastruktur für die Unternehmen.

21 Beschreibe Entwicklungen, die zum Wandel der Wirtschaftsstruktur beitragen.

22 Erkläre je ein Beispiel zum Strukturwandel:
a) bezogen auf eine Branche,
b) bezogen auf eine Region.
Ziehe dazu die Übersicht auf S. 159 heran.

23 Beschreibe an einem Beispiel den Zusammenhang zwischen dem Strukturwandel und Anforderungen an Berufstätige.

24 Nenne mindestens zwei Ziele der Strukturpolitik und begründe ihre Bedeutung.

Welthandel und Globalisierung

25 Notiere wichtige Güter, die Deutschland
a) exportiert, b) importiert.

26 Nenne je drei wichtige Länder,
a) aus denen Güter eingeführt werden,
b) in die Güter ausgeführt werden.

27 Was ist richtig?
Deutschland stellt eher Waren her, die
a) einen geringen, b) einen hohen
Lohnkostenanteil haben.

28 Begründe, wie die Einführung des Euro auf Staaten der Eurozone wirkt.

29 Erkläre am Beispiel Gesichtspunkte, die die Verflechtung der Weltwirtschaft erleichtern.

30 Nenne für Unternehmensentscheidungen je zwei Gesichtspunkte:
a) Worauf kommt es bei der Ware an?
b) An wen vergeben wir die Aufträge?

31 Begründe die Verlagerung von Arbeitsplätzen ins Ausland und Auswirkungen im Ausland.

32 Nenne Gründe dafür, dass deutsche Firmen wieder nach Deutschland zurückkommen?

33 Erkläre zwei Risiken, die auf Arbeitnehmer durch die Globalisierung zukommen. Wie können sie diesen begegnen?

34 Beschreibe an einem Beispiel Auswirkungen der Globalisierung auf Verbraucher.

35 Begründe, warum das GLOBALE-WELT-HOTEL
a) bei seinen Dienstleistungen die Kultur der Gäste berücksichtigt,
b) Wert darauf legt, dass die Beschäftigten aus verschiedenen Ländern kommen,
c) Nachhaltigkeit beim Einkauf von Waren, der Ausstattung der Räume und dem Angebot an Dienstleistungen berücksichtigt.

Sportkleidung: verantwortungsbewusst produzieren und kaufen

36 Viele deutsche Textilhändler lassen Sportkleidung in Asien herstellen. Nenne Gründe.

37 Beschreibe den Konflikt, der für Einkäufer und Hersteller von Sportkleidung besteht.
Nutze die Abbildung S. 176. Berechne die Lohnkosten bei der Herstellung, wenn der Schuh im Geschäft 100 Euro kostet.

38 Nenne drei Kernpunkte für Sozialstandards. Kennzeichne ein Problem der Einhaltung.

Kampagne für Saubere Kleidung

39 Was kannst du für die Verbesserung eines fairen Handels mit Sportkleidung tun?
Notiere Stichworte.

Sachwörter

Vorbemerkung:
Sachwörter, die im Schülerbuch näher beschrieben sind, werden hier nicht aufgeführt. Die Definition ist über das Verzeichnis der Stichwörter aufzufinden.

Ablauforganisation legt fest, wo und wann die einzelnen Aufgaben im Betrieb zu erledigen sind.

Alternative Energie erneuerbare Energie, auch ▶ regenerative Energie genannt, bezeichnet Energie aus nachhaltigen Quellen, die nach menschlichen Maßstäben unerschöpflich sind, z. B. Solar- und Windenergie.

Arbeit umfasst die Erwerbsarbeit (Arbeit gegen Entgelt) sowie die ▶ Hausarbeit und ehrenamtliche gemeinnützige Arbeit (Nichterwerbsarbeit, Arbeit ohne Entgelt). In der Wirtschaftsberichterstattung meint Arbeit in der Regel Arbeit gegen Entgelt.

Arbeitgeberverbände Organisationen der Arbeitgeber einer bestimmten ▶ Branche zu deren Interessenvertretung. Der Dachverband der A. ist die Bundesvereinigung der Arbeitgeberverbände (BdA). Sie vertritt die wirtschaftlichen, sozialen und politischen Interessen der Arbeitgeber. Tätigkeitsfelder der A. sind u. a. Tarifverhandlungen, Berufsbildung, Beratungstätigkeit in steuerlichen, rechtlichen und allgemeinen wirtschaftlichen Fragen.

Arbeitslosenquote setzt die Zahl der registrierten Arbeitslosen zu den Erwerbspersonen in Beziehung und misst so die relative Unterauslastung des Arbeitskräfteangebots. Unterschieden werden die Arbeitslosenquote der zivilen Erwerbspersonen, der sozialversicherungspflichtig Beschäftigten einschl. Auszubildenden, geringfügig Beschäftigten und Beamten (ohne Soldaten) und der Selbstständigen sowie die Arbeitslosenquote der abhängig zivilen Erwerbspersonen (ohne Selbstständige).

Arbeitsorganisation ist Teil der ▶ Betriebsorganisation. Sie regelt, wie welche Arbeit an den einzelnen Arbeitsplätzen verrichtet wird und welche Anforderungen sich daraus für die Beschäftigten ergeben. Siehe ▶ Aufbauorganisation, ▶ Ablauforganisation und ▶ Informationsorganisation.

Arbeitsproduktivität drückt sich im Verhältnis (Quotient) des Produktionsergebnisses (in Stück, Menge, Volumen o. Ä.) zur eingesetzten Arbeitszeit (z. B. in Minuten, Tagen, Jahren) aus. Die Produktivität steigt, wenn die gleiche Stückzahl in geringerer Zeit hergestellt oder in der gleichen Zeit mehr produziert wird.

Aufbauorganisation regelt, welche Abteilung im Betrieb mit welchen Aufgaben bei der Arbeit (▶ Arbeitsorganisation) wie zusammenarbeitet und geleitet wird.

Ausbildungsberufe sind Berufe, für die nach dem Berufsbildungsgesetz oder der Handwerksordnung eine bundeseinheitliche Ausbildungsordnung gilt. Die Ausbildung findet in Betrieben oder Verwaltungen sowie teilweise in überbetrieblichen Ausbildungseinrichtungen und in der Schule statt (duales System der Berufsausbildung). Zunehmend wird der Erwerb von beruflichen Handlungskompetenzen bedeutsam. Ein bestimmter Schulabschluss ist für A. i. d. R. nicht gefordert, die Betriebe können aber eigene Einstellungsvoraussetzungen festlegen. Neben A. gibt es landesrechtlich geregelte berufliche Ausbildungsgänge. Diese finden häufig in Berufsfachschulen statt.

Außenwirtschaftliches Gleichgewicht ist gegeben, wenn nicht nur Importe und Exporte von Waren einer Volkswirtschaft ausgeglichen sind (Handelsbilanz), sondern die Leistungsbilanz, also einschließlich der Dienstleistungen und Zahlungsverpflichtungen wie Entwicklungshilfe.

Bedürfnisse Wünsche von Menschen, z. B. das Bedürfnis nach Nahrung, Kleidung, Wohnung, Bildung, Liebe. Die Erfüllung dieser Bedürfnisse ist lebensnotwendig. Die Erfüllung anderer Bedürfnisse kann das Leben schöner und leichter machen, z. B. das Bedürfnis zu reisen, Konzerte zu besuchen. In unserer Gesellschaft sind viele Bedürfnisse auf den Besitz von ▶ Waren und ▶ Dienstleistungen ausgerichtet, z. B. das Bedürfnis, ein Handy, ein Auto, Markenschuhe oder eine Kreditkarte zu besitzen. Da Geldmittel begrenzt sind, müssen Menschen für die Erfüllung von Bedürfnissen eine Rangfolge aufstellen. Dieser an Kaufkraft gebundene Teil wird Bedarf genannt.

Beruf ▶ Ausbildungsberufe

Berufsgenossenschaft Träger der Sozialversicherung, die für die gesetzliche Unfallversicherung zuständig ist. Sie versichert Erwerbstätige gegen die Folgen von Arbeitsunfällen und Berufskrankheiten. Berufsgenossenschaften haben als Dachverband die Deutsche Gesetzliche Unfallversicherung.

Betriebsorganisation besteht aus ▶ Aufbauorganisation, ▶ Ablauforganisation sowie ▶ Informationsorganisation.

Branche meint einen Wirtschaftszweig, z. B. Bauwirtschaft, Metallindustrie.

Bruttoanlageinvestitionen langfristige Anlage von Kapital zur Erhaltung, Verbesserung und Ausweitung der Produktionsanlagen. Die B. sind ein wesentlicher Bestandteil bei der Ermittlung der Wirtschaftsleistung einer Volkswirtschaft (▶ Investition).

Bruttoinlandsprodukt (BIP) Wirtschaftsleistung einer Volkswirtschaft (z. B. von Deutschland) in einem bestimmten Zeitraum (Jahr). Es bezieht die Werte aller im Inland produzierten Waren und Dienstleistungen ein.

Dienstleistungen produzierte Güter, die man nicht lagern kann. Sie können personenbezogen sein, z. B. durch den Friseur, der Haare schneidet, bzw. sachbezogen, z. B. durch den Mechatroniker, der ein Auto repariert, beratungsbezogen, z. B. Verbraucherberatung.

Discounter (von englisch discount = Preisnachlass, Rabatt) Unternehmen des stationären Einzelhandels, die ein kleines Warensortiment, einfache Warenpräsentation und geringere Verkaufspreise als andere Betriebsformen haben.

EUROPASS-Berufsbildung beschreibt die erworbenen Kenntnisse und Arbeitserfahrungen. Er bestätigt, dass ein Teil der Ausbildung im europäischen Ausland abgeschlossen wurde. Nähere Informationen durch: Nationale Europass-Center *www.europass-info.de*.

Fusion Zusammenschluss zweier oder mehrerer Unternehmungen.

Gewerkschaften Vereinigungen der Arbeitnehmer. Der Dachverband der Gewerkschaften auf Bundesebene ist der Deutsche Gewerkschaftsbund (DGB; 2013: 6,3 Mio. Mitglieder). Er vertritt die wirtschaftlichen, sozialen und politischen Interessen der Mitglieder und Arbeitnehmer insgesamt. Im DGB sind verschiedene Einzelgewerkschaften zusammengeschlossen. Daneben gibt es als Dachverband den „dbb beamtenbund und tarifunion" (2013: 1,3 Mio. Mitglieder) mit kleineren Einzelgewerkschaften.

Globalisierung Prozess der zunehmenden internationalen Verflechtung in den Bereichen Politik, Wirtschaft, Gesellschaft, Kommunikation und Ökologie. Die globalen Beziehungen betreffen Individuen, Gesellschaften, Institutionen, Staaten und lokale Einheiten. ▶ **Nachhaltiges Handeln** soll Maßstäbe für die Gestaltung der Beziehungen liefern. Gefördert wird die G. durch technische Fortschritte, insbes. in Kommunikations- und Transporttechnologien, die Liberalisierung des Welthandels, das Bevölkerungswachstum, den kostengünstigen Stückguttransport in Containern.

Güter ▶ **öffentliche Güter**, ▶ **private Güter**; ▶ **Waren**, ▶ **Dienstleistungen**

Handlungskompetenz Fähigkeit und Bereitschaft, sich in verschiedenen persönlichen und beruflichen Situationen angemessen zu verhalten und selbstständig zu handeln.

Hausarbeit Arbeit im privaten Haushalt. Sie wird im Gegensatz zur Erwerbsarbeit nicht entlohnt. Die Hausfrau oder der Hausmann ist außerdem nicht selbstständig gegen Risiken wie Krankheit, Unfall oder Alter in der gesetzlichen Sozialversicherung abgesichert.

Informationsorganisation legt fest, wie Informationen innerbetrieblich und nach außen ausgetauscht werden.

Investition Anlage von ▶ **Kapital** zur Erhaltung, Verbesserung und Vermehrung von Produktionsmitteln. Die Erhaltung wird Ersatzinvestition genannt: Aufwendung für den Ersatz verbrauchter Produktionsmittel, z. B. Maschinen. Die Ausweitung der Investition in Produktionsmittel heißt Nettoinvestition. Investiert werden kann auch in Lagerbestände (Vorratsinvestition) oder in die Qualifikation von Menschen (Bildungsinvestition).

Kapital ▶ **Produktionsfaktor** in Form von Geld (Geldkapital) oder von ▶ **Sachgütern** (Sachkapital).

Kartellamt Bundeskartellamt und Landeskartellämter wachen darüber, dass der ▶ **Wettbewerb** im Sinne des „Gesetzes gegen Wettbewerbsbeschränkungen" (GWB) funktionsfähig ist, z. B. die Einhaltung des Verbots von Preisabsprachen. Sie prüfen, ob Zusammenschlüsse von Unternehmen (▶ **Fusionen**) zu einer marktbeherrschenden Stellung führen und diese missbräuchlich ausgenutzt wird. Sie können Fusionen verbieten und Bußgelder eintreiben.

Kartelle Absprachen zwischen Unternehmen. Das Ziel kann z. B. ein möglichst hoher Preis und Gewinn zulasten der Käufer sein. Absprachen sind nach dem Gesetz gegen Wettbewerbsbeschränkungen (GWB) verboten. Die Einhaltung des Gesetzes wird vom ▶ **Kartellamt** überwacht.

Kilowattstunde (kWh) ist eine Maßeinheit für Energie. Eine Wattstunde entspricht der Energie, welche eine Maschine mit einer Leistung von einem Watt in einer Stunde aufnimmt oder abgibt. Einer Kilowattstunde entsprechen 1000 Wattstunden. Mithilfe dieser Maßeinheit werden Strom- und Heizwärmekosten abgerechnet.

Kleine und mittlere Unternehmen Kleinstunternehmen: bis zu neun Beschäftigte und bis 2 Mio. Jahresumsatz. Kleine U.: bis 50 B., weniger als 10 Mio. JU. Mittlere U.: weniger als 250 B., weniger als 50 Mio. JU.

Kollegialität faires Verhalten einem Partner gegenüber.

Kompetenzfeststellungsverfahren zur Messung der ▶ **Handlungskompetenz**, beziehen sich auf Kompetenzbereiche. Als Ergebnis der K. entsteht ein individuelles Kompetenzprofil. Die Schüler (Sch.) sind handelnd zu beteiligen und sollen eine aktive und selbstbestimmte Rolle übernehmen. Dazu gehört eine Selbstbewertung in Form einer Selbsteinschätzung. Alle Aufträge setzen beobachtbare Handlungen und Verhaltensweisen in Gang. Geschultes Personal nimmt die Beobachtung nach einem Kriterienkatalog vor und enwickelt z. B. ein Stärkenprofil (▶ **Potenzialanalyse**), das den Sch. bekannt gegeben wird. Bezogen auf Anforderungen von Arbeitsplätzen wird auch von notwendigen ▶ **Schlüsselqualifikationen** gesprochen.

Konkurrenz ▶ **Wettbewerb**

Konsumgüter ▶ **Waren** und ▶ **Dienstleistungen** für den privaten Ge- oder Verbrauch.

Lebenshaltungskosten sind ein Maß für die Entwicklung der Ausgaben privater Haushalte im Zeitablauf. Sie werden am ▶ **Preisindex** gemessen.

Lebensstandard Art und Weise der Befriedigung von Bedürfnissen. Dieser hängt von der Höhe des Einkommens und den Konsumwünschen ab. Der Lebensstandard wird beeinflusst von technischen und wirtschaftlichen Neuerungen und Veränderungen der Bedürfnisse.

Lohnnebenkosten umfassen besonders die Beiträge der Arbeitgeber zur Sozialversicherung, Lohn- und Gehaltsfortzahlung, Kosten für die berufliche Aus- und Weiterbildung.

Mechanisierung Ersatz von menschlicher Arbeitskraft durch technische Hilfsmittel. Führt oft zur Arbeitserleichterung, Verbesserung der Arbeitssicherheit, Steigerung der Arbeitsproduktivität und ▶ **Qualität**.

Mind Map ist das strukturierte Erschließen und bildhafte Darstellen eines Themengebietes. Das kann Grundlage für die Planung der weiteren Arbeit sein. Mind Maps bestehen aus beschrifteten Diagrammen mit Hauptthemen und Unterbegriffen, die mit Linien verbunden werden. Gedanken sollen sich frei entfalten können.

Mobilität, Verkehr meint Transportmöglichkeiten für Menschen und Güter auf Straßen, Schienen, zu Wasser und in der Luft. Dabei entstehen insbesondere Umweltprobleme durch verbrauchte Flächen, Ressourcennutzung mit Auswirkungen auf das Klima und Unfälle.

Montanunion Bezeichnung für: Europäische Gemeinschaft für Kohle und Stahl (EGKS). Dieser Vorläufer der Europäischen Gemeinschaft (EG) wurde 1951 gegründet. Er gab den Mitgliedstaaten zollfrei Zugang zu Kohle und Stahl. Eine „Hohe Behörde" im Bereich der Montanindustrie, also der Kohle- und Stahlproduktion, konnte gemeinsame Regelungen für alle Mitgliedstaaten treffen.

Nachhaltiges Handeln (N.H.) ist ein Verhalten, bei dem die Konsequenzen des menschlichen Handelns, ob durch die Produktion oder durch den Konsum, ökologisch sowie sozialverträglich sind und allen Ländern und Kulturen ökonomische und soziale Entwicklungschancen bieten. Damit verbunden ist die gerechte Verteilung von Lebenschancen aller Menschen, welche jedoch nicht zulasten der Umwelt und Tierwelt erfolgen darf. N.H. sichert so die Lebensgrundlagen zukünftiger Generationen.

Nachhaltigkeit ▶ **Nachhaltiges Handeln**

Nichtregierungsorganisationen (NRO) nicht staatliche Organisationen, die keinen Gewinn erzielen wollen und unabhängig von politischen Parteien und der Regierung gesellschaftliche Interessen vertreten, z. B in den Bereichen Menschenrechte, Umweltschutz, Tierschutz.
Beispiele für NRO: Amnesty International, Greenpeace, Aktion saubere Kleidung, Germanwatch. Häufig findet man auch die Abkürzung ▶ **NGO**.

NGO ▶ **Non-governmental Organisation** ▶ **NRO**

Notenbank Bank, die im Auftrag der Regierungen Banknoten drucken und in Umlauf bringen darf. In der Regel ist dies die Zentralbank. In der EU haben alle Länder Zentralbanken, die mit der Europäischen Zentralbank (EZB) kooperieren. Für die Ausgabe von Banknoten im Eurosystem ist jedoch die EZB die zentrale Notenbank. Sie allein genehmigt die Ausgabe von Banknoten in den Ländern mit dem Euro als Währung.

NRO ▶ **Nichtregierungsorganisationen**

OECD, Organization for Economic Cooperation and Development (Organisation für wirtschaftliche Zusammenarbeit und Entwicklung). Fast alle der 34 Mitgliedstaaten sind Industrieländer. Sie bekennen sich zu Demokratie und Marktwirtschaft. Ziele der OECD sind, eine gute Wirtschaftsentwicklung und einen steigenden Lebensstandard in den Mitgliedstaaten zu fördern sowie in diesen und den Entwicklungsländern das Wirtschaftswachstum und eine Ausweitung des Welthandels zu fördern. Dazu werden Vereinbarungen getroffen, die z. B. den Handel erleichtern sollen.

Öffentliche Güter werden vom Staat (Gemeinden/Städten, Ländern, Bund) angeboten. Er legt die Bedingungen für die Nutzung fest. Zum Teil ist die Nutzung kostenlos, z. B. der Aufenthalt in Parks, auf Spielplätzen oder der Besuch von Schulen. Für andere Güter müssen Gebühren bezahlt werden, z. B. für das Ausstellen eines Personalausweises oder den Besuch eines Schwimmbades. Die Höhe der Gebühren ist zum Teil für Kinder und Arbeitslose geringer als für andere Menschen. Das Angebot soll allen Bürgern ein menschenwürdiges Leben ermöglichen und zu mehr Chancengerechtigkeit beitragen.

Offshore-Betrieb außerhalb der Küstengewässer liegende wirtschaftliche Nutzung, z. B. von Windenergie.

Perpetuum Mobile in der Realität nicht vorhandene, aber gedanklich gewünschte Konstruktion, die – einmal in Gang gesetzt – ohne weitere Energiezufuhr ewig in Bewegung bleibt und dabei Arbeit verrichtet, also überschüssige Energie hat. Es ist unmöglich, eine Maschine zu bauen, die mehr nutzbare Energie liefert, als in sie hineingesteckt wurde.

Photovoltaik, Solarthermie Umwandlung von Lichtenergie mittels Solarzellen in elektrische Energie.

Potenzialanalyse kann helfen, sich selbst und den eigenen Wünschen auf die Spur zu kommen. Mit verschiedenen

Methoden (z. B. Analysen, Tests) wird versucht, Werthaltungen, Talente, Fähigkeiten und Fertigkeiten zu erkennen und berufliche Potenziale zu ermitteln. So kann die Richtung zukünftiger Berufsorientierung verdeutlicht werden.

Preisindex Maß für die Entwicklung der Preise. Bei dem P. für die Lebenshaltung werden die Preisveränderungen der einzelnen Waren und Dienstleistungen entsprechend der Verbraucherstruktur berücksichtigt. Dem liegt ein konstanter Warenkorb des Basisjahres zugrunde. Im Abstand von einigen Jahren wird entsprechend veränderter Verbrauchsgewohnheiten ein neuer Index ermittelt.

Preisniveaustabilität der ▶ Preisindex hat sich insgesamt nicht verändert. Einzelne Güter können sich im Preis verändert haben.

Private Güter ▶ Güter, die von privaten Unternehmen produziert und am Markt angeboten werden. Hersteller und Händler (Anbieter) legen Preis und ▶ Qualität selbstständig fest. Sie müssen bei ihren Entscheidungen über den Preis der Güter ihre Kosten und die Preise ihrer Mitbewerber (▶ Konkurrenz) berücksichtigen. Außerdem ist die Kaufbereitschaft der Verbraucher (Nachfrager) wichtig. Private Unternehmen wollen einen Gewinn erzielen.

Produktionsfaktoren sind (in der Volkswirtschaftslehre) menschliche ▶ Arbeit (Erwerbsarbeit), ▶ Kapital sowie Boden (Grundstücke, Bodenschätze). Angesichts der Verknappung von Wasser und Luft wird statt Boden auch vom Produktionsfaktor Natur oder Umwelt gesprochen.

Produktionsgüter alle Güter, die von Unternehmen für den Einsatz und zum Verbrauch im Betrieb gekauft werden.

Qualität an den Wünschen der Kunden orientierte Beschaffenheit bzw. Eigenschaften von ▶ Dienstleistungen und ▶ Waren, z. B. Haltbarkeit eines Fußballschuhs.

Qualitätsmanagement soll eine gleichmäßige, an den Wünschen der Kunden orientierte ▶ Qualität fördern und durch Selbst- und Fremdkontrolle der erstellten Güter sichern (Öko-Audit der Prozesse und Güter durch Umweltbetriebsprüfung). Dazu bedarf es einer entsprechenden ▶ Betriebsorganisation und beruflichen Handlungskompetenz der Mitarbeiter.

Rationalisierung planvolles, vernünftiges (rationales) Handeln zur Erreichung eines Zieles.

Regenerative Energie ▶ Alternative Energie

Rentabilität Verhältnis von Überschuss zu Kapital oder Umsatz in %. Es gibt Eigenkapitalrentabilität, Gesamtkapitalrentabilität, Umsatzrentabilität.

Ressourcen „Quellen des menschlichen Lebens", alles, was die Natur den Menschen zur Erhaltung des Lebens zur Verfügung stellt.

Sachgüter ▶ Waren in der Form von ▶ Konsumgütern und ▶ Produktionsgütern.

Sauerstoff Gas, das Lebewesen und fast alle Pflanzen zum Leben brauchen. Es ist für Verbrennungsvorgänge notwendig.

Schichtarbeit (Sch.) Arbeitsgestaltung, bei der Arbeitnehmer, nach einem Zeitplan, nacheinander an der gleichen Arbeitsstelle eingesetzt werden, sodass sie ihre Arbeit in einem bestimmten Zeitraum zu unterschiedlichen Zeiten verrichten müssen, z.B. Wechsel von Frühschicht, Spätschicht, Nachschicht. Sch. wird durchgeführt, um in einen Betrieb länger als die übliche Tagesarbeitszeit zu arbeiten.

Schlafmützenkonkurrenz besteht, wenn die Marktteilnehmer kein Interesse an einem Wettbewerb über den Preis haben. Sie passen sich stillschweigend einem von allen akzeptierten Preisniveau an. Das kann auch heißen, dass die Preise im Gleichklang angehoben oder gesenkt werden.

Schlüsselqualifikationen allgemeine Fähigkeiten, Einstellungen und Wissenselemente. Diese sind bei der Lösung von Problemen und beim Erwerb neuer Kompetenzen in vielen Inhaltsbereichen von Nutzen. Es entsteht eine Handlungsfähigkeit, die es ermöglicht, sowohl individuellen als auch gesellschaftlichen Anforderungen der Berufsarbeit gerecht zu werden.

Selbstständige ▶ Unternehmer

Solarspeicher Brauchwasserspeicher, der mit zwei Wärmetauschern ausgerüstet ist. Am unteren Wärmetauscher wird der Solarkreislauf angeschlossen, am oberen Wärmetauscher die herkömmliche Heizung.

Solarthermie ▶ Photovoltaik

Soziale Indikatoren Maßzahlen, mit denen die Lebensqualität aufgezeigt und beurteilt werden soll und die z.B. für Umwelt (z.B. Energieverbrauch pro Kopf), Gesundheit (z.B. Versorgung mit Ärzten), Bildung (z.B. Anteil Hochschulreife) oder materieller Wohlstand (z.B. Pro-Kopf-Einkommen) sowie Arbeitsbedingungen aufgestellt wurden. Von internationalen Organisationen wird versucht, soziale Indikatoren und materiellen Wohlstand in einer Kenngröße für die Lebensqualität zusammenzufassen und einen Index (Vergleichsgröße) für die menschliche Entwicklung zu berechnen.

Soziale Marktwirtschaft Wirtschaftsordnung von Deutschland. Wichtige Elemente sind ein funktionsfähiger ▶ Wettbewerb vieler privater ▶ Unternehmen, auf Basis einer Steuerung des Staates. Der Staat soll sichern, dass der Wettbewerb gut funktioniert und soziale Gesichtspunkte berücksichtigt werden. Dazu gehören z. B. der Verbraucherschutz, die Steuerpolitik und die Absicherung der Existenzgrundlage bedürftiger Menschen, z. B. bei Arbeitslosigkeit.

Steuern Abgaben an den Staat zur Finanzierung staatlicher Aufgaben, die direkt auf Einkommen erhoben werden (z. B. Lohnsteuer, Einkommensteuer) bzw. auf den Ertrag eines Unternehmens (Gewerbesteuer) bzw. direkt auf den Umsatz (Umsatz- oder Mehrwertsteuer) bzw. den Verbrauch (z. B. Kaffeesteuer, Mineralölsteuer) oder auf Betriebs- und Wohngrundstücke (z. B. Grundsteuer).

Stop-and-go-Politik staatliche Wirtschaftspolitik, welche Konjunkturschwankungen bekämpfen will, aber mit einem ständigen Wechsel der Maßnahmen das Gegenteil erreicht. Beispiel: Die Regierung plant bei Arbeitslosigkeit Bauaufträge. Die Ankündigung führt dazu, dass Unternehmen schon mit der Produktion von Baustoffen starten. Arbeitslosigkeit ist behoben, bevor die staatliche Planung beendet ist. Dann fehlen Arbeitskräfte, wir haben einen Boom. Der Staat wird jetzt bremsen, um Inflation zu vermeiden. Die Planung der Baumaßnahmen wird gestoppt, die Baustoffe sind überflüssig und es wird nicht gebaut.

Strukturpolitik staatliche Maßnahmen im Zusammenhang des ▶ **Strukturwandels**, um Standortnachteile und regionale Entwicklungsunterschiede auszugleichen sowie das Wirtschaftswachstum und wettbewerbsfähige Arbeitsplätze zu fördern.

Strukturwandel bezeichnet Veränderungen in Wirtschaftszweigen und Regionen. Er kann ausgelöst sein durch neue Technologien, ▶ **Globalisierung**, veränderte Verbrauchsgewohnheiten und ▶ **Strukturpolitik** des Staates.

Treibhauseffekt Erwärmung der Erde durch ▶ **Treibhausgase**.

Treibhausgase spielen bei der Erwärmung des Klimas eine Rolle, z. B. ▶ **Kohlenstoffdioxid (CO_2)**.

Umsatzsteuer ist eine Steuer auf den Umsatz von Gütern. Eine besondere Form ist die Mehrwertsteuer, die auf jeder Handelsstufe nur auf den Mehrwert beim Verkauf (Differenz von Einkaufs- und Verkaufspreis: Handelsspanne) erhoben wird.

UN ▶ **UNO**

UNO (United Nations Organization) deutsch: Organisation der Vereinten Nationen. Zwischenstaatlicher Zusammenschluss von 193 Staaten (2013), wichtigste Aufgaben: Sicherung des Weltfriedens, Einhaltung des Völkerrechts, Schutz der Menschenrechte und Förderung der internationalen Zusammenarbeit.

Unternehmer Inhaber eines Unternehmens/Betriebes, den er als Selbstständiger eigenverantwortlich führt.

Verbraucherzentralen Interessenorganisationen der Verbraucher. Sie informieren über gesetzliche Bestimmungen und vorteilhafte Kaufstrategien. In jedem Bundesland gibt es eine Verbraucherzentrale (VZ) und Verbraucherberatungsstellen in einigen Städten. Die VZn sind zusammengeschlossen in der VZ Bundesverband (vzbv). Sie vertritt die Interessen der Verbraucher gegenüber Unternehmen, Verbänden, politischen Parteien und Staat.

Wahrscheinlichkeitsrechnung hilft zu bestimmen, wie hoch das Risiko ist, dass z. B. ein Schadensfall für eine Versicherung eintritt. Dazu werden Vergleichswerte aus der Vergangenheit genutzt, z. B. bei Pkw-Versicherung für Fahranfänger die Unfallhäufigkeit und Kosten solcher Unfälle.

Waren ▶ **Sachgüter**

Wärmebildkamera empfängt Infrarotstrahlung. Das Verfahren der Bilderzeugung heißt Thermografie. Die für das menschliche Auge unsichtbare Wärmestrahlung eines Objektes oder Körpers wird in unterschiedlichen Farben sichtbar gemacht.

Wärmeschutzverglasung besteht aus einem Zwei- oder Drei-Scheiben-Verbundglas mit Edelgasfüllung und einer Wärmefunktionsschicht. Bei dieser ist die nach außen gerichtete Seite der inneren Scheibe mit einer reflektierenden Schicht überzogen. Das begrenzt den Wärmeverlust nach außen.

Wasserstoff geruchloses brennbares Gas.

Webcode bedeutet kurze Zeichenfolge, um auf einer dazugehörigen Website nach Eingabe des Codes weiterführende Informationen, hier: zum Schülerbuch, zu erhalten.

Wettbewerb Wettstreit um die beste Leistung. In der Wirtschaft spricht man auch von ▶ **Konkurrenz**. Sie betrifft z. B. den Preis, die Lieferbedingungen, den Vertrieb, den Service und die ▶ **Qualität**. Das Ziel des Wettbewerbs ist es, eine möglichst gute Versorgung der Verbraucher zu günstigen Preisen mit ▶ **Waren** und ▶ **Dienstleistungen** sicherzustellen. Ein funktionsfähiger Wettbewerb ist für die Wirtschaftsordnung der ▶ **Sozialen Marktwirtschaft** sehr wichtig.

Wirkungsgrad (bei der Energienutzung) Anteil der ▶ **Primärenergieträger**, der bei der Umwandlung in ▶ **Sekundärenergie** nutzbar ist, z. B. wird beim Verbrennungsmotor nur ein Teil der Energie für die Fortbewegung des Autos verwendet. Ein anderer Teil geht als Abwärme verloren.

Wirtschaftliches Prinzip Kosten und Nutzen des Kaufs oder der Produktion eines Gutes werden abgewogen. Der Verbraucher handelt wirtschaftlich, wenn er mit einer bestimmten Summe Geld einen möglichst hohen Nutzen (z. B. Kauf eines bestimmten Sportschuhs) erzielt.
Oder: Der Verbraucher handelt dann nach dem wirtschaftlichen Prinzip, wenn er einen bestimmten Nutzen (z. B. ein bestimmtes Fahrrad) mit möglichst wenig Geld kauft.

Lösungen zu den Aufgaben S. 73–75

A1: Rechnen: 1. 120 m^3; 2. 36 m;
Rechtschreibung: 1 b, 2 a, 3 b, 4 b, 5 a, 6 a, 7 b

A2: Karteikarten sortieren: 1. in 24; 2. in 32; 3. in 22; 4. in 5; 5. in 34; 6. in 29; 7. in 13; 8. in 19; 9. in 25;
Buchstaben durchstreichen: 1. Zeile: 4 d; 2. Zeile: 3 d; 3. Zeile: 5 d; 4. Zeile: 8 d; 5. Zeile: 1 d;
Rechenkonzentration: a:6/b:2/c:7/d:5;
Genaues Beobachten: 1 b/2 c/3 b/4 a/5 a/6 c

A3: Zuordnung: 1 c;
Wortbedeutungen: 1. e) 2. b);
Wortverhältnisse: a) 2B b) 2C

A4: Räder: 4 und 2; Wasserdruck: D; Schiffe: B; Fass: A

Stichwörter

Bildquellen

action press: 129 (BACH); „Allensdorfer Lesebuch" 2006, (Hrsg.) Fickeltünnes e.V. – 600 Jahre Stadt Allendorf: 157 u. re.; akg-images: 155 (Archiv für Kunst und Geschichte), 169 re. (Dieter E. Hoppe); Arbeitsschutz in NRW/Jahresbericht 2010: 31 o. re.; Corbis Images Germany: 126 o.; Dorothea Balzer, Buxtehude: 150 o. li.; Bezirksregierung Münster: 31 o.; Bundesarbeitsgemeinschaft Berufswahlplatz, Hamburg: 54; Bundesverband des Deutschen Versandhandels e.V. (bvh), Berlin: 19 u.; Caro Fotoagentur: 45 o. re. (Rupert Oberhäuser); Clean Clothes Kampagne (cleanclothes.at): 176; ddp images/dapd: 22 li. (Torsten Silz); DGB Bundesverband, Berlin: 91; DIHK – Deutscher Industrie- und Handelskammertag e.V., Berlin: 67; Lillian Fischer, Berlin: 50; Fotolia: 10 (Scott Griessel), 31 u. li. (minicel73), 31 u. re. (Gunnar Nienhaus), 85 (alphaspirit), 94 (pocko), 96 (THesIMPLIFY), 96 (Trueffelpix), 98 o. (JS), 98 u. (TTstudio), 119 re. (SyB), 122 u. (Gina Sanders), 126 (WavebreakmediaMicro), 126 (mborchert), 132 u. li. (vschlichting), 144 o. re. (MAST), 150 re. (3x, Gina Sanders), 154 (pix4U), 170 o. (Uwe Lütjohann), 171 (Friedberg), 172 (Moreno Soppelsa), 173 (Jürgen Fälchle); Gesellschaft für Wirtschaftsförderung Duisburg mbH, Abt. Technologiezentrum: 161; Martin Glania, Brieselang: 116 re.; Glow Images: 89 o. (Fancy), 101 li. und Mitte (Heritage Images), 101 re. (Imagebroker); Hans-Böckler-Stiftung, Düsseldorf, 2011: 34 u. li. (Daten), 44 (Böckler Impuls 5/2011); Hartmut Henschel, Gerswalde: 134, 136, 137, 138, 139; imago Sportfotodienst/imago stock&people: 157 o. li., 157 o. re.; imu-Infografik, Duisburg: 141 u., 182 u.; Institut der deutschen Wirtschaft Köln: 19 o.; Institut der deutschen Wirtschaft Köln, Gesamtverband Textil+Mode: 180; Institut für Arbeitsmarkt- und Berufsforschung der Bundesagentur für Arbeit, Nürnberg: 45 (IAB-Kurzbericht 18/2012), 99 (http://infosys.iab.de/pass/ergebnisse.aspx); Institut für Bau-, Stadt und Raumordnung (BBSR), Bonn: 158; Institut Wohnen und Umwelt (IWO), Darmstadt: 135 (Daten); Kampagne für saubere Kleidung c/o VEM: 179 re., 183; Kochen macht Schule gGmbH, Frankfurt/Main: 116 Mitte; LAIF – Agentur für Photos und Reportagen, Köln: 179 u. re. (Frieder Blickle); Landesinstitut für Gesundheit und Arbeit des Landes Nordrhein-Westfalen (LIGA.NRW): 36 u.; Peter Leger/Stiftung Haus der Geschichte, Bonn: 147; Henning Lüders, Berlin: 17, 22 re. (Annette Schamuhn); Dirk Mahler, Neuruppin: 163; Gerhard Mester, Wiesbaden: 123; Denis Mujkanovic, Nordenham: 66, 69, 181; picture-alliance/© dpa: 45 u. re., 108, 162, 177, 35 (APA/picturedesk), 88 o. (Waltraud Grubitzsch dpa/lah), 116 li. (ASA), 120 (Angelika Warmuth dpa/lni), 132 o. re. (ZB-Fotoreport), 137 o. (Jan-Peter Kasper/dpa-lth), 174 re. (landov); picture-alliance/© dpa-infografik: 13, 27 o. re., 38, 45 u. li., 51, 102, 104, 106 u. li., 106 u. re., 108, 109, 110, 111, 114, 115, 127 u. li., 130 li., 130 re., 133 u., 140, 146, 167, 168 u. li., 168 u. re., 175 u. li.; Annette Schamuhn, Berlin: 9, 23, 34, 55, 119 li., 125 li., 125 re., 133 (picture-alliance), 133 o., 134 u., 175 li. o; Detlev Schüler, Berlin: 14 o. li., 114 o. re., 14 Mitte re., 30, 71, 72, 84, 117; Shutterstock: 169 li. u. (XiXinXing); Zahlenbilder/Bergmoser & Höller Verlag AG, Aachen: 42, 43 re., 103, 148, 168 o.; Peter Wirtz, Dormagen: 7 (2x), 8, 26 u. re., 29 o., 32 li., 32 re., 33, 39, 41 li., 41 re. u., 46, 47, 49, 53, 59, 61, 63, 80, 82, 87 (Annette Schamuhn), 88 u., 89 u., 95 li., 95 halb li., 95 Mitte, 95 re., 105, 122 o., 131 o., 131 u., 169 li. o., 169 li. Mitte o., 169 li. Mitte, 170 u., 174 li., 175 re. o.; Jupp Wolter/Stiftung Haus der Geschichte, Bonn: 112;

Nicht in allen Fällen war es möglich, die Rechteinhaber der Abbildungen ausfindig zu machen.
Für eventuell entstandene Fehler oder Auslassungen bitten wir um Verständnis.
Berechtigte Ansprüche werden selbstverständlich im Rahmen der üblichen Vereinbarungen abgegolten.